新興コンツェルンと財閥

理論と歴史

下谷政弘

日本経済評論社

「ところが……一体、彼等は〈新興コンツェルン〉などと呼ばれては居るが、何をやつて居るのかさへよく知られて居らぬ。色んな会社を拵へて仕事をして居る様だが、電車を引ッ張るのでも無い様だし、船を作つても居らぬ様だし、紡績でも無ささうだし、銀行をやつても居らぬ様だ。第一、仕事と云つても何か作つて居るのだらうが、夫れが瞭りしない」。

（三宅晴輝『新興コンツェルン読本』春秋社、一九三七年、三頁）

はしがき

バブル経済が崩壊したあと、日本経済は長びく不況に苦しんできた。そのなかで、独占禁止法が改正されて、持株会社が解禁されたのは一九九七年のことであった。それ以降、今日では主要なものだけでも百をはるかに越える持株会社が設立されている。半世紀ぶりとなった持株会社の解禁は、日本経済の各方面にさまざまな変化をもたらした。そのなかの一つに、目立たぬものではあったが「企業」のとらえ方の変化がある。つまり、「企業」というものが単体で存在するのでなく、親会社と子会社とから成る「企業グループ」という形で存在していることをあらためて再認識させたことが大きかった。

日本の大企業（親会社）は傘下に多くの子会社を擁しており、一体的なグループとして運営されている。このことは、もちろん、今日ではすでに自明のことである。しかし、「持株会社」という組織形態が新たにクローズアップされるとともに、いまさらのように連結決算や連結納税の議論がにわかにさかんとなったのであり、また親子企業間の役割分担や利益相反の問題に焦点が当てられるようになっている。いわゆる「連結経営」や「グループ経営」の議論である。

さらには、実際に持株会社を設立するに際しての実務上の必要性から、新たに株式交換や会社分割などの関連法の整備が行われた。あるいは、企業組織の再編問題と絡んで事業の「選択と集中」ということも関心を呼んだ。M＆Aや事業連携がさかんとなり、事業単位の切り売りが日常茶飯となった。このことは、「企業」という組織それ自体もまた、種々の事業単位から構成されていることを再認識させることにつながった。

すなわち、持株会社の解禁ということを契機として、いわゆる企業間関係や企業結合形態などへの関心が深まった。そして、実際の「企業」というのは多くの子会社を傘下に持つ企業グループであり、また、それ自体も種々の事業単位から成っているとの再認識があらためて広まったのである。

いうまでもなく、大企業が「企業グループ」という形態で存在し、また多くの事業単位から成っているというのは、日本だけに限ったことではない。どこの国の経済においてもそうである。大企業は子会社とともに一つの企業グループを形成している。しかし、日本の企業グループにはつぎのようないくつかの特徴が見出せる。

たとえば、㈠その傘下子会社の数が他国のそれに比べて図抜けて大きい。バブル崩壊後の不況下にその数をやや減少させたものの、一部の日本企業は今日でも一〇〇〇社近くものグループ企業を傘下に擁している。総資産ランキングの上位に並ぶような大企業はいずれも数百社の傘下企業とともに一大グループを形成している。あるいは、㈡それらの子会社の多くは「分社化」によって誕生したという点も重要である。もちろん、既存の企業を傘下に取り込んで系列化した事例も少なくないが、大半の子会社は親会社本体から分社化されて誕生したものであった。さらにまた、㈢子会社の中には株式市場に上場しているものが少なくない。通常の企業グループにおいては株式市場に上場するのは親会社だけである。しかし、日本では子会社の一部も上場させている。いわゆる「親子上場」であり、これも近年は減少傾向にあるが、今日でも株式市場（新興市場を除く）に上場する企業の一割近くは子会社によって占められている。

さらには、よく知られているように、一九九七年の持株会社解禁ではいわゆる「純粋持株会社」が解禁された。それが解禁される前までの日本企業（親会社）は、具体的な事業活動を自ら兼営するいわゆる「事業持株会社」としてこれまで企業グループを形成してきたのであり、必然的に親会社の事業（本業）を中心とする事業関連的な、つまり有機的な親子結合関係から成る企業グループを形成してきたのである。このことも、日本の企業グループの一つの重要な特徴であった。しかし、今日では純粋持株会社が解禁されたことによって、これまでとは様相を異にする新たな変化が出てくることが予想されるようになっている（以上について、くわしくは拙著『持株会社の時代』有斐閣、二〇〇六年、を参照）。

以上のことはともかくとして、それでは、いったい全体、ここに述べたような日本企業の諸特徴とされるものとは、どのようにして生成してきたのであろうか。また、それはいつごろ生まれてきたものなのだろうか。これは誰しも抱く当然の疑問である。

本書では、以下、戦前の日本経済における「新興コンツェルン」に焦点をしぼって議論を展開することにしよう。新興コンツェルンとは、本書の中でも説明していくように、一九三〇年代の日本経済に現れた新たな親子型の企業グループであった。あるいは、今述べた戦後の日本経済に普遍的な存在となる企業グループの先駆的な形態であったとも考えられる。当時の人々は、新しく登場しはじめた親子型の企業グループを新興の「コンツェルン」という用語で呼んだのである。それらは、親会社を持株会社として、傘下の子会社とともに一つの有機的なグループを形成することによって、一九三〇年代の日本経済の舞台に踊り出たのである。新興コンツェルンは、日本経済における新たな形態の企業結合体の登場を意味していた。

いうまでもなく、それらが「コンツェルン」と呼ばれたのは、それらに先行して形成された財閥コンツェルンの存在があったからである。財閥コンツェルンとしては三井、三菱、住友などがよく知られている。しかし、これらの巨大な財閥だけに限らず、そのほかにも多数の財閥が、すでに一九一〇年代からピラミッド型のコンツェルンの形態をとって登場していた。したがって、本書では、新興コンツェルンの性格をより明らかにするために、また、それらとの論理的な整合性を求めるためにも、すでにコンツェルン形態をとって登場していた「財閥コンツェルン」についても言及する。

こうして、一九三〇年代に入ってからの日本経済には数多くの新興コンツェルンが簇生しはじめた。また、すでに多数の財閥コンツェルンが互いに覇を競い合っていた。今日では「コンツェルン」という用語はほとんど使われなくなったが、以上のように、戦前の日本経済のせまい舞台は、数多くのコンツェルンであふれかえっていたのである。本書では、そうした一九三〇年代の日本経済の様相を、数多くのコンツェルンのいわば「曼荼羅模様」として描き出すことができれば、と考えている。

目　次

第2章 一九三〇年代の日本経済——コンツェルン発生の土壌——

第1章　財閥コンツェルンと新興コンツェルン

1　「コンツェルン」とは何か

かつて大隅健一郎は、一九三五年に刊行した『企業合同法の研究』の中において、つぎのように述べていた。「わが会社法は、会社を個々独立の孤立的なものとしての観点のみから取扱ひ、その結合関係としては、僅かに数個の会社がその法律的独立を放棄して完全に一個の会社となる合併について規定するに止まる」、と。彼はさらに続けていう。「然し乍ら吾々が一度経済生活の現実に眼を向くるならば、各個の企業は……夫々他の企業との間に種々なる結合関係に立つてゐるのを見る。即ち個々独立せる企業と合併との間には、なほ親疎あらゆる色合に於ける企業の結合形態が存するのである」。すなわち、「〔今日では〕カルテル、株式所有又は契約により、他の会社と結合してゐない株式会社形態の大企業は殆んど存在しないだらう。単独企業（Einzelunternehmung）ではなくして、複合企業（Komplex-unternehmung）が今日では普通であるとさへいはれてゐる」。そして、彼はつぎのように指摘するのである。「わが国に於ても最近の経済発展は、急速に此の如き方向に向って動きつゝある」[1]、と。

彼のいうように、企業の結合形態としてはさまざまなものがあり、カルテルやコンツェルンなどがよく知られている。本書では、これから第二次大戦前の日本経済に登場した種々の企業結合関係のうちでも、とくにコンツェルンを中心に取り上げて、その実態について検討を加えていくこととしよう。(2) いうまでもなく、財閥コンツェルンや新興コンツェルンなどが具体的な分析の対象となる。そして、それに際しては、まずもって、「コンツェルン」とはいったい何なのかについてみておく必要があろう。日本では、のちに述べるように、いわば特殊日本的とでもいうべき「コンツェルン」の理解が広く受け入れられてきたために、そのことを意識的に考察しておかねばならないからである。

(1) 大隅健一郎『企業合同法の研究』弘文堂書房、一九三五年、一二八〜一二九頁。引用文中の傍点および〔 〕内の字句は引用者による。以下すべて同じ。

(2) 他方の戦前日本企業のカルテル（活動）については研究書が多い。たとえば、小島昌太郎『我国主要産業に於けるカルテル的統制』雄風館書房、一九三二年、静田均『カルテルと統制団体』日本評論社、一九四三年、三和良一「日本のカルテル」森川英正編『日本の企業と国家』日本経済新聞社、一九七六年、橋本寿朗・武田晴人編『両大戦間期日本のカルテル』御茶の水書房、一九八五年、高村直助『再発見　明治の経済』塙書房、一九九五年、などを参照。

(1)「コンツェルン」とは何か

一つの学術的な用語として新たに「コンツェルン（Konzern）」という言葉が誕生し、それが企業の結合体を指すものとして定着しはじめたのは一九一〇年代（第一次大戦前後）のドイツにおいてであった。まさしく、「欧州大戦後に於ける企業協合運動に付き、最も重要なる役割を演じたる形態はコンツェルンであ」り、しかも、「コンツェルンの発展が最も顕著となりたるは欧州大戦後独乙に於てゞあ」った。(1) そこでは、新たな形態をとった「企業の結合体」が澎湃として登場しはじめたのであり、それらは広く「コンツェルン」という用語で呼ばれ出した。

したがって、以降、とくに一九二〇年代にドイツを中心として「コンツェルン」に関しその概念規定を試みようとした研究が続出しはじめたのはきわめて当然の成り行きであった。すでに別のところで論じたこともある[2]ので、以下では「コンツェルン」に関する代表的な見解のいくつかを簡単に見ておくことにしよう。

たとえば、かのR・リーフマンはコンツェルンを、「法律上独立を維持する諸企業の生産技術・経営技術・商業上および殊に金融上に関する統一体 **Zusammenfassung zu einer Einheit**」[3]と定義した。また、R・パッソウは、「コンツェルンとは民法上独立している諸企業から成る一つの集団 **Gruppe** であり、ある程度の経済的統一体 **eine wirtschaftliche Einheit** を形成し一個の統一的指揮に服するもの」[4]と述べていた。あるいはまた、H・ベッケラートは、コンツェルンを「生産、販売および資本関係の主要なる点において統一的に経営され、その構成員は法律上の独立を保持する企業団体の各種の形態」[5]と定義した。彼はコンツェルンを、多くの「部分企業」(**Teilunternehmungen**)から成る「全体企業」(**Gesamt-unternehmen**)としたのである。また、W・ゾンバルトは、「独立企業群の経営について何等かの統一あるとき、すなわち、統一的な企業者意思 **ein einheitlicher Unternehmerwille** と統一的な計画とが存在する場合、これをコンツェルンと言うべきである」[6]と述べたのである。

以上見てきたように、論者によってそれぞれ力点の置き所は異なっていた。しかし、「コンツェルン」の定義をめぐってそこに共通していたのは、「法律上独立の諸企業」が構成する生産・販売・資本関係における「経済的な統一体(**Einheit**)」ということであった。あるいは、それは「生産技術・経営技術・商業上および金融上」の点で相互に関連し合うという意味での、一つの産業体系を基盤として形成された「集団(**Gruppe**)」ということであった。さらに、こうした生産・販売・経営などの経済的統一性を保持するためには、当然のことながら、諸企業の上に立つ「統一的な企業者意思」や「一個の統一的指揮」(親会社)の存在が求められたのである。

また、ここに改めていうまでもないことであるが、コンツェルンそれ自体というのは法的な単位ではなく、あくまでも経済的な単位にすぎなかった。すなわち、以上の論者たちのいう「法律上は独立の企業による統一体」というのは、「経済的には非独立の企業の統一体」という含意でもあった。

　したがって、ここで以上について要約するならば、「コンツェルン」というのは、第一に、あくまでそうした統一性を保持しようとする一つの産業体系を基盤として形成された諸企業の集合体であり、すなわち、本来的には「親子型の企業グループ」を指す用語であったということである。

　もちろん、細かく検討していけば、論者たちの間では構成企業の間での「密接なる関係」（経済的統一性）の内容理解などの点で意見対立も見られた。また、同じ論者でも時代とともに定義内容に若干の変遷も見られた[7]。しかし、そうした小異よりも重要なことは、かれら論者たちにとって「コンツェルン」とは、本来、「カルテルと異り、此〈密接なる関係〉は外的関係の規律ではなくて、寧ろ主として〈内部経済的であり企業の内的構造に関する〉ものであ[8]」ったという点にこそあった。つまり、もともと「コンツェルンは外部的支配即ち市場支配を目的とするものではな[9]」かった、ということが重要である。

　たとえば、かつて大隅健一郎は「凡そ企業の集中には二つの方向がある」として、つぎのように述べていた。「すなわち、一は内部的に企業の経営過程を技術的及び商人的方面において能ふ限り合理化することにより生産費の低減を計る方向であり、他は外部的に企業間の競争を排除し商品市場に働きかけて以て市場価格の釣上を計るものである。コンツェルンはこの中、所謂内部的支配（Innenherrschaft）を目的とする。……恰も上述の点にコンツェルンをカルテルより区別すべき決定的な標識が存する[10]」と。

　したがって、コンツェルンとは、第二に、カルテルあるいはトラストなどのような市場独占や経済力集中の問題としてというよりも、当初、それはまさしく新たに出現した企業組織形態のありようの問題として扱われたということが重要である。言い換えれば、「コンツェルン」とは、親子型の企業グループという「新たな企業形態の出現」を意味する学術用語として誕生したことになる。したがって、それは「株式会社法と不可分離の密接な関係に在」り「株式会社法上に無数の疑問と問題とを巻き起こ」[11]すことにもなったのである。

このようにして、まず、「欧州大戦直後の〔ドイツの〕コンツェルン運動は主として〔企業内部の〕経営合理化を目的として進展」しはじめた。しかし、のちに一九二四年のインフレ終熄以降になって、「コンツェルンの発展は市場独占的に転回した」[12]のである。いうまでもなく、コンツェルンは往々にして巨大な企業体を作り出す。つまり、コンツェルンという巨大な企業結合体の出現ということが、むしろ結果的に、市場独占問題を生み出すようになったという側面が大きかったことに注意すべきであろう。

（1）目崎憲司「コンツェルンに関する若干の考察」『経済学論集』第四巻第七号、一九三四年、二頁および七頁。また、「元来独逸に於て最も発達したる企業結合形態はカルテルであつた。カルテルの目的は主として市場を直接支配するにある……然るに他方に於て其後関係企業の活動に今少し立入つた支配力を及ぼさんとする企業結合体が生れた。之れ即ちコンツェルンである」（西野嘉一郎『近代株式会社論』森山書店、一九三五年、二四四頁）。また、第一次大戦中後のドイツ「インフレ期の独占形成の特徴は、カルテルの衰退とコンツェルンの台頭という対蹠的展開のうちに見出すことができる」（加藤栄一『ワイマル体制の経済構造』東京大学出版会、一九七三年、二七三頁）。

（2）下谷政弘「いわゆる〈コンツェルン〉考」『経済論叢』第一四九巻第一・二・三号、一九九二年、同『日本の系列と企業グループ』有斐閣、一九九三年、第六章、同『持株会社の時代』有斐閣、二〇〇六年、第四章。

（3）R. Liefmann, *Kartelle, Konzerne und Trusts*, 1927, S. 260. また、竹内謙二『リーフマン企業組織論』有斐閣、一九三六年、第五篇、参照。

（4）R. Passow, *Betrieb, Unternehmung, Konzern*, 1925, S. 100.

（5）H. v. Beckerath, *Kräfte, Ziele und Gestaltungen in der deutschen Industriewirtschaft*, 1924, S. 29.

（6）W. Sombart, *Der Moderne Kapitalismus*, 1927, III2, S. 548.

（7）目崎、前掲論文、あるいは静田均「コンツェルンに関する覚書」『経済論叢』第五七巻第四号、一九四三年、など参照。

（8）小島精一『企業集中論』日本評論社、一九二七年、一三八頁。Liefmann, a.a.O.,S. 263.

(9) 大隅健一郎「コンツェルンの法律的組織概観㈠」『法学論叢』第二九巻第五号、一九三三年、三八頁。また、R.Rosendorff, *Die rechtliche Organisation der Konzerne*, 1927, S. 18, も同様に、外部的関係を規制するカルテルに対して、コンツェルンは内部的関係 Innen erhältnis を支配するものと述べている。
(10) 前掲、大隅『企業合同法の研究』、一三六〜一三七頁。
(11) 前掲、大隅論文、三四頁。
(12) 前掲、目崎論文、八頁。なお、ドイツのインフレ期におけるコンツェルン形成運動については、加藤、前掲書、二六九頁以下。とくに、「インフレ期のコンツェルン形成の動機は、原料確保、生産技術上の要請、金融上の必要、カルテルに代わる市場規制、インフレ利得などさまざまであ」った。二七五頁。

(2) 日本特殊的な「コンツェルン」理解

以上がドイツにおいて誕生した本来の「コンツェルン」の概念規定の内容であった。これらの議論を受ける形で、日本においても、早くも一九二〇年代の末ごろから三〇年代にかけて、こうした議論の経過を紹介しながら日本的に解釈を加えるいくつかの論稿が現れはじめた。このことは、当時の日本経済において、一方ではいわゆる「財閥」がしだいに巨大な資本体としての存在感を高め、また他方ではいくつかの大企業が独自の親子関係を作り出してグループ化しはじめたことによって、いわゆる「コンツェルン」なるものが新たに注目すべき経済主体として誕生したことを反映していた。したがって、日本経済の研究の対象としてもコンツェルンへの関心が急速に高まりはじめたのは当然のことであった。「今日の企業界を展望すると、各個企業は法律的形式的に各々独立ではあるけれども、極めて小規模小資本の企業は除くとして、事実は vertical に参差相重畳し、トラスト若くはコンツェルンと千姿万態の上下支配の関係に立たざるはない。宛然たる産業の封建社会である」(1)。

しかし、かつてドイツにおいて展開された「コンツェルン」概念——これをひとまず「本来のコンツェルン」としておこう――と比較した場合、今日の日本で通説的な理解として受容されてきた「コンツェルン」の議論の内容をみると、そこには次のような大きな二つの特色を見出すことができるのである。それはいったい何か。

すなわち、その一つは、日本においては「コンツェルン」とは、もっぱら企業集中（あるいは資本集中）という側面からその意義内容が強調されてきた、という事実である。いわんや、コンツェルンは「独占形成」ということと強く結び付けられたのであり、よく知られているように、資本集中の最高形態としても扱われてきた。しかし、さきに見たように、「本来のコンツェルン」概念では、それは企業集中や独占形成などとは無縁の「新たな企業形態の出現」を意味するものにすぎなかった。また、のちにも見るように、企業集合体の形成プロセスとは必ずしも既存の外部企業の集中による場合だけに限らなかったことも重要である。むしろ、経営合理化を目的とする企業内部の事業単位の「分社化」という方途によってもコンツェルンは形成されてきたが、そのことは軽視されてきたのである。

そして、もう一つの日本的な特色とは、コンツェルンといえば各種多様な複数の産業部門に広くまたがって支配するピラミッド型の「産業横断的な組織」と理解されてきたことである。これもまたよく知られた事実であろう。

そして、これら二つの特色の端的な表現こそが、日本においては、いわゆる「カルテル・トラスト・コンツェルン」という順序で並べ立てる、資本の「最高支配集中形態としてのコンツェルン」という把握の仕方であった[2]。たとえば、「コンツェルンは企業集中なる範疇に属するところの経済現象であり……コンツェルンの本質は、それが企業集中の一つの具現であるといふ点にある」。すなわち、一般的に「企業集中形態は企業連合・企業合同・コンツェルンと段階的に発展する……かくて、コンツェルンに於いて支配と結合との統一が最も柔軟に確保され、企業集中形態は茲に於いて、その最高の段階に達する」[3]。あるいは、別の論者はいう。「我々はこゝに、特にコンツェルンの語をトラストと明白に区別されたその上位概念として用ひたい。即ち、それは、単一部門における独占的結合をトラストと称するのに対して、かゝる各部門のトラストの若干を包括する超トラスト的結合を意味するものとしたい[4]」。あるいはまた、「コンツェルンとは株式所有を基礎として、それに加えて資金貸付や人的参与などをつうじてさまざまの産業分野にまたがる数多くの企業が同一の資本の支配下におかれるといった、いわば資本の集中による企業結合形態である」[5]、などなど。

このように、日本では、コンツェルンとは企業や資本の「支配集中の最高形態」であり、それを目的に形成された「産業横断的な組織体」にほかならなかったのである。これこそが今日まで広く受け継がれてきた通説的な理解であった[6]。日本では、「コンツェルン」はこのように日本的に潤色され、日本的に書き直された脚本のなかで独特の役回りを演じてきたのである。言い換えれば、前述したように、もともとは「コンツェルンは、カルテルやトラストのような一産業の市場独占を目的とした本来の独占体ではなかったが、〔日本では〕転じて、最高の独占組織と目されるようになってきている」[7]、ということであった。また、そうした「産業横断的な組織」全体の上に立って「資本集中・支配集中」を行う独自の管制高地としての純粋持株会社（たとえば財閥本社など）の存在についても、日本の「コンツェルン」は当然のように予想してきたのである。

しかしながら、さきにも検討したように、ドイツではそれは、㈠「法律上独立の諸企業」の㈡生産・販売・資本関係の「経済的統一体」、というにすぎなかった。つまり、相互に関連し合う生産や販売をもとに形成された、一つの産業体系を基盤とする有機的な親子型の企業グループを指していた。これが「本来のコンツェルン」の内容であった。それに対して、日本では、明らかに日本特殊的なる新たな要素（「独占」および「産業横断的」）を付け加えてきたのである。それはいったいなぜであろうか。

その解答について考えるためにも、ここでさらに次のような疑問を付け加えておこう。

日本ではこれまで戦前の財閥を「コンツェルン」の典型例としてきた。すなわち、「財閥＝コンツェルン」とは誰しも疑わない等式であった。とくに、三井などに代表される総合財閥を「三井コンツェルン」あるいは「三井財閥コンツェルン」のように呼び習わしてきた歴史がある。それは、財閥本社（三井合名）を持株会社として、傘下には主要な産業部門の事業を担ういくつもの株式会社を擁する巨大なピラミッド型の組織機構を、つまりコンツェルンを作り出していた。三井コンツェルンの場合では、傘下の株式会社の中には三井銀行、三井物産、三井鉱山などがあり、また東京芝浦電気や王子製紙などがあった。重要なのは、一九三〇年代になると、これらの傘下の各企業もまた、たとえば東芝コンツェルンや王子製紙コンツェルンなどのように、同じく「コンツェルン」と呼ばれはじめたことである。つまり、コンツェルンのなかにコンツェルンが存在していた。これはいったいどのように説明すればよいのだろうか。

（1）竹井廉「会社の親子関係―企業合同法上の一考察―」『法学論纂』一九三二年一一月号、二四六～四七頁。
（2）有澤廣巳『カルテル・トラスト・コンツェルン(上)』改造社、一九三一年、九二頁、はつぎのようにいう。「資本の支配網は諸企業を見えざる手によって一個の結合体につくりあげる。だからそこには参与関係の集中点、換言すれば、支配網の中心を形成する企業によって支配せられる資本的支配の全構造が生ずるが、これが最も普通に云はれる意味においてのコンツェルンである。だからコンツェルンの本質は資本的支配一般である」。
（3）高宮晋『企業集中論』有斐閣、一九四二年、四二〇頁、三九頁。
（4）古賀英正『支配集中論』有斐閣、一九五二年、一七五頁。
（5）柴垣和夫『日本金融資本分析』東京大学出版会、一九六五年、三一一頁。
（6）管見の限りでは、戦前日本において正当に「本来のコンツェルン」を捉えていたのは田杉競であった。彼はつぎのように述べていた。「コンツェルンは、之を構成する各単位は夫々一の企業として存立し乍ら、実はその間に生産技術上、経営指導上、販売上、若くは金融上何等かの関係を維持し、此等の関係を通じて各企業の損益計算の上に重大なる影響を及ぼすのである。その結果、或る程度まで構成企業は一体となり、コンツェルン全体を一つの企業に準ずるものと見ることも出来る」（田杉競「日本の工業化と新興コンツェルン」『科学主義工業』一九三八年六月号、一八四頁）。

ちなみに、現在使われている高校の教科書（政治・経済）を見ると、つぎのように叙述されている。「カルテル（企業連合）は、同業種内の企業が競争を制限する目的で結成するもの。トラスト（企業合同）は、同一業種の大企業が合併して巨大企業を組織すること。コンツェルン（企業結合）は、持株会社による株式支配により異種産業部門の企業を統合する方式」（『新政治・経済』清水書院、八一頁）。あるいは、「カルテルはあくまで法的に独立した企業の〈連合〉であるが、市場支配のため企業が〈合同〉するとトラスト（企業合同）となる。さらに、多くの業種にまたがって支配的な位置にある企業ないし企業グループがある。これをコンツェルン（企業連携）という」（『政治経済』三省堂、七三頁）。

（7）『大月経済学辞典』一九七九年、三三三頁（北原勇執筆）。

(3) 一九一〇年代の財閥コンツェルンの登場

ここでとりあえず、財閥そのものの「コンツェルン化」の歴史的な経過について簡単に見ておくことにしよう。日本の財閥の「コンツェルン化」についてはすでにいくつかの研究が蓄積されている(1)。それらによれば、ほぼ第一次大戦期をはさむ一九一〇年代に多くの財閥が相次いでピラミッド型の組織体制を構築したという。つまり、それまでに財閥本体の内部で成長してきた「家業・家産」たる事業部門は相次いで株式会社として分社化されはじめた。いわゆる「コンツェルン形成運動」であり、それは「一九〇九年の三井合名の設立に始まり、一二三年の鈴木合名の設立でひとまず終了した」という(2)。

表1-1は「コンツェルン形成運動」を一覧したものである。同表に見るように、当時の主要な財閥は、ほぼ一九一〇年代になると、家族同族によって閉鎖的に所有される財閥本社（持株会社）を頂点にいただき、その傘下に多くの子会社・孫会社や傍系会社などを擁するピラミッド型の組織体へと一斉に移行したのである。そして、このような財閥の内部事業部門の分社化（株式会社化）によって形成された新たな組織機構のことを、当時の世論は、折しも西欧から輸入されてきた新しい用語で「コンツェルン」と呼んだのである(3)。

さて、一九一〇年代を通じての財閥の「コンツェルン化」の動きを考察する場合、ここで注意しておくべき点は次のとおりである。

まず第一に、以上のように持株会社を頂点としてピラミッド型の「コンツェルン」を形成した財閥は、一九二〇、三〇年代から戦時期にかけて巨大な経済支配力を誇示することになる。しかし、当初の財閥は、右にみたように、必ずしも持株会社あるいはコンツェルンという組織形態をテコに使って巨大な組織体を作り出したわけではなかった、ということである。

つまり、既存（外部）の企業を集中した結果としてではなく、あくまでも、自らの直営事業をそれぞれに分社化することによって中核的企業を誕生させ、ピラミッド型の「コンツェルン」を形成したのである。財閥の中核的企業はそれぞれ、三井では直系会社、三菱では分系会社、住友では連系会社、などと呼ばれたが、それらは家業そのものからいわば系統立って誕生したのであり、また、そこからさらに派生会社が生まれ落ちたのである。ここに断るまでもなく、コンツェルンや持株会社という組織機構は、多岐にわたる事業会社（直系・傍系を問わず）を一つに統括するのに最適の組織形態ではあったろう。実際に、複数の異種産業部門に広くまたがって聳立していた総合財閥などは、持株会社を頂点とするコンツェルン形態の採用によってこそ首尾よく統括されえたのである。(4) しかしながら、重要なのは、持株会社（コンツェルン）組織であったがゆえにそれらの中核的企業が集中されたわけでは必ずしもなかった、という事実である。財閥コンツェルンの主要な骨組みは、当初、その内部にあった直営事業の分社化の結果として構築されたのである。

第二に、直営事業の分社化による株式会社化は、当時、必ずしも社会的資金の調達を目的としたものではなかった、ということである。一般的に株式会社とは、本来的に株式の公開を通じて広く社会的資金の調達を目指すものとされる。しかし、たとえばさきの表1-1に掲載した直系会社のなかで一九二三年までに株式の一部を公開したのは、三

コンツェルン形成

浅野	川崎＝松方	鈴木	久原	岩井	野村
1914浅野合資 18浅野同族㈱	1920㈾川崎総本店 20㈾松商会	1923鈴木合名	1920㈴久原本店	1916㈾岩井本店	1922野村合名
13浅野セメント 16浅野造船所 17日本昼夜銀行 18浅野製鉄所 18浅野物産 18浅野小倉製鋼所 20浅野昼夜貯蓄銀行	▶川崎造船所 16神戸川崎銀行	23鈴木商店	12久原鉱業 18久原商事 21久原用地部	12岩井商店	17野村商店 18大阪野村銀行 18大東物産
▶東洋汽船 ▶磐城炭礦 14鶴見埋築 15大日本鉱業 17沖電気 18朝鮮鉄山 19庄川水電 19関東水電	▶神戸瓦斯 12福徳生命 19川崎汽船 19国際汽船 19大福海上 20十五銀行 20九州電軌 20神戸新聞社	▶東工業 11神戸製鋼所 16播磨造船所 17日沙商会 17浪華倉庫 18帝国人絹 19太陽曹達 21合同油脂グリセリン 22豊年製油 22旭石油 22クロード式窒素	15日本汽船 16共保生命 18大阪鉄工所 18戸畑製鉄 20日立製作所	12白金莫大小 13亜鉛鍍 16大阪繊維工業 18日本曹達工業 18関西ペイント 19日本橋梁 21中央毛糸紡績	

号、1987年、34～35頁。

井銀行、三菱鉱業、住友銀行、浅野セメント、川崎造船所、久原鉱業、など少数の企業にすぎなかった[5]。直営事業の株式会社化は必ずしも社会的資金の調達を目的としたものではなかったのである。それではいったい、財閥の直営事業の分社化やコンツェルン形成とは何を目的としたものだったのだろうか。

そこで第三に、財閥の「コンツェルン化」は、なぜこの一九一〇年代という時期に一斉に進行したのであろうか。その背景を探ってみよう。

さきに見たように、一九一〇年代の当時、すでに財閥本体の内部において直営事業の多角化は大いに進展していた。第一次

表1－1　財閥の

	三井	三菱	住友	安田	大倉	古河
持株会社の成立	1909三井合名	1917三菱合資の持株会社化	1921住友合資	1912㈴保善社	1918㈴大倉組の持株会社化	1917古河合名
直系会社の株式会社化	09三井銀行 09三井物産 09東神倉庫 11三井鉱山	17三菱造船 17三菱製鉄 18三菱倉庫 18三菱鉱業 18三菱商事 19三菱海上 19三菱銀行 20三菱内燃機 21三菱電機	12住友銀行 15住友鋳鋼所 20住友電線製造所 23住友倉庫 23住友ビル	12安田銀行 12安田商事	11㈱大倉組を経て 17大倉鉱業 17大倉土木組 18大倉商事	17東京古河銀行 17古河商事 18古河鉱業
傍系会社網の形成	▶芝浦製作所 ▶堺セルロイド ▶王子製紙 ▶小野田セメント ▶鐘淵紡績 13北炭 15電気化学 19熱帯産業 19日本製鋼所	▶日本郵船 ▶東京海上 ▶明治生命 ▶旭硝子 ▶麒麟麦酒 17三菱製紙 17日本光学 19東山農事	19土佐吉野川水電 19大阪北港 20日本電気 22日米板硝子	▶東京建物 ▶帝国海上 ▶東京火災 ▶共済生命 ▶帝国製麻 09熊本電気 09京浜電鉄 19群馬電力 22日本紙器製造	10本渓湖煤礦 20日本皮革 20新高製糖	12頃日本人肥 17旭電化 17横浜護謨 19大阪製煉 20(▶横浜電線を経て)古河電工 20大阪日電 20尼崎伸銅

（出所）　橘川武郎「第一次大戦前後の日本におけるコンツェルン形成運動の歴史的意義」『青山経営論集』第22巻第1
（備考）　▶印は、その現象が1908年以前に生じていたことを意味する。

大戦による好景気はそれに拍車をかけることとなり、それぞれの内部事業はさらに急速に膨張しはじめていた。必然的に、個々の事業分野ごとの専門性や異質性は高まらざるを得なかった。また、それに応じた組織改革の必要性が増大していたのである。

他方では、あいつぐ新規事業部門へのさかんな進出は新たな懸念を生み出していた。つまり、先行きが不確実な新規事業への進出がもたらすであろう財閥全体（あるいは財閥家族）へのリスクの波及問題であった。したがって、それらの事業を有限責任制の個々の株式会社へと分社化することによってリスクを分散・遮断する工夫が求められていた。

このように、当時、財閥本体内部の直営事業を株式会社の形で分社化する必要性は日増しに高まっていたのである。しかし、先行研究によれば、より直接的な分社化の理由としては、一九一三年に施行された所得税法の改正が重要であったという。

法人の所得税は、それまでは一律二・五％という定率税で推移してきた。それが、同年には、合名・合資会社の場合は所得額に応じて四％から一三％の累進税となったのに対して、株式会社（および株式合資会社）の場合は六・二五％の比例税率に改正されたのである。したがって、当時すでに膨大な所得を計上していた合名・合資会社形態の財閥本体にとって、節税上の観点からして内部の直営事業を分社化し、それらを株式会社へと転換させることは必須の検討課題となっていたのである。また、法人配当金についても源泉課税方式を原則としたため、法人ないし個人の受取配当金は非課税とされた。すなわち、「大戦前の所得税制は直営事業の株式会社化を促す一方で持株会社の設立を結果的にもたらすものであった(6)」。

このようにして、さきの表1-1でも見たように、ほぼ一九一〇年代には主要な財閥は相次いでコンツェルン形態へとその組織機構を変化させたのである。すなわち、財閥本社（持株会社）を頂点とし、傘下の多くの株式会社（子会社）から成るピラミッド型の姿をみせることになった。その場合、興味深いのは、ほとんどの財閥において財閥本社そのものは依然として合名・合資会社の形態のまま不変であった、ということである。税制上では株式会社の方が合名・合資会社より有利となったのにもかかわらず、なぜ、財閥本社だけは合名・合資会社のままに残ったのであろうか。もちろん、株式会社化がもたらすであろう他人資本の参与の可能性を忌避し、家族同族による閉鎖的な所有を維持しようとしたことが考えられる。しかし、さらには次の理由も大きかった。それは、株主数が「二〇人以下」のときは、たとえ株式会社に組織替えしても合名・合資会社と同じ税率を適用する、という規定があったことである(7)。

したがって、傘下の株式会社についてはそれぞれ二一人以上の株主数をあえて工面してそろえた財閥も、財閥本社については所有の閉鎖性を維持するためにも、意識的に合名・合資会社の形態を選択したのである。

　こうして日本の主要な財閥は、ほぼ一九一〇年代に、財閥本社（持株会社）による傘下企業の一元的支配を根幹とする新たなピラミッド型の組織機構へと転換したわけである。とくに総合財閥の場合は、傘下の株式会社は銀行、商事、鉱業、そして各種の製造業、などなど、多岐にわたる産業分野にまたがっていた。このピラミッド型の新たな組織機構は、やがて当時の人々によって「コンツェルン」と呼ばれるようになったが、もちろん、財閥はそう呼ばれるのにふさわしい組織体であった。いうまでもなく、財閥は「法的に独立の企業」が経済的に結合した組織体へと転換したからにほかならなかった。しかしながら、それはドイツでいう本来の「コンツェルン」、すなわち一つの産業体系を基盤とした有機的な親子関係にもとづくものでは必ずしもなかった。さきに述べたように、傘下企業はそれぞれ多岐にわたる異質の産業分野に広くまたがっていたからである。[8]

　よく知られているように、これまで日本では財閥コンツェルンこそがコンツェルンの典型、あるいは代表のように扱われてきた。しかしながら、以上の意味において、財閥はむしろ非典型としてのコンツェルンであったといわねばならないのである。いうまでもなく、日本は、東アジアの片隅で唯一の工業化を成し遂げた後進資本主義国であった。そこでは「財閥」という特殊な資本体が誕生したのであり、したがって、特殊な資本体は特殊なコンツェルンを、つまり異種の産業に広くまたがる産業横断的・非有機的なコンツェルンを作り出したのである。[9]当時の日本には、まだ、このような日本特殊的な財閥ピラミッドしか「コンツェルン」という用語に相当する組織は存在しなかった。「コンツェルンは、我国では屢々財閥と同意義に用ひられた。それは一つは財閥の構成する企業の集団、即ち金融的支柱を中心とするもの以外に之といふコンツェルンがなかったことによるであらう」[10]。日本経済に、いわゆる「本来のコンツェルン」概念が想定するコンツェルン組織が登場するようになるのには、一九三〇年代まで待たねばならなかったのである。

(1) たとえば、武田晴人「資本蓄積㈢財閥」大石嘉一郎編『日本帝国主義史㈠』東京大学出版会、一九八五年、橘川武郎「第一次世界大戦前後の日本におけるコンツェルン形成運動の歴史的意義」『青山経営論集』第二二巻第一号、一九八七年、同「財閥のコンツェルン化とインフラストラクチャー機能」石井寛治・原朗・武田晴人編『日本経済史（三）』東京大学出版会、二〇〇二年。また、三菱の具体的な事例については、長沢康昭「三菱財閥の経営組織」三島康雄編『三菱財閥』日本経済新聞社、一九八一年、青地正史「持株会社による組織革新㈠㈡」『経済論叢』第一六九巻第五／六号、第一七〇巻第一号、など。

(2) 同前、橘川論文、三六頁。

(3) 「日本の各財閥は大正の中期、欧州大戦後迄に概ね中心的な現業会社より持株会社を分離し、軈てこの持株会社が財閥の総司令部として、各種の現業会社を始め幾つかの企業を投資支配してコンツェルン形態を確立して来た。持株会社は財閥の司令部、統制機関であると共に、兵站本部であり、金融機関であった」（樋口弘『計画経済と日本財閥』味燈書屋、一九四一年、三八頁）。たとえば、かつて「三菱合資は三菱財閥の最高司令部であると同時に直接に事業経営をする一大事業会社であった。この三菱合資は第一次世界大戦で巨利を博し、その直営事業部門の幾多を分離独立せしめて……ここに純然たるホールディング・カンパニーたる一歩を進めることになった」（持株会社整理委員会『日本財閥とその解体』一九五一年、一二頁）。

(4) 「実に、持株会社は産業部門や企業種類の如何を問わずいずれの方向にも企業支配・企業結合の手をさし延べることができるのである。いわゆるコンチェ《ママ》ルンが持株会社を中心に形成されるのも、そのことに基因する」（岡村正人「企業形態と企業結合形態との発展的関連」『同志社商学』第八巻第一号、一九五六年、一三～一四頁）。

(5) 前掲、橘川論文、三七頁。

(6) 前掲、武田論文、二四九頁。

(7) 改正所得税法の第三条には、「株式会社ニシテ株主ノ数二十人以下ヲ以テ組織シタルモノナルトキハ其ノ所得ニ対シテ第一種甲ノ税率ヲ適用ス」と規定されており、「第一種甲ノ税率」とは合名・合資会社への税率であった。前掲、青地論文㈠、七九頁。

(8)「住友、古河の如く、元来、銅中心の重工業を基礎として事業を拡大したものは、はじめ、芋蔓式に似た発展形態をとつたが……彼等が財閥として大成せる今日ではその匂ひも薄らぎ、全体として、既成財閥傘下の各企業間には骨肉的関連性は先ずない」(高橋亀吉・青山二郎『日本財閥論』春秋社、一九三八年、一一九頁)。

(9) この点については、中川敬一郎「第二次大戦前の日本における産業構造と企業者活動」『三井文庫論叢』第三号、一九六九年、同『比較経営史序説』東京大学出版会、一九八一年、など参照。

(10) 前掲、田杉論文、一八八頁。

2　新興コンツェルンの登場——新たな企業結合形態の出現——

一九三〇年代初頭の日本経済は未曾有の大恐慌、すなわち昭和恐慌の苦難のさなかにあった。しかし、ようやく一九三二年前後からはにわかに好景気に恵まれるようになった。企業を取り巻く環境も様相を一変しはじめた。多くの企業にとって「ビジネスチャンス」が到来したのであり、産業構造の全体もしだいに重化学工業へとその重点を移しつつあった。そこに、新たに「新興コンツェルン」と呼ばれる企業群が登場しはじめたのである。なかでも、その代表格として時代の寵児として躍り出たのが、いわゆる「五つの新興コンツェルン」とされる日産、日窒、森、日曹、理研という企業グループであった。(1) かつて、それらは「新興財閥」などと呼ばれたこともあった。これらの新興のグループこそ、新しい企業結合形態たる「コンツェルン」の出現を意味していたのである。つまり、それぞれ一つの産業基盤の上に有機的な親子企業関係を作り出して形成された「企業グループ」であり、ドイツでいう本来の「コンツェルン」そのものであった。

（1）　このうち、日産コンツェルンの位置づけについては、本書でのちに説明する。

(1)　新興コンツェルン研究の課題

いわゆる「新興コンツェルン」とは、好転しはじめた一九三〇年代の日本経済の舞台上に急速に台頭してきた一連の企業グループのことであった。よく知られているように、日本経済の一九三〇年代とは重化学工業化が本格的に進展しはじめた時期であり、それによって飛躍的な経済成長を遂げた時期であった。各種の新技術や新産業が積極的に導入された。一方における民需の拡大とともに、他方での軍需の急速な増大が日本経済の成長を促したのである。また、証券市場もいわゆる「軍需ブーム」などで大いに活況を帯びていた。企業の植民地などへの進出も本格化しはじめた。やがて一九三〇年代の後半にもなると種々の経済統制が本格的に開始され出すこととなるが、いくつかの資本にとっては戦時統制経済への移行もまた活動部面の新たな拡大にほかならなかった。こうして、全般的にいって、日本経済の一九三〇年代とはとくに新興の資本にとっていわゆる「ビジネスチャンス」に恵まれた時期だったのである。「新興コンツェルン」とはこうした舞台設定の上に躍り出た一連の企業グループであった。

当時の書物も述べている。「新興コンツェルン群は、実にここ数年の短期間に於いて、彗星の如く、吾人の眼前に浮び上ったのであった」、と。すなわち、「最近、昭和六〔一九三一〕年末の金再禁止、満洲事変を画期とする日本経済の一大躍進的転換期の気運を反映して、その坩堝の中から鋳出された財閥は、茲に問題とするところの日産・日窒・森・日曹・理研等によって代表される幾つかの〈新興〉コンツェルンだ……我が経済発展段階の異るにつれて、其の他周囲の社会経済情勢の異るにつれて、それぞれの財閥には特質としてその発生当時の時代色がハッキリ烙印されてゐるやうに、〈新興〉コンツェルンも亦、最近の日本経済発展様相の縮図である点に於いて、その例に洩れないのである(1)」、と。

さて、戦後の日本経済史や経営史における（第一次・第二次）両大戦間期の研究においては、当初はもっぱら三井・三菱・住友など既成財閥に関する研究が大きな比重を占め続けていた。それはほかでもない、財閥コンツェルンこそが日本経済を代表する資本体だったからである。しかし、近年にはいわゆる「新興コンツェルン」の研究の方も急速に進められてきた。それには、いくつもの理由があろう。

たとえば、屋上屋をなす既成財閥の方の詳細かつ緻密な研究がようやく一段落したことから、次いで「新興の財閥」へと研究関心が広がったことがあった。あるいは、日本経済の重化学工業化において大きな役割を果たした新興コンツェルンの研究が無視できないものと認識されはじめたことがあった。今日の技術志向的あるいはベンチャー的企業の淵源としての関心もあった。さらには、戦後の「企業集団」の研究がさかんになって、新興コンツェルンの実態を見直そうという新たな動きも生じた。いずれにもせよ、いくつかの新興コンツェルンに関する個別的な実証研究の成果が相次いで現れはじめたのであり、同時にまた、「新興コンツェルン」全体についての総論的な研究も大いに進展したのである。(2)

このようにして、新興コンツェルンに関する議論は今日ではけっして少ないとはいえない状況にある。そうした多くの研究成果の上に、さらに本書はいったい何を付け加えようとするのであろうか。

まず、そのことを明らかにするために、表1-2を掲げておこう。この表はすでに周知のものである。これまで誰もが疑問をもつことなく、ほとんどの研究において通説的に利用されてきたものである。同表は、既成財閥との比較において、いわゆる「新興コンツェルン（新興財閥）」の性格を表現する際によく用いられてきたのである。

つまり、同表を見ると、既成の三大財閥と比較して、新興コンツェルンの事業基盤は重化学工業に大きな比率を占めていたことがわかる。払込資本金で見た新興コンツェルンの重化学工業の比率は平均四九・二％であり、三井・三菱・住友の既成三大財閥の平均二〇・六％を大きく上回っていた。事実はこのように明白であり、何らの疑問点もな

表1－2　新興コンツェルンの事業基盤（1937年上期末現在）　（単位：％）

産業部門	日　産	日　窒	森	日　曹	理　研	合　計	既成三大財閥
金　属	－	2.1	23.2	1.8	34.3	5.3	4.5
機　械	20.7	1.4	－	0.5	18.1	11.5	8.3
化　学	21.1	54.6	20.6	71.5	8.3	32.4	7.8
重化学工業計	41.8	58.1	43.8	73.8	60.7	**49.2**	**20.6**
食料品	14.7	－	1.8	0.8	14.4	23.0	13.7
電　力	1.3	32.4	43.3	1.8	－	14.3	5.8
鉱　業	36.1	4.2	11.2	21.6	－	8.4	7.8
その他	6.1	5.3	－	2.0	24.9	5.1	**52.2**
総　計	100.0 47,363	100.0 19,770	100.0 14,200	100.0 8,475	100.0 3,059	100.0 92,867万円	100.0 240,920万円

（出所）立松潔「新興財閥」中村政則編『戦争と国家独占資本主義』1979年、158頁。原典は高橋・青山『日本財閥論』1938年。
（備考）既成三大財閥は三井・三菱・住友。

いように思われる。

よく知られているように、これまで、いわゆる「新興コンツェルン」の共通の特徴としていくつかのことが挙げられてきた。たとえば、それらの所有構造が既成財閥の場合のように家族や同族などによる閉鎖的なものでなかったこと、あるいは外部資金依存度の高かったこと、などである。さらには、軍部や新官僚との密接な関係を築いたこと、創立者が技術畑の出身であり強烈な個性と独特の経営理念を有していたこと、あるいは積極的に植民地へ進出したこと、などなどであった。しかしながら、これら個々の「特徴」については、現在、個別の新興コンツェルン研究が進んできた結果として、必ずしも共通の特徴とは言い切れない、というのが新たな通説となりつつある。これまでの議論はあまりにもステレオタイプ化したものであって、とくに新興コンツェルンの中でも代表格とされてきた日産コンツェルンの特徴の不当な一般化にすぎなかったのである。他の新興コンツェルンの具体例がしだいに豊富となるにつれて、今日、これまで新興コンツェルンの「共通の特徴」とみなされてきたものは否定される運命にある(3)。

(1) 以上、高橋亀吉・青山二郎『日本財閥論（日本コンツェルン全書㈠）』春秋社、一九三八年、一八三～八五頁。

（2）　個別の新興コンツェルン研究の主要なものとしては、たとえば、宇田川勝の一連の日産コンツェルン研究論文、下谷政弘『日本化学工業史論』御茶の水書房、一九八二年、大塩武の一連の日窒コンツェルン研究論文および同『日窒コンツェルンの研究』日本経済評論社、一九八九年、鎌田正二編『日本窒素史への証言』（全四五集）非売品、一九七七～九二年、堀和生「戦時体制期の化学工業―日窒コンツェルンを中心に―」下谷編『戦時経済と日本企業』昭和堂、一九九〇年、さらに下谷政弘の一連の日曹コンツェルン研究論文、麻島昭一の一連の森コンツェルン研究論文および麻島・大塩『昭和電工成立史の研究』日本経済評論社、一九九七年、そして斎藤憲の一連の理研コンツェルン研究論文および同『新興コンツェルン理研の研究』時潮社、一九八七年、など。

また、総論的な研究としては、立松潔「新興財閥」中村政則編『戦争と国家独占資本主義』日本評論社、一九七九年、同「新興財閥の破綻」『歴史公論』第七六号、一九八一年、同「独占―重化学工業化と新旧財閥の競争―」小島恒久編『一九三〇年代の日本』法律文化社、一九八九年、あるいは大塩武「新興コンツェルン」『社会経済史学』第四七巻第六号、一九八一年、宇田川勝『新興財閥』日本経済新聞社、一九八四年、さらに下谷政弘「新興コンツェルンと企業グループ」『経済論叢』第一三七巻第二号、一九八六年、および同『日本の系列と企業グループ』有斐閣、一九九三年、同「一九三〇年代の新興コンツェルン形成と財閥の変質」『調査と研究』（京都大学）第六号、一九九四年、など。

（3）　「五つの企業集団を同一の名称で括らねばならない論理的根拠はいったいどこにあるのか。電気化学工業を事業基盤にしたとか、創設者が技術者であったとかの議論が広くおこなわれているようであるが、思いつきの域を出るものではない」。大塩武、経営史学会編『経営史学の二〇年』、一九八五年、一三五頁。

(2)　「新興コンツェルン論」への二つの疑問

とはいえ、その中でも依然として「共通の特徴」として認められ、またもっとも強調され続けてきたのは、新興コンツェルンの事業基盤が既成財閥に比して著しく重化学工業に片寄っていたということであった。そして、その証明として、この表が用いられてきたのである。

新興コンツェルンが重化学工業に偏した資本グループであるということはすでに戦前から強調されていた。たとえば、「今日、新興コンツェルンなる言葉を屢々聞く。それほど最近コンツェルンの発展は著しいものがある。而してこれら新興コンツェルンは殆どすべて、最近発展しつ、ある重工業又は化学工業に活動の中心を置いてゐる」(1)。「まことに日本経済最近の飛躍的発展、殊に、単に量的なそれでなく重工業、化学工業段階への質的な発展……この気運をリードした新興コンツェルンの彗星的出現は、正に一驚に値するものがある」(2)。あるいはまた、「新興財閥とは〈第二次産業革命〉乃至は軍需インフレの時運に恵まれて急テムポに生長した新たな産業資本家群である」(3)。このようにして、新興コンツェルンは、一般に「重化学工業＝軍需工業」と認識されざるを得なかった一九三〇年代当時の日本経済において、既成財閥に比して重化学工業化を積極的に推進する新たな資本グループとしてとくに注目されてきたのである。

しかし、はたしてこの表の内容は事実を正確に伝えているであろうか。また、方法的にはたして正しい手続きを踏んでいたであろうか。ここでは、この表に対する次の二つの疑問から出発してみたい。

すなわち、それは、(一)新興コンツェルンについて議論する場合に同表の五つのグループを取り上げるだけで済ませてよいのかどうか、という疑問である。また、(二)そもそも方法的に、新興コンツェルンをこのように既成財閥(しかも総合財閥)とまったく同じレベルで直接的に対比してよいものかどうか、という疑問である。周知のように、これまで新興コンツェルンは、もっぱら既成財閥と対比するという枠組みの中でしか性格規定がなされてこなかったのである。

(1) 田杉競「日本の工業化と新興コンツェルン」『科学主義工業』一九三八年六月号、一八五頁。
(2) 前掲、高橋・青山、一八五頁。
(3) 栂井義雄『戦争・財閥・軍需工業』東洋経済新報社、一九三七年、一〇六頁。

(3)　疑問(1)——新興コンツェルンは五つだけか？——

まず第一に指摘しておくべきことは、いわゆる「新興コンツェルン」という用語は、もともとは、必ずしも特定の資本グループだけではなく、一九三〇年代の日本経済に登場した数多くの資本グループを一般的に指す普通名詞であったという事実である。少なくとも上述の五グループだけに限定された用語ではなかった。

つまり、当時、主要な大企業の多くは次々とその傘下に子会社を設立するようになり、自らを頂点に立つ親会社として一つの事業関連的なグループ形成に乗り出した。すなわち、一九三〇年代に入るや、当時の大企業は一斉に「企業グループ化」を推し進めはじめたのである。したがって、周知の五つの「新興コンツェルン」だけに狭く限定されることなく、むしろまったく逆に、数多くの新興の「コンツェルン群」がまさに「彗星の如く」に現れ出したのである。当時の人々は、それらの新興の企業グループを一般的に「新興コンツェルン」、「新興財閥」、あるいはまた「産業団」や「ブロック」などという名称で呼びはじめた。ある論者は、一九三〇年代におけるこうした新興グループの簇生状況を「コンツェルンの大増殖」(1)とさえ表現していたのである。

「新興コンツェルン」という用語は、このように、これら一九三〇年代に出現した多くの新興の企業グループ群を一般的に指す普通名詞であった。たとえば、樋口弘『計画経済と日本財閥』（一九四一年）では、いわゆる「新興コンツェルン」は二つの範疇に分かつことができるとして、次のように分類していた。すなわち、それは㈠「日産・日窒・昭電〔森〕・日曹・理研と中外産業の如くその資本構成に於て著しく血族的要素を欠き、公開的であり、高度の産業技術を主体とする化学工業・重工業コンツェルンであ」って「そのコンツェルンを貫くものは資本的関連でなく、技術的関連であるもの」、および㈡「血族資本を中心として、一産業に根を据へつゝ、時局とともに巨大化し、一連の企業網を支配し、コンツェルン形態に迄発展し来たもので、池貝・中島知・久保田・中山悦・石原・渡辺剛などを以て代表的なものとする」[2]、としていた。つまり、以上の㈠㈡双方の数多くのグループの全体を「新興コンツェルン」の範疇の中に含めていたのである。いや、それだけにとどまらない。同書ではさらに、「基本的な産業に従事しつゝ資金を蓄積して、その業界に覇を唱へる巨大産業資本家化すると共に、概ねその産業に関連した一連の企業網を支配してゐる」資本群、すなわち「一産業に拠る財閥」もまた「この意味では概ね新興財閥であるといへるだらう」[3]とさえ述べていた。

要するに、これまでよく取り上げられてきた日産・日窒・森・日曹・理研という五つのグループとは、あくまでも、数多くの新興コンツェルン（新興財閥）の中で、当時、それらの代表的な存在として取り上げられていたにすぎなかったのである。

周知のように、これら五グループを、多くの新興コンツェルンの中の「代表格」として初めて取り上げた書物は、栂井義雄『戦争・財閥・軍需工業』（一九三七年）や、あるいは高橋亀吉・青山二郎『日本財閥論』（一九三八年）などであった。それ以降、今日にいたるまで、これら五グループを「新興コンツェルン」の代表格として特別扱いする通説がしだいに定着してきたのである。しかしながら、問題は、それら五グループがなぜ「代表格」として選ばれたのかの理由が必ずしも明確にされなかったことにある。このことが、のちの新興コンツェルン研究に無用の混乱をもたらしたともいえよう。その「理由」については、したがって、今日ではただ推測するしかないが、たとえば、それら五グループが多くの新興コンツェルンの内でも相対的に規模が大きかったり、とくに急速に膨張展開を遂げたからであったり、あるいは創立者の言行が当時の経済雑誌などで注目されていたからであったろう。

いずれにせよ、こうした論調にリードされるかのように、すでに当時から「新興コンツェルン」という名称はこれら五グループを中心的に指すように徐々に変化しつつあった。つまり、しだいに普通名詞から固有名詞へと転換しつつあったのである。「だが、コンツェルンの形成は、決して前記の〈新興コンツェルン〉だけをもつて終わりとしない」(4)。すなわち、ここに指摘しておかねばならないのは、これら五つの「新興コンツェルン」以外にも多くの「企業」がグループ化の推進によって新興の「コンツェルン」として誕生しつつあったこと、そして、実際にも、当時の論調はこのことに正当な注意を払っていたという事実なのである。

（1）「日本経済は全面的に、その相貌、形態、内容を変換しつつある……企業形態における変化としては、一つは国営企業の大進出……と、コンツェルンの大増殖とであらう」（岩井良太郎「コンツェルン形態論」『科学主義工業』一九四〇年三月号、一五六頁）。
（2）樋口弘『計画経済と日本財閥』味燈書屋、四七頁。
（3）同前。
（4）前掲、岩井、一五四頁。

(4)　一九三〇年代の新興グループの簇生

以上のことは、たとえば、何よりも一九三〇年代に簇生しはじめた数多くの新興の「コンツェルン」群に着目して、『日本コンツェルン全書』と銘打ったシリーズが現れたことに象徴的に反映されていた。同シリーズは、表1-3に示したように、既成の財閥コンツェルンや五つの代表的な新興コンツェルンだけではなく、その他にも多くの新興グループを広く「コンツェルン」として取り上げていたのである(1)。あるいはまた、樋口弘『日本財閥論』（一九四〇年）を見ると、同書はいわゆる「新興財閥」の範囲内に日産・日窒・森・日曹・理研の五グループに石原産業を加えていたが、これらのほかにも、大企業を頂点としたグループの形成、すなわち数十にものぼる「産業資本コンツェルン」の出現に多大の関心を寄せていた。表1-4は、同書で「産業資本コンツェルン」および「特殊会社コンツェルン」として取り上げられた新興のグループ名のリストである。

表1－3　『日本コンツェルン全書』（全18巻）の各巻の書名

1.日本財閥論	2.三井コンツェルン	3.三菱コンツェルン	4.住友コンツェルン
5.安田コンツェルン	6.日産コンツェルン	7.満鉄コンツェルン	
8.證券財閥（野村・小池・山一）		9.浅野・澁澤・大川・古河コンツェルン	
10.川崎・鴻池・大倉・根津コンツェルン		11.新興コンツェルン（日窒・森・日曹・理研）	
12.財界人物	13.電力コンツェルン	14.生保コンツェルン	15.製糖コンツェルン
16.紡績コンツェルン	17.川西・大原・伊藤・片倉コンツェルン		18.産業組合

（備考）最初の『日本財閥論』以外は、各巻の書名の末尾にすべて「読本」がつくが省略した。

表1－4　樋口弘『日本財閥論』が対象とした「コンツェルン」

産業資本コンツェルン		
東電コンツェルン	東邦電力コンツェルン	日電コンツェルン
宇治電コンツェルン	地方電力コンツェルン	瓦斯コンツェルン
種田・小林・今村・寺田・有田・五島・早川・後藤・生野・井上・根津・浅野・利光・九軌・名鉄　などの電鉄ブロック		
鐘紡コンツェルン	東洋紡コンツェルン	日本紡コンツェルン
富士紡コンツェルン	日清紡コンツェルン	二流紡績コンツェルン
明治製糖コンツェルン	台湾製糖コンツェルン	日糖コンツェルン
塩水港コンツェルン	帝糖コンツェルン	南興コンツェルン
各製粉コンツェルン	各麦酒コンツェルン	日魯漁業コンツェルン
東京芝浦コンツェルン	川崎重工業コンツェルン	神戸製鋼コンツェルン
王子製紙コンツェルン	日本石油コンツェルン	大日本セルロイド・コンツェルン
郡是製糸コンツェルン	大阪商船コンツェルン	日本綿花コンツェルン
特殊会社コンツェルン		
満鉄コンツェルン	東洋拓殖コンツェルン	北支開発コンツェルン
中支振興コンツェルン	台湾拓殖コンツェルン	南洋拓殖コンツェルン
日本製鉄コンツェルン	東北興業コンツェルン	帝国燃料コンツェルン
日本発送電コンツェルン		

あるいはまた、次のようないくつかの当時の叙述にも耳を傾けるべきであろう。「金再禁止、満洲事変以来の時局景気はいはゆる新興コンツェルンと称される日産、野口、理研、森、日曹、野村等を台頭させた……現在展開されてゐる東亜経済の大建設事業が〔さらに〕新コンツェルンを発生させないといふ理屈はない。実際続々と出来つつあるのだ。関西における石原、寺田、伊藤忠、川西、中京の豊田、関東の山一などがそのうちの目ぼしいものである」(2)。さらには、「通常のコンツェルン論からは除かれてゐるが、例へば鐘紡・三井鉱山・王子製紙などは、何れも数十の子会社をもつ大コンツェルンなのである。それほどでなくとも、一寸した大会社ならば十や二十の支配

会社をもつてゐるものが多い[3]」。あるいはまた、「こゝに新興コンツェルンとは必ずしも昨日今日起つた事業団を指す訳でない。所謂財閥でもない。然し色々な意味に於て事変―大戦を通じて膨張を遂げ、或は再編成を急ぎ、今後の動向が注目されてゐるものばかりだ[4]」、として満洲重工業開発（旧日産）や理研などのほかに、池貝・豊田・石原産業コンツェルンなどを挙げていた。あるいはまた、「我国の近年の産業膨張は周知の如く、新興コンツェルン及びこれに準ずる会社の発展に負ふところ大である。問題の日曹、理研は素より森、ラサ、石原産業等の事業を始め、鐘淵実業もこの種のコンツェルンに数へてもいゝであらう[5]」、などなど。

このように、当時、いわゆる五つの「新興コンツェルン」のほかにも数多くの資本グループが一九三〇年代に登場したことは厳然たる事実であった。また、正当にも当時の人々の耳目を引き付けていたのである。ただ、その中で五つのグループだけがしだいに「新興コンツェルン」の代表格として扱われるようになってきたにすぎなかったと言うべきである。しかも、さきに「新興コンツェルン」、「産業資本コンツェルン」、「特殊会社コンツェルン」などという分類をみたが、これらの間にはたしてどれだけ本質的な相違点が見出されるのか明らかではない。たとえば、それらの相違点について、こうした分類をした樋口弘『計画経済と日本財閥』においては、「満洲事変後の日本〔で〕……株式資本の構成の公開的な新興コンツェルンも台頭して来た。これらは巨大産業会社コンツェルン形態をとるものとは紙一重の関係にあるが、産業資本コンツェルンはこれを別に取扱[6]」う、と言うのみであった。

以上のように、「新興コンツェルン」という用語は当時からすでに必ずしも明確なものではなかった。それらが「新興コンツェルン」であれ「産業資本コンツェルン」であれ、その差異は「紙一重」にすぎなかったのである。事実はただ、一九三〇年代には大企業の「企業グループ化」が進展したことによって新興のコンツェルンが数多く誕生したこと、そして、しだいにその内の特定の五つのグループだけが「新興コンツェルン」という固有名詞で呼ばれるように変化しつつあったことであった。あるいは、五つのグループ以外にも数多くの新興のコンツェルンが出現したという事実に対して、戦前には一貫して正当な注意が払われ続けていたということであった。

しかしながら、戦後における状況をみると、「新興コンツェルン」の研究が進めば進むほどますます、それは特定のグループだけを限定的に指し示す固有名詞へと転換してきたように思われる。つまり、「新興コンツェルン」といえば日産・日窒・森・日曹・理研という五つのグループだけを限定的に示すようになってきたのである。たしかに、このことは戦前からの傾向の延長線上のことでもあったかも知れない。しかし、戦後になると、それら五つのほかにも数多くの資本グループが出現したという事実の方には、ほとんどまったく注意が払われなくなってしまったのである。なるほど、これら五グループは一九三〇年代当時から数多くの新興コンツェルンの中の「代表格」として取り扱われてきた。しかしながら、代表格として五つだけにとくに注目することと、そのほかにも数多くの資本グループが出現したという事実を無視してしまうこととはまったく別であろう。すなわち、戦後の新興コンツェルン研究においては、これら戦前の新興コンツェルン研究を「ジャーナリスティック」なものとして軽視してしまう傾向が見られるが、もっとも重要な点で継承すべきことを継承してこなかったのである。

もちろん、ここに重要なことは、こうした研究史を追跡して「新興コンツェルン」という用語の適否云々だけを議論することにあるのではない。むしろ、実際に当時、いわゆる五つの「新興コンツェルン」以外にも多くの新興の「企業グループ」が誕生したという事実について、再度注意を向け直すことである。本書では、したがって、いわゆる五つの「新興コンツェルン」だけでなく、それ以外の新興のコンツェルンをも含めて分析することを通じて、一九三〇年代の資本グループ全体の位置づけと意義とについて再検討を加えることになる。このことこそが、今日、新興コンツェルン研究において要請されているもっとも重要な課題の一つというべきであろう。いわれもなく五つのグループだけに限定し、ステレオタイプ化し、それらの特殊例という狭い範囲からのみ「新興コンツェルン」論を展開するという時代はすでに終ったのである。

(1)　『日本コンツェルン全書』(全一八巻)春秋社、一九三七〜三八年。なお、第八巻の書名だけが「コンツェルン」でなく「財閥」となっていることについて、同書の「序」は次のように述べる。「大阪の野村コンツェルンと東京の小池財閥と株式業者の山一證券……即ち綜合コンツェルンと小財閥と大株式業者と云ふ内容を合表する書名としては適切のものを得難いがために一種の符牒として、特に證券財閥読本の名を選んだ」。
(2)　岩井良太郎「事変で伸びた小型コンツェルン」『科学主義工業』一九三九年七月号、一六六頁。
(3)　同前。
(4)　「新興コンツェルンを衝く」『東洋経済新報』一九四〇年四月二七日号、一〇六頁。
(5)　「新興コンツェルンの立直し策」『東洋経済新報』一九四一年二月一日号、八頁。
(6)　樋口、前掲書、四四頁。ただし、別の所では、「産業資本コンツェルンは血族的巨大財閥の傍系事業、若しくはその分身」と述べ、財閥傘下の傍系企業を中心とするグループとしていた(樋口「経済新体制とコンツェルン」『ダイヤモンド』一九四一年三月一一日号、一八頁)。

(5)　疑問(2)——新興コンツェルンの比較の相手は?——

ついで、第二点目の疑問としては、一九三〇年代に出現した新興の資本グループ、すなわち新興コンツェルンは、はたして既成の総合財閥とそのまま同一地平上において直接に比較しうるものなのかどうか、という点である。あるいは、直接に比較対照して新興コンツェルンの性格云々を議論しうるのか、という点である。さきの表1-2では、両者は直接的に並置して対比された上で、「新興コンツェルン(新興財閥)」が三井・三菱・住友など既成の総合財閥に比べて重化学工業の比率が圧倒的に高いとされていた。これまで両者をこのように直接対比することはごく普通に行われてきたのであり、何らの疑問も持たれてこなかった。

しかし、のちに本論でくわしく検討するように、いわゆる五つの「新興コンツェルン」を含めて、一九三〇年代に登場した多くの新興企業グループは、方法論的に、総合財閥と同列に並べて議論すべき存在ではなかった。これまでのほとんどすべての研究は、新興「財閥」とか新興「コンツェルン」などという名称に幻惑されて、アプリオリに新興コンツェルンを既成の財閥コンツェルンに対比させるという誤りを繰り返してきたのである。

よく言われるように、新興コンツェルンの多くは親会社を中心として、そこからの事業関連性をもって派生あるいは設立された子会社からなっていた。既成の総合財閥のいわば「八百屋式」に対して、新興コンツェルンの場合は「いもづる式」多角化として特徴づけられてきたのである。たとえば、「三井、三菱始め既成の大財閥は概ね、産業的に連絡のない二つ以上の企業を支配する統合型をとつてゐる」のに対して、新興コンツェルンの場合は「各段階の生産行程、生産技術が緊密に有機的に結合され、一の製品は他の製品の原料となり、一生産行程の屑物、副産物が夫々一つの企業として分離独立して、コンツェルン組織全体が生産組織を枢軸とした一体となつてゐ(1)」た。

つまり、新興コンツェルンにおいては、一九三〇年代の旺盛な多角的展開や事業の垂直的延長によって生まれた企業内部の事業単位（「工場」や「営業所」など）が、形式上は別会社に、すなわち「子会社」の体裁をとって分離され、結果的にグループ化をもたらすことになったものが多かった。「新興コンツェルンは、従来からの蓄積資本と傘下に有力な金融機関を持たないだけに、尚ほ一層にコンツェルン組織の特長を生かしつゝ、極度に資本の節約と利用、子会社孫会社等の形式的独立による企業網拡大の原則を巧みに生かしつゝ、巨大化して来た(2)」のである。あるいはまた、「一般的原則として一企業の生産過程の数を少なくし、個々の生産過程を大単位とすることが最も有利な方法である。コンツェルンは多角経営と大規模生産とを調和する方法として意義がある。化学工業会社に於ても重工業会社に於ても、先ず多角経営に進出し、その規模が大きくなるに従ひ、その構成部分を分離して子会社とし、コンツェルン化する場合が多いのはこの間の事情を物語る(3)」。

たとえば、新興コンツェルンの一つ、日窒コンツェルンの場合、「〔その最大の傘下企業たる〕朝鮮窒素は今更述べるまでもなく当社〔日本窒素〕の子会社である。子会社と云ふよりは寧ろ一工場とみて差支へない(4)」。「日窒と朝窒とは別会社であるが、然しこれは単に表面の形式であって、内容の同体であることは今更説明を要しまい」[5]。あるいは、日曹コンツェルンの場合、「日本曹達の仔会社が踊り出した。仔会社が活躍するのは、背後に日曹が光るからである。……どれもこれも順調を予想される。親会社の事業を拡張延長したものだから、順当に行くのが当り前のわけである」[6]、など。

以上をより整理して言えば、新興コンツェルンとは、多くの場合、(一)親会社の「本業」から多角的に展開した子会社、および(二)親会社の「本業」を垂直的に補完支援する役割（原材料・部品の供給、再加工、販売、サービス提供など）を担う子会社群、を傘下に擁する一個の有機的な事業構造体であった。あるいは、一つの産業基盤の上に、あくまで「本業」を中心に据えて展開された企業グループであった[7]。したがって、親会社（事業持株会社）がもし重化学工業企業であれば、そこから派生した子会社もまた必然的にその関連事業に従事する場合が多くなり、結果的には、グループ全体として重化学工業の占める比率が高くなるのはむしろ当然のことだったのである。さきの表1-2の「新興コンツェルン」の場合、親会社の「本業」はいずれも重化学工業関連であり、そこから生み出された子会社の多くがまた重化学工業分野に関連性をもっていたのは当然のことであった[8]。

これに対して、既成の総合財閥の場合はどうであったろうか。それらは、一九三〇年代ともなると、すでに主要な産業分野として確立していた金融・商事・鉱山業などのほかに、各種の製造業（重工業・化学工業・軽工業を問わず）を、そしてまた保険や不動産、運輸などをそれぞれに担う数多くの傘下企業を擁していた。とくに、三井・三菱・住友などの総合財閥は、当時すでに、ピラミッドの傘下にこれら各種多様な産業諸部門（企業）を横断的に抱え込んだ組織体となっていたのである。したがって、同表のように、これら各種多様な産業諸部門から構成される総合財閥を全体として無条件に合算すれば、重化学工業の占める比率が相対的に薄められてしまうのは、これまた当然のことであった。同表で、既成財閥の重化学工業の比率が相対的に低く現れていること、あるいは逆に「その他」とされる項

目の占める比率が異常に大きくなっている（五二・二％）のは、こうした状況をそのまま反映していたのである。(9)

結論はもはや自明であろう。これまでの新興コンツェルン研究においては、同じ地平のレベルで直接に対比すべきでないものを対比させるという誤りをおかしてきたのである。一九三〇年代に登場した新興コンツェルンと対比すべき相手は、総合財閥の全体ではなくそれを構成する個々の傘下企業であった。たとえば、化学工業分野を中心とした新興の日窒コンツェルンや日曹コンツェルンなどと直接に対比すべき相手は、三井コンツェルンや三菱コンツェルンという財閥の全体ではなく、それを構成する一企業、すなわち三井化学や三菱化成などであるべきであった。(10)

（1）前掲、樋口『計画経済と日本財閥』、五〇～五一頁。
（2）前掲、樋口論文、一八頁。
（3）田杉、前掲、一九二頁。
（4）「日本窒素の内容改善と増配力」『ダイヤモンド』一九三四年一月一日号、二一五頁。
（5）「朝窒好調ながら日窒の増配延引せん」『ダイヤモンド』一九三五年一月一日号、二五二頁。
（6）「日曹仔会社の研究」『ダイヤモンド』一九三七年四月二一日号、八六頁。
（7）「戦前の新興財閥または新興コンツェルン（は）……いわば生産結合を基底においた資本結合または企業集団で」あった（堀江英一「産業コンツェルン」『経済論叢』第一一〇巻第五号、一九七二年、三頁）。
（8）もちろん、一九三〇年代に登場した数多くの新興コンツェルンの中には重化学工業分野だけに限らず軽工業部門を基盤とするものも含まれていた。しかし、一九三〇年代における日本経済全体の重化学工業化の急速な進展、あるいはその後半における統制経済化の中では、これら五つの新興コンツェルンだけでなく、多くの企業が重化学工業分野へと事業転換していったため、より多くの新興グループが重化学工業中心のコンツェルンとして登場した。
（9）「新興財閥といわれるもの、多くは右の如く工業的企業を主体としてコンツェルン体制を形成したから、その持株会社的機能も親事業会社の営む事業目的に従属せしめられ、その支配力もその範囲内に限定せられていた。これに反して既成財閥は、その傘下に銀行資本を有ち、金融資本としての支配力を駆使し得たから、右のような限界にしばられることがなく金融的目的によって形成され、従ってその活動範囲はより一般的であり、あらゆる異種産業にまたがる広汎なものであった」（青沼亜喜三「既成財閥と新興財閥」持株会社整理委員会『日本財閥とその解体』一九五一年、八三頁）。

(10) もっとも、三井化学が設立されたのは一九四一年、三菱化成は一九四四年であった。しかし、三井化学の場合、その前身たる三井鉱山三池焦煤工場、あるいは同三池染料工業所の時代を含めれば歴史は古い。同じく三菱化成でも、三菱鉱業牧山骸炭製造所から日本タール、日本化成へと連なってきた歴史があった。これら財閥の内部においては化学工業は「企業」としてよりも鉱山会社内部の「付属事業部門」として展開されてきたため、さきの表1-2では実際より著しく過小評価されている。この点については、下谷、前掲『日本化学工業史論』第三章、参照。

3　財閥コンツェルンの変質

(1)　事業兼営持株会社としての新興「企業グループ」

以上は、これまでの通説的な「新興コンツェルン論」に対して二つの疑問点を述べてきた。その際に明らかになってきたのは、新興コンツェルンについて議論する場合、既成の財閥コンツェルンとの論理的な関連性を明確にすることが避けて通れないということであった。そこで次に、一九三〇年代の新興コンツェルンの登場といわゆる「財閥の変質」問題との関連性についてもふれておこう。

ところで、いうまでもないことであるが、一九三〇年代に登場した数多くの新興のグループが、当時、「新興」のコンツェルンと呼ばれたのは、かれらが一九三〇年代に誕生したばかりの新興の「企業」だったからではない。たとえば、日本窒素肥料や日本曹達が創立されたのは一九三〇年代ではなく、それぞれ一九〇八年、一九二〇年のことであった。森や理研や、その他の多くの新興グループなどにしてもやはりそうである。かれらは、多くの場合、第一次大戦中や一九二〇年代、あるいははるかそれ以前に事業活動をスタートさせた企業であって、けっして新参の企業などではなかった。つまり、かれらが「新興コンツェルン」と呼ばれたのは、一九三〇年代に入るや傘下に数多くの子会社を擁しはじめたからであり、結果として一つの新たな企業集合体に、すなわち、新たな「企業グループ」の形態へと転じ出したからにほかならなかった。

かれらが、このように自ら「親会社」となって多くの傘下子会社を擁する「企業グループ」へと転じはじめたことは、同時にまた、自らが「持株会社」ともなったピラミッド型の組織形態を作り出したことを意味していた。つまり、当時、かれらが新興の「コンツェルン」と呼ばれた理由とは、ほかでもない、こうした持株会社中心のピラミッド型の組織形態そのものが既存の財閥コンツェルンとその外見をなぞらえられたからであった。かれらが「新興財閥」とも呼ばれた理由もそこにあった。当時、既成財閥こそは新興グループにとってもっとも身近な比較相手だったのである。これまで検討してきたように、新興コンツェルンはもっぱら既存の財閥コンツェルンとのアナロジーでしかとらえられず、両者は相似関係にある大小の「コンツェルン」としてしか認識されてこなかったのである。

なるほど、持株会社の下に多くの傘下子会社を擁した形態は既成の財閥コンツェルンに対して小型のコンツェルンの登場のように思われたのも無理はない。また、それは不当だったわけでもない。実際に、財閥のごとき巨大なコンツェルンを築き上げることを目標に掲げた新興コンツェルンも存在したのである。しかしながら、既成財閥の場合、その頂点に立つ持株会社（財閥本社）の多くがいわゆる「純粋持株会社」として構成諸企業の上に聳立していたのとは対照的に、新興コンツェルンの場合は、現業会社たる親会社自身がそのまま持株会社を兼ねる場合が多かった。中には証券保有のための子会社を別に設立した事例なども見出せるが、本質的には「新興コンツェルンにあっては最初から、現業会社それ自身が持株会社であった」(1)。

このことは、新興コンツェルンがあくまで親会社の「本業」を中心とし、そこから密接な事業関連性をもって生み出された子会社群から成る有機的な事業構造体であったことからも、むしろ当然の帰結であった。つまり、「コンツェルンと云ふものは、その解釈の仕方が議論の岐れ目になることが多い」が、それは、既成財閥のように「単純に或る血族一門に依つて封鎖的に経営される企業体」だけではなかった。他方には「その持株会社又は中心的な事業会社を最高本部として……資本を極度に節約しつゝ無限に産業支配網を伸張し資本的に且つ技術的に、親会社中心的にどこ迄も連絡統制を失はない支配網を展開してゐる企業組織」(2)としてのコンツェルンもあったわけである。

たとえば、日窒コンツェルンの場合を見てみよう。同コンツェルンは親会社の「本業」関連分野に数多くの子会社を設立したが、「その大部分が当社の内部から分離したものである。買収、合併に依つて大きくなつた事業閥と異なる所である」(3)。あるいは、日本窒素肥料の社史は次のように述べていた。「最近当社の紹介に当つてよく〈日窒コンツェルン〉又は〈持株会社としての日本窒素〉等の文字を用ひた経済雑誌を見る事があるが……然るに当社〔の子会社は〕……当社のみに依つて設立せられ其全投資が事実上当社独りの手に依つてなされてゐる。当社事業の発展は近代経済に於ける資本の魔力を巧みに利用した事に依つて持ち来されたものといふ可きではなく、個々の事業其者の内部的発展に依つて自然に齎らされたもので何等不自然なる他資本の合同合併に依つたものではない」(4)、と。同じ相似形に見えるピラミッド型の組織体ではあっても「コンツェルン」の性格は異なっていたのであり、また持株会社についてもその機能や位置づけは異なっていたのである。単に表面上の類似性からのみ短絡的に両者のアナロジーを言うことができないことはすでに明白であろう。

（1）　前掲、樋口『計画経済と日本財閥』、三九頁。ただし、日産コンツェルンの日本産業は純粋持株会社であった。このことも含めて、本書ではのちに述べる理由によって同コンツェルンを「新興コンツェルン」から除外する。なお、下谷、前掲『日本の系列と企業グループ』第五章、参照。また、持株会社としての財閥本社については、同『持株会社解禁』中公新書、一九九六年、岡崎哲二『持株会社の歴史』ちくま新書、一九九九年。

（2）前掲、樋口論文、一七頁。
（3）「日本窒素の積極経営」『ダイヤモンド』一九三八年一一月五日号、一九三頁。
（4）日本窒素肥料『日本窒素肥料事業大観』一九三七年、四一二頁。

(2) 一九三〇年代の財閥の変質——財閥傘下企業のグループ化——

さらに、こうしたアナロジーが無効であることを決定的に示すより重要な点としては、一九三〇年代後半ともなると、そもそも対比されるべき相手そのものが急速に「変質」しはじめていたことを挙げなければならない。つまり、財閥コンツェルンの側にも急激な変質がはじまったのであり、もはや、こうしたコンツェルンの相似的なアナロジーでは最終的に通用しなくなったのである。

一九三〇年代における財閥の変質とは、まず、かの「財閥の転向」であった。三〇年代前半の財閥批判の世論に対して、大財閥は傘下企業の株式の一部公開を余儀なくされはじめたのである。あるいは、社会事業団体への寄付、家族同族の経営の第一線からの引退、などで知られる一連の措置を通じた財閥の性格変化であった。しかし、これは財閥批判の世論をかわす「偽装的転向」であるとも言われたように、「〈財閥の転向〉と呼ばれた対応を過大評価することは適当ではない」[1]。とはいえ、一九三〇年代を通じての日本経済の重化学工業化の急速な進展につれて、株式公開による社会的資金の調達という課題は、それまで「自己金融」を基本に成長してきた財閥にとってもしだいに必至のものとなっていった。まさしく、「嘗つて日産コンツェルンの統率者鮎川義介が高唱し、実行してゐた公開コンツェルン的経営、これをその当時は小馬鹿にしつゝも、つひに既成の大財閥がその後を追はざるを得なく[2]」なったのである。

しかし、一九三〇年代の財閥の変質とは、「財閥転向」だけに限らなかった。より重要なのは、何よりも、それまでの財閥組織の結合の原理が明確に変化しはじめたことであった。つまり、「傘下の鉱山・重化学工業企業の成長とより一層の多角化の進展によって」、財閥はそれまでの「本社による集中的閉鎖的株式所有から、傘下中核企業による株式持合とその持株会社化を通じて分散的開放的株式所有という面を強め」出したのである。したがってまた、こうした財閥本社の側の相対的な地位低下とは対照的に、「財閥としての外延的拡大の担い手は傘下中核企業に移」り、「それらの財閥本社に対する自立性が高まった」(3)。こうした変化は、具体的には、財閥コンツェルンの内部において、傘下企業それ自らが中核（親会社）となってそれぞれ子会社群を擁する有機的なグループを形成する動きと重なり合って進行しはじめたのである。

たとえば、「この時代には、所謂之等の既成財閥並びに新興コンツェルンの外に、大産業資本コンツェルンと称せられるものが形成された。これは明治、大正時代を通じて自らの蓄積資本を中心に巨大化した鐘淵紡績、王子製紙、東京芝浦電気等が、いつしかその傘下に幾つかの子会社、孫会社をしたがへて大産業会社自身が持株会社の性質を帯び、コンツェルン形態を確立した」(4)。財閥の傘下の企業がそれぞれ「企業グループ化」しはじめたのである。財閥内部でグループ化を開始したのは、ここに掲げられた鐘淵紡績、王子製紙、東京芝浦電気など、いわゆる「傍系企業」とされてきた企業だけに限らなかった。財閥の直系企業もまた相次いで一九三〇年代後半から旺盛なグループ化を、つまり多角的・垂直的関係をもつ多くの子会社を独自に設立しはじめたのであり、自らは親会社となって事業兼営の持株会社化を遂げていったのである。

たとえば、表1-5は敗戦後の「持株会社」指定を一覧したものである。持株会社整理委員会によって持株会社に指定された企業は、同表のように、五次にわたり全体で八三社にのぼった。そのうち、第一次指定は「持株会社として第一級に属する」四大財閥の本社が中心であった。また、第二次指定（四〇社）は、これまで見てきた新興コンツェルンや産業資本コンツェルンなどで占められていた。すなわち、「現業部門を有するとともに主としてその現業部

表1－5　持株会社の指定および傘下子会社数

第一次指定〈５社〉　1946年８月
三井本社（90）　三菱本社（37）　住友本社（30）　安田保善社（28）　富士産業（65）
第二次指定〈40社〉　1946年11月
川崎重工業（16）　日産（４）　浅野本社（６）　古河鉱業（12）　澁澤同族（５）　大倉鉱業（28）
野村合名（18）　理研工業（24）　日本曹達（７）　日本窒素肥料（29）　日立製作所（35）
日電興業（13）　王子製紙（41）　東京芝浦電気（30）　沖電気（２）　沖電気証券（17）
日本無線（21）　松下電器産業（32）　日本製鉄（33）昭和電工（16）日産化学（31）
帝国鉱業開発（21）　日本郵船（29）　大阪商船（32）　山下汽船（23）　東洋紡績（63）
大建産業（47）　鐘淵紡績（78）　大日本紡績（27）　片倉鉱業（12）　郡是工業（10）
内外綿（11）　富士瓦斯紡績（13）　敷島紡績（17）　帝国人造絹糸（４）　日清紡績（11）
倉敷紡績（14）　日本毛織（16）　大和紡績（10）　神戸製鋼所（６）
第三次指定〈20社〉　1946年12月
三井鉱山（28）　北海道炭礦汽船（14）　三井化学（６）　三井物産（60）　三井船舶（14）
三菱重工業（32）　三菱鉱業（22）　三菱電機（31）　三菱化成（15）　三菱商事（53）
扶桑金属（58）　日本電気（29）　日新化学（14）　住友電気（30）　井華鉱業（16）
日本鉱業（22）　日本鋼管（20）　古河電気工業（34）　内外通商（14）　浅野物産（23）
第四次指定〈２社〉　1947年３月　……（略）
第五次指定〈16社〉　1947年９月　……（略）

（出所）　樋口弘『日本財閥の研究（１）』味燈書屋、1948年、14～15頁。
（備考）　（　）内の数字は傘下子会社数。

門に関連ある数多くの企業に投資し、これに支配力をもっているホールディング・カンパニー」が中心であった。さらに、より注目すべきなのは第三次の指定（二〇社）であって、そこには既成総合財閥の「有力な子会社にしてしかもホールディング・カンパニー的性格を濃厚にもつ」主要な企業が並んでいたのである。(5)

　つまり、一九三〇年代における重化学工業化の進展、あるいは産業構造の激変という波浪は、新興コンツェルンなど非財閥系の企業へばかりでなく、財閥コンツェルンを構成してきた個々の傘下企業の足元へも同様に押し寄せたのである。「企業」が子会社を設立しはじめ、自ら持株会社となって一つの有機的な「企業グループ」を形成するという動きは、一九三〇年代後半になるや、財閥の傘下にあった個々の企業にも同様に見られるようになった現象であった。同じ波浪が、一方では多くの新興コンツェルンを生み出し、また他方では、財閥の傘下企業のグループ化を推し進めはじめたのである。

（1）　武田晴人「資本蓄積㈢独占資本」大石嘉一郎編『日

本帝国主義史㈡』東京大学出版会、一九八七年、二四〇頁。また、「この所謂財閥の転向は迫り来る社会状勢の重圧下に各財閥が看板の塗り換へ、営業方針に多少の変化を行ったいはば現象的な改組であり、一種の道徳的改組であった」（前掲、樋口『計画経済と日本財閥』、二八頁）。

（2）同前、樋口『計画経済と日本財閥』、一一頁。

（3）以上、橋本寿朗『大恐慌期の日本資本主義』東京大学出版会、一九八四年、三五七〜六二頁。

（4）前掲、樋口論文、一八頁。

（5）前掲、『日本財閥とその解体』、一八九〜九〇頁。

(3)「大宇宙」と「小宇宙」

以上のような財閥組織内部での新たな現象は一九三〇年代の後半にかけてしだいにより明確なものとなっていった。半面、これまでの財閥史研究においては、傘下企業のグループ化現象についてはほとんど注目されることがなかったのである。はたして、こうした新たな現象とは何を意味するのであろうか。

それは、財閥コンツェルンという「大宇宙」の中に、個々の傘下企業を中核とする「小宇宙」が誕生しはじめたことを、したがってまた、それまでの一元的組織であった財閥組織の全体が、「大宇宙」と「小宇宙」という重層的な構造へと変貌していくプロセスを示していた(1)。そしてまた、さらに重要なことは、この現象は、日本における「コンツェルン」という概念に二義性を与える結果をもたらしたということなのである。つまり、財閥コンツェルン〔K〕の内部において個々の傘下企業を中核とするコンツェルン〔k〕が誕生する、という「コンツェルン」概念の重層性を生み出したのである。さきに見た、コンツェルンの中にコンツェルンが存在する、という現象こそは、まさしくこのことを示していたのである。

このようにして、一九三〇年代に簇生しはじめた新興コンツェルンという企業グループは、もはやこの財閥コンツェルン〔K〕の全体と直接に対比されるべき対象ではなかった。直接に対比すべき相手は、むしろ、親会社の「本業」を中心に有機的に形成された〔k〕であることはすでに自明であろう。日本における「コンツェルン」概念の二義性〔K・k〕についてはすでに別に述べたこともあるので、ここではこれ以上ふれる必要はないであろう。(2)

このようにして、一九三〇年代において財閥組織が重層的な構造に変貌したこと、あるいは、その結果として「コンツェルン」という概念が〔K・k〕という二義性をもつようになったこと、これこそが一九三〇年代における財閥の変質の重要部分であった。そして、こうした財閥の側の変質を考慮に入れないで、同じ「コンツェルン」というアナロジーだけから、財閥コンツェルンと新興コンツェルンというレベルの異なる二つのものを並列し対比してきたことに、これまでの新興コンツェルン論の基本的な誤りがあったのである。

以上、新興コンツェルンは既成の財閥コンツェルンと直接に対比されるべき存在でないことを述べてきた。つまり、新興コンツェルンとは、既成財閥の「一亜種」や、あるいは「遅れてやって来た財閥」や「レイト・カマー（late comer）」などではなかった。むしろ、第二次大戦後の日本経済において一般的な存在となる新しい企業形態、すなわち親子型の「企業グループ」の先駆け的な企業形態であったと言わなければならないであろう。

また、先述したように、こうした「企業の企業グループ化」という現象は、既成の総合財閥の内部でも同様に見られるようになった現象であったことが重要である。一九三〇年代以降の財閥内部で見られた傘下企業の独自性（自立性）の高まりは、敗戦直後に行われたＧＨＱによる「財閥解体」の動きを、あくまで結果的にではあったが、前もって準備するものでもあったのである。

以上見てきたように、新興コンツェルンをどのように把握するのかという問題は、たんに新興コンツェルンだけの問題ではなかった。それは、同時に、一九三〇年代における財閥の側における変化をより正確に把握するためにも重要な課題だったのである。新興コンツェルンの登場と財閥の変質とは別個の現象ではなく、根底においてつながったものであった。それらは整合的な理解を求められていたと言うべきであり、これまでの研究はかかる視点をまったく欠如したまま推移してきたのである。

(1)　ついでながら、こうした現象は、これまでの「孫会社」とは何かを再考させることとなる。つまり、財閥本社の側から見た〔親会社―子会社―孫会社〕という一体的なピラミッド型支配組織が、〔財閥本社―傘下企業〕および〔傘下企業―子会社〕という二段階のそれに変化しつつあることを示していた。

(2)　下谷、前掲『日本の系列と企業グループ』、参照。また、「この旧・新二つの財閥またはコンツェルンは、主としてその成立過程が第一次大戦の前か後かという視点から区別されたが、さらには事業分野または生産分野の視点からもハッキリ区別することができる……〔すなわち、〕たんなる資本結合としての企業集団と、生産結合を基底とした資本結合としての企業集団との二つの類型……があって、わが国では主としてたんなる資本結合としての企業集団をコンツェルンとよび、欧米諸国では生産結合を基底とした資本結合としての企業集団をコンツェルンとよんでいる」（堀江英一、前掲、「産業コンツェルン」、三～四頁）。

4　新興コンツェルンと「新興財閥」

(1)　「新興財閥」という用語法

ところで、近年では、かつての「新興財閥」に替わって「新興コンツェルン」という用語法がようやく定着するようになってきた。一九三〇年代の日本経済は大きな激動に見舞われた時期であったが、その時代環境を背景に登場した「企業グループ」に対する呼称の問題である。さきにも見たように、日産、日窒、森、日曹、理研などのグループは、これまでは「新興財閥」という用語で呼ばれるのが普通であった。しかし、今日では、「新興コンツェルン」と呼ばれることの方が多くなってきている。[1]

経済史や経営史などの研究分野において、かつての「新興財閥」という用語を意識的に「新興コンツェルン」と置きかえるように変化してきたのには理由がある。いうまでもなく、三井・三菱・住友などの財閥論における豊富な実証分析の蓄積および精緻な理論構築が与っている。つまり、財閥論の見地からするならば、一九三〇年代に登場した新興の企業グループは、厳密には「財閥」の一亜種、すなわち「新興財閥」などと呼ぶにはふさわしくないと判断されはじめたからである。また、他方では、この間、それらの新興の企業グループ自体についても個別の実証研究がはるかに前進した。そのことによって、やはりそれらは「財閥」の一亜種ではないと考えられるようになってきたからである。[2]今日では、両者がそれぞれ相俟って、一九三〇年代に登場した新興の企業グループを「新興コンツェルン」なる用語で呼ぶように意見集約されてきた。

それは一つの前進として高く評価することができ、大いに歓迎すべきことである。用語はできるだけ正確に用いなければならない。しかしながら、不思議なことに、まだ各方面にはそれらを「新興財閥」と呼ぼうとする根強い考え方が残っている。なぜ、財閥論の見地からは「財閥」ではないものを、新興の「財閥」などと呼ぶのであろうか。たとえば、次に掲げたのは、現在使われている高校の日本史の教科書における叙述の一部分である。

「明治・大正時代に経営基盤を確立し、コンツェルン形態を整えた三井・三菱・住友などの既成財閥に対して、満州事変前後から重化学工業を中心に急成長を遂げたのが、日産・日窒・森・日曹・理研などの新興財閥である。そのなかで、日産・日窒は満州・朝鮮へ進出していったことが注目される」（『日本史A』山川出版社、一八八頁）。

「軍部とむすびついた新興財閥が重化学工業に進出し、朝鮮・満州へ活発な投資をおこない、既成財閥も競合して日本経済の重化学工業化を推進した。鮎川義介の日本産業会社を中心とする日産コンツェルンは一九三七年満州に進出し、満州重工業開発会社に改組した。また野口遵の日本窒素肥料会社を中心とする日窒コンツェルンは朝鮮の発電・重化学工業の開発をすすめた。ほかに大河内正敏の理研コンツェルン、中野友礼の日曹コンツェルン、森矗昶の森コンツェルンなどがある」（『日本史B』実教出版、三二五頁）。

このように、高校の教科書では今日でも相変わらず「新興財閥」のままとなっていることがわかる。あるいは、経済史や経営史の専門研究者のなかにも、依然として「新興財閥」という用語を使い続けているケースはけっして少なくない。

「財閥」ではないものを財閥の一亜種として「新興財閥」と呼び続けようとする理由は、いったい何だろうか。それは、たんに定義や用語上の問題だけにとどまらない複雑な事情を背景に抱え込んでいる。たとえば、さきに批判したように、新興コンツェルンというものを既成財閥と同じ次元で直接に対比しようとしてきた伝統的な方法にある。つまり、既成財閥を基軸に据えて、そのアナロジーから新興コンツェルンを捉えようとする方法であった。あるいは、「コンツェルン」概念の日本特殊的な用法についての理解不足などがある。すなわち、日本特殊的な見方にすぎない「財閥＝コンツェルン」という図式に無批判的に引きずられてきたからである。

（1）「新興財閥」か「新興コンツェルン」か、という呼称の問題を最初に意識的に提示した論文として、大塩武「新興コンツェルン」『社会経済史学』四七－六、一九八一年、がある。

（2）「財閥概念の主要な柱に〈同族支配〉を据えるのは学界に定着した理解と言ってよいであろう。ところが新興財閥と称される企業集団に〈同族支配〉が見出される例は一つとしてないのである。ということは新興財閥は財閥ではないはずである」（大塩武「その他の財閥」経営史学会編『経営史学の二〇年』一九八五年、一三四頁）。

(2)「財閥=コンツェルン」の図式

さきに見たように、これまで日本では「コンツェルン」という用語は二重〔Kおよびk〕の意味合いで用いられてきた。つまり、一方では、三井・三菱・住友などの財閥コンツェルンのように、主要な産業部門に広くまたがって形成されたピラミッド型の企業集合体〔K〕を指してきた。日本では、普通に「コンツェルン」といえば財閥コンツェルンを指す場合が多く、「コンツェルン」といえば巨大な財閥コンツェルンの姿を想起してきたのである。しかしながら、他方では、「コンツェルン」とは、日窒コンツェルンや日曹コンツェルン、あるいは鐘紡コンツェルンや王子製紙コンツェルンなどのようにそれぞれ一つの産業体系（たとえば、化学工業、紡績業、製紙業、などの企業）を中心に有機的に形成された親子型の企業グループ〔k〕を指すこともあった。それらは親会社の「本業」を中心として、それに関連する各種の事業を傘下の子会社に担当させてグループを形成してきたのである。

なるほど、両者〔Kおよびk〕はともにピラミッド型であり、傘下に子会社を擁する企業の集合体であった。しかしながら、これまで見てきたように、その内容や規模は異なっていた。日本ではこれまで、外見上は同じ相似形のように見えて内容や規模の異なるものを、どちらも同じ「コンツェルン」という用語で呼んできたことになる。

何度も繰り返し強調してきたように、本来的に「コンツェルン」とはあくまで一つの産業体系を基盤に形成された親子型の企業グループを指す言葉であった。あるいは、「コンツェルン」とは親子型の企業グループという「新たな企業形態の出現」を意味する学術用語であった。しかしながら、まず、一九一〇年代の日本では、ほとんどの財閥が内部にあった事業部門をそれぞれ株式会社として分離し、全体として「財閥本社（持株会社）プラス傘下株式会社」という新たなピラミッド型の「企業の結合体」へ転じはじめていた。当時のひとびとは、この新たなピラミッド型の「企業の結合体」を、「コンツェルン」という用語で呼びはじめたのである。

ところが、やがて一九三〇年代にもなると、今度は当時の大企業がそれぞれ自ら「親会社（持株会社）」となりはじめた。つまり、それぞれが傘下に独自の子会社をもつ親子型の企業グループを形成しはじめた。日本企業は先を争うようにして「親会社プラス子会社」という新たな「企業の結合体」へと組織機構を変化させたのであり、新興の企業グループが、すなわち「新興のコンツェルン〔k〕」が陸続として登場しはじめたのである。さきにふれたように、当時のある論者はこれを「コンツェルンの大増殖」と呼んだのである。

さらに、この「企業の企業グループ化」という時代の波浪は、すでに一九二〇年代から三〇年代にかけその規模を飛躍的に増大させてきた財閥コンツェルンにも同様に押し寄せた。つまり、その傘下にあった株式会社の足元にも押し寄せてきた。それらの株式会社は財閥コンツェルンの内部において、それぞれ自らを親会社とする「企業グループ」を形成しはじめたのであり、コンツェルンのなかにコンツェルンが生まれはじめたのである[1]。

このように、日本では「コンツェルン」の用語は二重の意味合いをもって用いられてきた。一方では、財閥コンツェルンのように各種の主要産業に広くまたがって聳立する巨大な「コンツェルン」を指す場合であり、他方では、親会社の産業基盤（本業）の上に形成された多数の親子型の「コンツェルン」の場合であった。これまでは、このコンツェルン概念の二重性への考慮を払うことなしに、「新興コンツェルン」についての議論が展開されてきたわけである。「コンツェルン」の正確な理解なしに、どうして「新興コンツェルン」の議論の前進が期待できるのであろうか。

それでは、いったいなぜ、日本ではこのような二重の用法が広まったのであろうか。いうまでもなく、「コンツェルン」をこのように二重の意味合いをもって用いてきた背景には、きわめて日本特殊的な事情が横たわっている。

それは、端的にいって、一九一〇年代の「財閥のコンツェルン化」と一九三〇年代の「企業の企業グループ化」（つまり、「本来のコンツェルン」の登場）との、両者の時期のズレがもたらした所産にほかならなかった。要するに、一九一〇年代の日本経済には、当時、相次いでその組織機構をピラミッド型に転換しはじめていた財閥を除けば、

「コンツェルン」と呼ぶにふさわしい企業結合体はまだ存在しなかった。親子型の企業グループはまだ十分に育っていなかったのである。いわゆるドイツ型の「本来のコンツェルン」が本格的に日本経済の舞台にも登場しはじめるのは、一九三〇年代まで待たねばならなかったからである。

以上を言い換えれば、まず、一九一〇年代に財閥がピラミッド型のコンツェルン形態となって、それはさらに二〇年代には飛躍的に規模を増大させてきた。他方では、一九三〇年代の激動期に入ると新たに「企業の企業グループ化」が進展しはじめたのであり、そのことによって多くの新興のコンツェルンが登場した。こうした両者のコンツェルン形成における時期のズレが、内容も規模も異なるコンツェルンを産み落としたのはむしろ当然のことでもあっただろう。異なる時代環境は異なる企業結合体を生み出したのである。それにもかかわらず、両者は同じ「コンツェルン」という一つの用語で呼ばれてきた。これまで誰もそのことを意識的に問題としてこなかったのは不思議なことであるが、いずれにせよ、日本では「コンツェルン」概念は以上のように二重の意味合いをもっていた。このことを脳裏に刻むべきである。

そして、そこで問題となるのは、これら二重の意味合いのうち、ごく普通一般に「コンツェルン」といえば、三井、三菱、住友などの財閥コンツェルンを指すことが多かったということである。

すなわち、一般に「コンツェルン」といえばそれは日本経済においてプレゼンスがはるかに大きかった「財閥」を指すことの方が多かった。それはある意味では自然なことであったかも知れない。しかしながら、そのことが意味したのは、日本においては、「本来のコンツェルン」ではなく、日本特殊的な内容の「コンツェルン」(つまり、主要産業にまたがって聳立する巨大なコンツェルン)の方が、通常のコンツェルン概念となってしまった、ということである。(2) また、その結果として、これまでは財閥とコンツェルンの両者はほとんど同義に用いられてきたのであり、いわば「財閥＝コンツェルン」という牢固たる図式が定着してしまったわけである。(3) したがって、一九三〇年代に新たに登場してきた企業グループ、つまり新興の「コンツェルン」については、先行していた「財閥コンツェルン」の存在に引きずられるようにして、それは既成の財閥とのアナロジーの上で、そのまま無批判的に新興の「財閥」と翻訳されてきたのである。

たとえば、かつて橋本寿朗は次のように言っていた。「〈新興財閥〉か〈新興コンツェルン〉か、という用語をめぐって財閥史の研究者の間で議論があるが……定義を明確にすればいずれでもよいと思われる[4]」。なるほど、そういう考え方もあるかも知れない。しかしながら、この呼称をめぐる問題はたんに定義の仕方だけの問題ではありえないであろう。一九三〇年代に登場した企業グループをどのように位置づけるかは、財閥やコンツェルンをどのように理解するかに大きく関わっているからである。かれは次のようにも言っていた。「満州事変期になると、素材型を中心に重化学工業に発展の条件が生じた。この条件に対応して急成長したのが、新興財閥であり、それは新興コンツェルンとも呼ばれた。組織形態からいえばコンツェルンというのが正しいが、財閥もコンツェルン化していたから新興財閥ということもできる[5]」、と。このように、一九三〇年代に登場した新興の企業グループは、これまでは財閥を基準に、財閥からの距離によって解釈されてきたわけである。

（1）「〈三井合名〉の直接支配の下にある第一種資本（直系会社）に結集された諸産業の個々の資本は、それ自体が個々のコンツェルンを形成し、分派資本の孫会社を、その資本の鶴翼のなかに抱擁してゐる」。「〈三井合名〉の第一種資本は、生産連帯の基礎の上に形成された、いくつかのコンツェルンの結合体である」（鈴木茂三郎『日本財閥論』改造社、一九三四年、四二および四八頁）。

（2）このことが、さらに別の日本特殊的なコンツェルン理解につながることとなる。つまり、「カルテル→トラスト→コンツェルン」のように順に並べ立て、コンツェルンを「独占の最高形態」にまで祭り上げてしまった。下谷政弘『持株会社の時代』有斐閣、二〇〇六年、第四章、参照。

（3）「わが国ではコンツェルンに該当する言葉として、財閥といふ言葉が好んで用ひられてゐるやうである。財閥とコンツェルンとの間には、むろん一脈相通ずるものがあるけれども、しかし決して完全に合致するものではなく、コンツェルンに該当する術語として財閥といふ言葉を用ひることは適切とはいへない」（静田均「インテレッセンゲマインシャフトの概念規定について」『経済論叢』第五六巻三号、一九四三年、八三頁）。

（4）橋本寿朗「課題と分析・叙述の視角」法政大学産業情報センター編『日本経済の発展と企業集団』東京大学出版会、一九九二年、一四頁。

（5）同前、八頁。

(3) 普通名詞から固有名詞へ

今日では、一九三〇年代に台頭してきた「新興コンツェルン」について語る場合、そこにつねに挙げられるのは日産・日窒・森・日曹・理研の五つのグループである。というよりも、この五つだけしか挙げられなくなっている。さきに見た高校教科書でもそうなっていた。あたかも「新興コンツェルン」とは、今日では、これら特定のグループだけを指す固有名詞のように扱われている。新興コンツェルンの研究者たちも、これらの五グループの内のいずれかを選択して、あるいはこれら五グループ全体に関する総論を叙述してきたのである。

しかしながら、さきにも検討したように、一九三〇年代の日本経済に台頭した企業グループはこれら五グループだけではなかった。むしろ、まったく逆に、当時の多くの大企業が、すなわち当時の紡績会社、電力会社、製糖会社、肥料会社などなど、数多くの事業会社が、一斉に「企業グループ化」を遂げて新興の企業グループとして登場したのである。いわゆる五つの「新興コンツェルン」の出現とは、そうした大きな流れの中の一部にすぎなかった。さきにも述べたように、日本の一九三〇年代は「（新興）コンツェルンの大増殖」の時代であった。五つだけに限定して固有名詞としてしまえば、一九三〇年代に起こったより大きな現象というものがまったく見えなくなってしまうのである。「金再禁止、満洲事変以来の時局景気はいはゆる新興コンツェルンと称される日産、野口、理研、森、日曹、野村等を台頭させた。……現在展開されている東亜経済の大建設事業が〔さらに〕新コンツェルンを発生させないという理屈はない。実際続々と出来つつあるのだ」(1)。

なるほど、それら五グループが新興コンツェルンの固有名詞のようになったのには、いくつかの理由があろう。また、一つの固有名詞として概念化するためにそれら五グループに共通する「特徴」を探り当てようと、無駄な努力も重ねられてきたのである。

以上のことは、ここで、たとえば理研コンツェルンを取り上げて、同コンツェルンはなぜ五つの「代表格」の一つでありえたのか、という問いを設けてみるだけでも明らかとなろう。同コンツェルンは、周知のように、「資本主義工業」でなく「科学主義工業」を標榜しながら、理化学研究所の研究成果を工業化しその儲けを研究資金として還流させ、「農村工業」として地方に数多くの小規模な会社を設立した(2)。つまり、同コンツェルンは「左手に理化学研究所の智能を、右手に大衆の資本を掌握」する「オープン・コンツェルン」(3)として当時の人々の注目を集めていたのである。しかし、当時、理研コンツェルンよりも規模の大きな「企業グループ」はほかにいくらも存在していた。同コンツェルンでなくとも、ほかに代表格の候補企業は探すことができたのである。同コンツェルンが五つに含まれたのは、その急速な子会社設立とともに、同研究所の所長であった大河内正敏のユニークな経営理念が当時のジャーナリズムの耳目を引きつけたからであったろう。

このように、理研コンツェルンを「代表格」とする理由、あるいは新興コンツェルンを五つに限定してきた根拠は薄弱であり、また、当時の論調においても必ずしも五つだけに限定した事実はなかった。時にはあるグループがはずされ、また別のグループが加えられてきたのである。たとえば、戦前の『日本コンツェルン全書』では、さきに見たように、「新興コンツェルン」は財閥コンツェルンを含む大小さまざまな「コンツェルン」の内の一つとして扱われていた。それが五グループだけを指す固有名詞として明確に固定化されはじめたのは、実は第二次大戦後の研究においてであった。

第二次大戦後になると新興コンツェルンをめぐる議論状況はしだいに変化してきた。さきにも述べたように、戦後には財閥史研究は大きく前進したのであり、それに引きずられるようにして（それを基準として）、新興コンツェルンの研究もまた長足の進展をみせはじめたのである。しかし、当時はまだ全般的に、新興コンツェルンは財閥の一亜種として考えられていた。たとえば、ここで一例として『日本財閥経営史』のシリーズを取り上げてみると、同シリーズの第五巻のタイトルは『新興財閥』となっていたのであり、まったく無批判的にそれを財閥の一つとして掲げていた。つまり、三井財閥、三菱財閥、住友財閥、安田財閥などの各巻と同列に並べられていたのである。財閥ではないものを、どうして新興の「財閥」として同列に並べられるのであろうか。さらに、同書のなかで対象とされた「新興財閥の範囲」についてみても、「大方の意見にしたがって、日産・日窒・森・日曹・理研の五コンツェルンを取り上げ」ていたのである。(4)

（1）前掲、岩井「事変で伸びた小型コンツェルン」、一六六頁。

（2）たとえば、一九四〇年時点で理研コンツェルンは傘下に六二もの子会社を擁していたが、資本金一千万円以上のものは四社、五〇〇万円以上は六社にすぎず、逆に五〇万円未満のものが三〇社を占めていた（『国策研究会週報』一九四一年二月一五日、一五三頁）。同コンツェルンは、「その社数に於ては寧ろ、日曹、日窒の有力コンツェルンを遥かに凌駕するが、その払込株金に於ては未だ四千万円の小額で先進コンツェルンには及びもつかぬ」（『東洋経済新報』一九三八年三月二六日、一一五頁）。理研コンツェルンについてくわしくは、斎藤憲『新興コンツェルン理研の研究』時潮社、一九八七年、参照。

（3）野村証券調査部『理研コンツェルン株式年鑑』一九三八年、二頁。

（4）宇田川勝『新興財閥』日本経済新聞社、一九八四年、一四頁。なお、このシリーズは、ほかに「地方財閥」や「阪神財閥」などの巻を含んでいる。また、別の論者も新興コンツェルンを「新興財閥」として、同様の扱いをしている。たとえば、「一九三〇年代の特徴は、この〔三井、三菱、住友などの〕既成財閥と並んで日産・日窒・森・日曹・理研という、いわゆる「新興財閥」と呼ばれるコンツェルンの急速な台頭がみられたことである。これらの新興コンツェルンは、既成財閥とはその事業基盤、資金調達様式、経営者層等々の特色において全く対照的な、新しいタイプのコンツェルンであった。そして、この新興コンツェルンをも含めた財閥資本相互の間には重化学工業の急速な発展による産業構造の転換をめぐって、激しい競争が繰り広げられた」（立松潔「独占—重化学工業化と新旧財閥の競争」小島恒久編『一九三〇年代の日本』法律文化社、一九八九年、二〇四頁）。

(4) 財閥コンツェルンと新興コンツェルン

これまで見てきたように、新興コンツェルンを「財閥の一亜種」と位置づけようとする考え方は今日でも根強く残っている。あるいは、「旧財閥」対「新興財閥」という図式での資本タイプ論としても描かれてきた。たとえば、一九三〇年代の新興コンツェルンの登場を「旧型のホモ・エコノミクスと新型のホモ・エコノミクスとの対抗」として捉えたのは大塚久雄であった[1]。あるいは、大野英二はこれをさらに敷衍して、両者の関係について、「その蓄積基盤を問うならば旧型の資本類型と新型の資本類型との拮抗」であるとした。つまり、「いわば前期的独占に近代的独占が重畳」した財閥型独占に対抗して、一九三〇年代に「既成の旧財閥と対抗しつつ登場してきた日窒・日曹・森・理研・日産などの新興コンツェルンないし新興財閥」は「従来旧財閥が関心を向けなかった化学工業や機械工業の重化学工業を拠点として、まさしく旧財閥の支配の外側に根をおろし、満洲事変以後の戦争経済のさなかに急激に成長して、旧財閥と対抗しつつコンツェルンを形成した」。あるいは、「新興財閥の台頭と旧財閥の対応の関係をおさえることによって、日本における前期的独占と近代的独占との重層化の過程が緊張をはらんだ過程として立体的にとらえられるであろう[2]」、などと述べてきたのである。

表1－6　財閥の位置付け

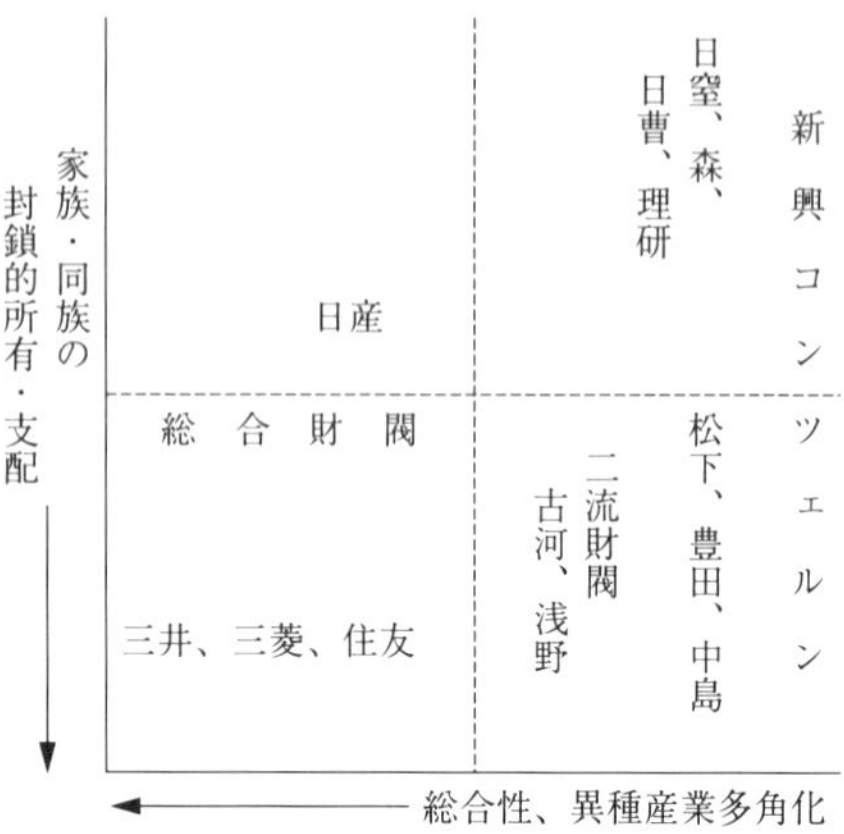

（出所）筆者作成。

それでは、いったい全体、この「財閥」とはこれまでどのように定義されてきたのであろうか。

周知のように、「財閥」の定義についてはこれまで各種の議論が展開されてきた。それは今日でも必ずしも最終的な決着がついているわけではない[3]。しかし、共通公約数的には、次の二つの要素が、つまり㈠家族同族による封鎖的所有、および㈡多角的な事業経営体、という二つの要素が同時に満足されるものとして定義されてきた。あるいは、㈢寡占または国民経済への影響力、という要素を加えたものとして定義される場合もある。しかし、基本的に、財閥を財閥たらしめるのはあくまでも家族（同族）所有という所有の面に重きをおいた概念であったように思われる。この所有の面を欠いてしまえば、それは財閥ではなくなってしまうからである。他方において、「コンツェルン」〔Kおよびk〕とは、これまで見てきたように、それはあくまでも企業結合体のあり方そのものを問題とする概念であった。

ここでは財閥の定義論争に深くコミットする余裕はない。ただ、一言だけ言っておくべきなのは、今日では、財閥概念の相対的な把握の必要性がますます高まってきているのではないか、ということである。つまり、戦前・戦後という時代の枠組みを超えて、さらにはアジアなどの「財閥」との国際的比較の前進のためにも、これまでの財閥概念のあり方に再考が求められている。あるいはまた、何よりも、財閥以外の「企業の結合体」との対比を可能なものにするためにも、これまでの財閥概念を改めて鋳直すことが必要となっている。

つまり、財閥概念をこれまでのように上記の㈠㈡の二要素の同時満足のように一次元的・固定的に理解するのではなく、表1-6に一例を示したように、その要素に分解して、その要素を組み合わせて再構成するというマトリックス的な理解が必要である。いうまでもなく、財閥も各種多様な「企業結合体」のうちの一種にすぎないからである。「財閥」概念を、その日本特殊性だけから出発して固定的に（すなわち、二要素の同時満足として）定義してしまうことは、他の「企業結合体」との比較の途を閉ざすことになる。つまり、まずは一般的定義のなかに広く正当に位置づけた上で、しかるのちにその日本特殊性について存分に主張すればよいのである。コンツェルン概念に関しても同じことがいえよう。これまでの議論は、もっぱら日本特殊的な「財閥コンツェルン」の存在を基軸として概念規定されてきたのであって、「本来のコンツェルン」の存在は忘れ去られてきた。特殊性を摘出する前に必要なのは、まず一般性を議論するための共通の土俵の設定なのである。

たとえば、橘川武郎は一九一〇年代と一九三〇年代の「コンツェルン形成運動」の違いとして次のように述べる。つまり、「一九三〇年代には、財閥のコンツェルン化とは異なる、新しいパターンのコンツェルン形成運動が登場した」、と。それは正しい。一九三〇年代に登場した新興コンツェルンは新しいタイプの「コンツェルン」だったからである。しかしながら、彼は続けて、これらの「新興コンツェルンについては、家族の影響という要素が希薄であるため、財閥とみなすことはできない[4]」と述べているのは首肯できない。なぜならば、一九三〇年代に登場した数多くの新興の企業グループの中にはさまざまなものが存在したのであり、創業者家族や同族大株主らによる「家族の影響という要素」が濃厚であったグループはいくらも存在したからである。あるいは、仮に譲って、「新興コンツェルン」の範囲をいわゆる五グループだけに限定した場合でも、たとえば、その代表格とされてきた日産コンツェルンは「久原・鮎川を中心とした親戚各家の事業活動の集大成＝血縁グループの企業集団であった[5]」からである。

しかし、橘川の議論において問題なのは、こうしたことではない。彼が、あくまでも財閥（概念）を基軸に据えて、そこからの距離によって新興の企業グループが「財閥」かどうかを裁定していることである。

すなわち、ここで必要なのは、そうではなく、たとえばさきの表にも示したように、資本所有の封鎖性（「家族の影響という要素」）を縦軸に、産業の広がり（多角化）を横軸に、などのマトリックスを描いて、財閥や新興コンツェルンをそれらのセルに正しく位置づけてみることである。あるいは、戦後の企業集団や韓国の「財閥」などをそれらのセルに配置してみることである。そうすれば、財閥のなかにも総合財閥や産業財閥があり、また、新興グループのなかにも「家族の影響という要素」が濃厚なものも稀薄なものもあったことがよほど明確になろう。また、第二次大戦後にはそのセルを別のセルへと移動したケースも見出せるであろう。あるいは、韓国の「財閥」については日本と異なった別のマトリックスが描けるであろうし、そこから「財閥の国際比較」の議論もしやすくなってこよう。(6)

他方ではまた、コンツェルンとはあくまで「企業の結合体」のあり方に関する概念であった。それは「家族所有」という基準からは中立の概念である。したがって、それらのなかには「家族の影響という要素」が濃い財閥もあれば、それが稀薄なグループも含まれていたのは当然のことであった。

以上述べてきたように、日本特殊的なコンツェルン概念の二重性を無視したままでは「新興コンツェルン」の正しい位置づけはできないであろう。同様に、財閥概念についてもまた、これまでのような一次元的な定義から新たにマトリックス的な理解へと軸足を移す必要があろう。そうすることを通じて、「新興コンツェルン」については、それを無批判的に財閥の一亜種としてとらえたり、財閥との距離から云々することは、そろそろこのあたりでやめるべきなのである。

以上のことは、いわゆる「財閥＝コンツェルン」という旧い図式の呪縛からの解放を意味している。一九三〇年代に出現した親子型の企業グループというのは、旧財閥と直接に比較される対象であるというよりも、むしろ、戦後の日本経済における親子型の「企業グループ」の先駆的な形態としてより積極的にとらえ直すべきなのである。また、以上述べてきたことは、今日の日本でさかんに採用されはじめている「持株会社」の正しい理解にもぜひ必要なのであるが、その議論については別書[7]に譲ることとしたい。

（1）　大塚久雄「新興工業としての化学工業」『立教経済学研究』創刊号、一九三九年（『大塚久雄著作集㈥』岩波書店、一九六九年、二八一頁）。

（2）　大野英二「新興財閥の思想」長幸男・住谷一彦編『近代日本経済思想史㈡』有斐閣、一九七一年、一一〇〜一一一頁。傍点は原著者。

（3）　「財閥」の定義などをめぐる議論に関しては、たとえば、安岡重明『財閥経営の歴史的研究』岩波書店、第一三章、一九九八年、や春日豊「財閥論―研究史の再検討―」中村政則編『近代日本の新視点』吉川弘文館、二〇〇〇年、などが簡潔に要領よくまとめている。

（4）　橘川武郎「財閥のコンツェルン化とインフラストラクチャー機能」石井寛治・原朗・武田晴人編『日本経済史㈢』東京大学出版会、二〇〇二年、一五三頁。ちなみに、その「財閥」の定義は、「中心的産業の複数部門における寡占企業を傘下に有する、家族を頂点とした多角的事業体」と、やはり二要素同時満足のものとなっている。同、一四一頁。

（5）　宇田川勝「日産財閥の水産部門形成過程㊦」『経営志林』一一―一、一九七四年、六四〜五頁。また、かつて樋口弘もつぎのように述べていた。「これらの血族的資本こそ日産コンツェルンの資本的中核をなすものであり、これを基礎にすればこそ公開・分離・買収・譲渡の鮎川工作も、断じてその支配権を犯される所なく、行ひ得たのであらう。公開コンツェルン日産も又日本の何れの財閥とも共通した、血族資本と郷土的結合を以て物質的基礎としてゐる」（前掲、樋口『日本財閥論㊤』、一七五頁）。

（6）　こうしたマトリックス作成の試みは、前掲、下谷『日本の系列と企業グループ』第六章、また、Masahiro Shimotani, "History of Business Group in Japan", Takao Shiba, Masahiro Shimotani, eds., *Beyond the Firm*, Oxford University Press, 1997.

（7）　前掲、下谷『持株会社の時代』、また、同「持株会社の歴史展開」『組織科学』第四〇巻第二号、二〇〇六年、参照。

(5)「遅れてきた財閥」——日産コンツェルンは新興コンツェルンか?——

新興コンツェルンか新興財閥か、という用語をめぐるテーマに関連して、ここで一つの補論の形で、日産コンツェルンをとくに取り上げておこう。

いうまでもなく、同コンツェルンはこれまでいわゆる五つの「新興コンツェルン」の中でもその代表格あるいは典型として扱われてきた。通常、「新興コンツェルン」といえばまずは日産コンツェルンのことを思い浮かべるのが普通であった。よく知られているように、いわゆる「大正財閥」の一つであった久原財閥をそっくり引き継いで、それを新たに日産コンツェルンへと編成しなおしたのは鮎川義介である。(1)

久原房之助が率いた同財閥の中核企業は、銅精錬などを中心とする久原鉱業であった。久原鉱業は第一次大戦期の「事業の急速な発展に伴う所用資金の調達に当り、依存すべき有力な金融機関を持たず、いきおい早くからその資金源を一般投資家に求めることとなった」(2)。たとえば、一九一六年の三倍増資では大幅な株式公開に踏み切り、一七年にも二・五倍増資を行い、二七年当時ではすでに一万五二〇〇人もの株主を抱える公開的な株式会社に転身していた。つまり、早くから株式公開を手掛けてきた財閥であったということができる。

しかし、久原鉱業は一九二七年にはいよいよ経営に行き詰まった。翌年三月、その再建を引き受けた鮎川は同社を持株会社に改組し、社名を日本産業（日産）と改称した。また、日本産業から久原鉱業の事業を分離して日本鉱業に改組し再スタートさせたのである。こうして、純粋持株会社となった日本産業はあらためて「公衆持株会社」として注目されることとなり、同社を中心とする日産コンツェルンは新たな装いをまとって一九三〇年代の舞台に踊り出たのである。しかし、ここで指摘しておかなければならないのは、同コンツェルンは、他の四つの「新興コンツェルン」とは、あるいは一連の新興企業グループ群とは、大いにその性格を異にしていたということである。

結論を先取りして言ってしまえば、この日産コンツェルンは「新興の財閥」でこそあれ、これまで見てきたような「新興コンツェルン〔k〕」などではなかった、という事実である。

その意味はこうである。つまり、なるほど同コンツェルンは旧財閥に比較すると所有構造の点ではるかに開放的であった。また、重化学工業への進出にも積極的であり、企業行動の点でも明らかに旧財閥とは異質の特色をもっていた。たとえば、日本鉱業や日立製作所など傘下企業株式の積極的な公開、あるいは公募増資による莫大なプレミアムの獲得などによって、新たに化学、電波、水産などの既存企業を傘下に吸収し、三七年当時では直系子会社一八社を擁する一大コンツェルンにまで発展していったのである。とりわけ、親会社たる日本産業そのものが公衆持株会社として、所有構造が旧財閥のように閉鎖的でなかったことからも、同コンツェルンは一九三〇年代の「新興コンツェルン」の代表格として世間から見られたのである。

しかしながら、その産業基盤をみるや、表1-7からもわかるように、その他の「新興コンツェルン」などのそれとは異なって、まさに産業横断的・非有機的な構造をもっていたことが重要である。それは、むしろ旧財閥のそれに近かったというべきであろう。すなわち、「コンツェルン形態に於いて、既成財閥が専ら資本的支配関係を基調とする統合型、若しくは無系列型であるのと対蹠的に、〈新興〉は専ら生産技術関係に基いて次々と出城を築いて発展し、傘下の全事業が有機的に結合された芋蔓型である……尤も、新興コンツェルンの芋蔓型にも例外があつて、例へば日産などのこれまでの発展の仕方、及び現在の事業体制は明らかに資本的支配関係を基調とするものだ(3)」。

日産コンツェルン研究の第一人者も、つぎのように同コンツェルンの「コングロマリット的経営戦略」について指摘している。「日産の包括していた事業は投下資本の点からみれば確かに重化学工業部門に集中していたが、決して他の新興財閥〔新興コンツェルン〕と同じように傘下各事業が有機的につながりをもったものでなく異種多岐にわたっていた(4)」。あるいは、「日産は確かに重化学工業を中心とする企業集団であったが、他の新興財閥にみられない水

表1－7　日産コンツェルンの構造（1937年6月）

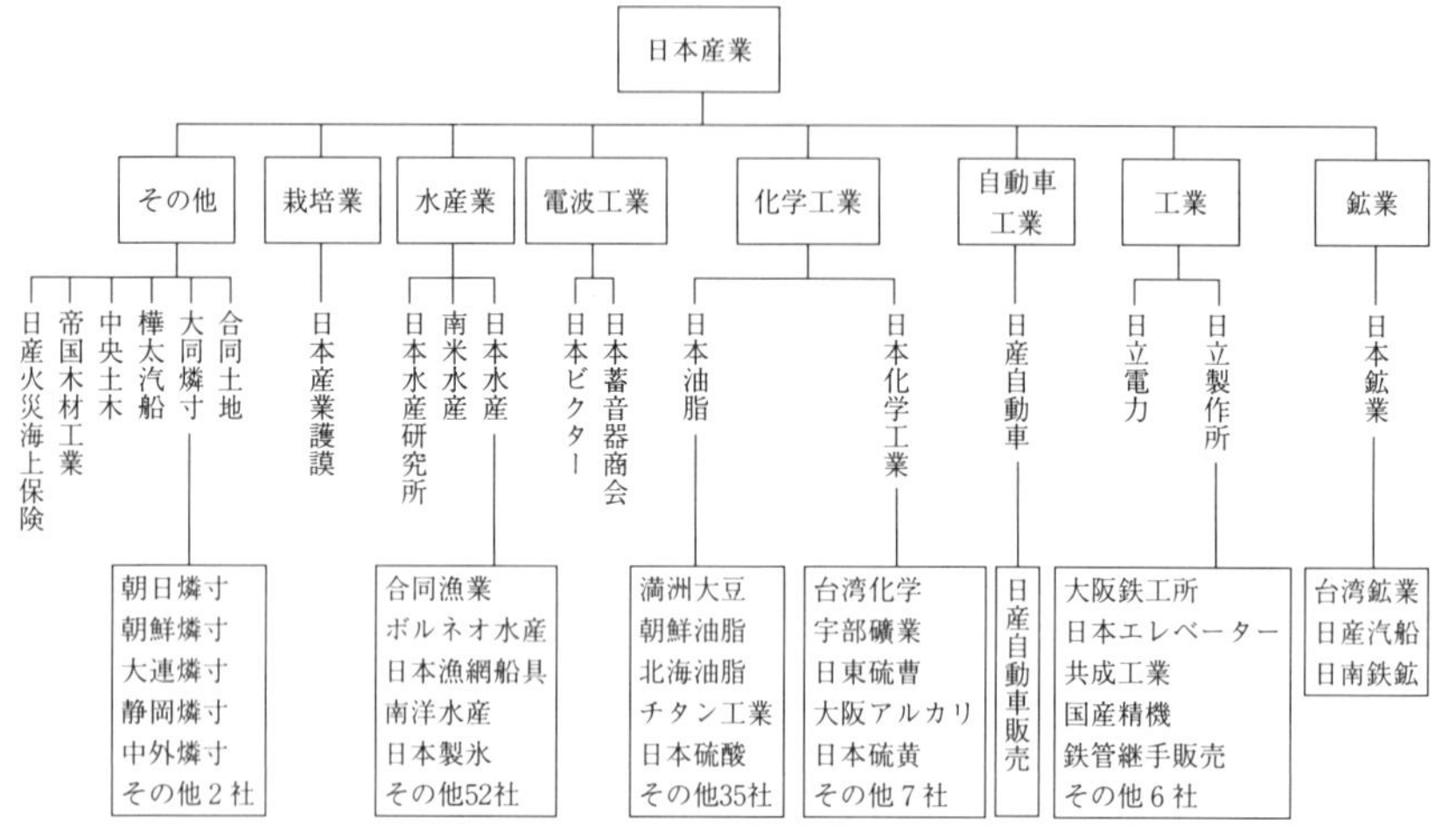

（出所）　和田日出吉『日産コンツェルン読本』1937年、巻末図より。

産・保険などの事業を経営しており既成財閥の特徴とされる〈八百屋式〉コンツェルンの様相を呈していた」(5)。しかも、日産コンツェルンの産業基盤は、旧財閥のような「八百屋式」や「所謂産業百貨店の多角経営(6)」であっただけではなかった。つまり、本書での問題関心からいうならば、同コンツェルンがその内部にさらにいくつかの「コンツェルン〔k〕」をもっていたことが重要であった。すなわち、同表にみるように、日産コンツェルンはその傘下に複数の「企業グループ」をもつ組織構造を作り出していたのである。

たとえば、その一つが日立製作所を中核とするグループであった(7)。日立製作所の前身は、周知のように、かつて久原鉱業の日立鉱山（工作課）に付属していた一電機修理工場にすぎなかった。それが一付属工場の形から株式会社へと組織替えしたのは一九二〇年のことであり、また鮎川の日本産業の傘下に組み替えられたのは二八年のことであった。この日立製作所は一九三〇年代に入るや、日産コンツェルンの傘下で、電機、重機械、車輌などの機械工業を中心として旺盛な製品の多角化をスタートさせる。製品の多角化の進展は、一面では同社の事業プロセスを垂直的・水平的にそれぞれ結合させて新たな製品をさらに生み出す技術的要因となった。また、他面では、「一式生産」や「プラント生産」といった新たな総合生産方式を可能とさせたことによって、同社を重電機械を中心とする一大総合製作所へと発展させていったのである。

こうした製品の多角的展開に対応する形で、日立製作所の内部では順次生産体制が整備充実されていった。たとえば、同社の製造所（works）の数は一九二九年までに五つであったものが三九年には一四となった。工場（shops）数についても一九二〇年代には一五であったものが三〇年代には四一にまで急増した。このように、一九三〇年代における日立製作所の企業内部での多角化への対応は顕著であったが、それにも増して注目しなければならないのは、同社が傘下の子会社を増大させることによって着実に「企業グループ」化をも同時に推し進めていたという事実なのである。すなわち、表1-8にみるように、「三〇年代の前半には例外にすぎなかった関係会社の存在は、その後半には日立の多角化経営には不可欠のものとなった。日立製作所は単独電機企業から〈巨大な複合された企業〉、コンツェルンに転化した(8)」のである。

このようにして、鮎川の日産コンツェルンは産業横断的・非有機的な事業体制をもち、また、その傘下にはいくつかの「コンツェルン〔k〕」を擁するようになっていた。さらには、つぎのような指摘にも耳を傾ける必要があろう。つまり、「久原・鮎川家の事業はもち論のこと、東京藤田・貝島家の事業にしても漸次日産コンツェルンの中に包括されて行く、という事実経過からして、大胆にいうならば、日産は姻戚関係を基調としたところの財閥形態を志向したものであり、その意味で、上記四家の企業者活動の集大成であった(9)」。あるいは、「日産がその傘下に吸収した諸企業の大半は、それまで久原・鮎川の親戚各家によって、あるいはその支配下で営まれていたものであった。その意味で、日産財閥は久原・鮎川を中心とした親戚各家の事業活動の集大成＝血縁グループの企業集団であった(10)」。前述した同コンツェルンの産業基盤の横断的・非有機的という性質も、ある意味ではこうした歴史的経過の産物でもあったということである。

表1－8　日立製作所の主要子会社

企業名	設立または関連年	公称資本金（万円）	持株率（%）	
共成工業	1929	25	100	
良鋼社	33	10	100	40年 日立工事（共成工業・良鋼社・日本エレベーター製造）
日本エレベーター製造	35	50	77	
日立瓦斯	36	25	60	
大阪鉄工所	36	3,000	100	
国産精機	37	500	100	（子会社）原田造船、向島船渠
日本可鍛鋳鉄所	37	100	72	
鉄管継手販売	37	25	54	
東洋利器	37	10	75	
渋谷レントゲン	37	50	100	
東京瓦斯電気工業	38	3,600	92	39年 日本航空機、日立兵器、日本工機
満洲日立製作所	38	1,000	100	
東京機器工業	39	500	78	
日立土地	39	50	100	
日立水道	39	100	100	
満洲変圧器	40	100	50	
理研真空工業	40	3,000	50	
若狭光学研究所	40	15	100	

（出所）　吉田秀明「戦前における巨大電機企業の確立(2)」『経済論叢』第127巻第4・5号、1981年、101頁。

しかし、こうなると、日産コンツェルンとはいったいいかなる意味で「新興コンツェルン〔k〕」の範疇の中に一括されうるのか、が当然のこととして問われなければならないことになろう。周知のように、多くの論者たちはこの問題を「大方の意見にしたがって」不問に付したままですませてきた。つまり、日産・日窒、森、日曹、理研の五コンツェルンを、もっぱら一九三〇年代という登場時期だけを主たる基準として同一範疇の中に片付けてきたのである。

以上みてきたことからも、明らかに日産コンツェルンは他の「新興コンツェルン」とは性格を異にする存在であったことがわかる。にもかかわらず、不思議なことに、同コンツェルンはそれら新興コンツェルンの代表格としてこれまで扱われてきたのである。新興コンツェルンの概念、あるいはその歴史的位置づけを明確にするには、この日産コンツェルンの性格に関する曖昧さを捨ておくことはできないように思われる。

その曖昧さというのは、日産コンツェルンが一九二〇年代に大財閥化への途に挫折した久原財閥から転じたという特殊な経緯のうちにも求められよう。しかし、さらにいうならば、前にも述べたように、これまでの「新興コンツェルン」概念とは旧財閥を基軸に据えて、それらとの対比上での諸特徴を貼り合わせたものであった。そして、その場合の旧財閥とはあくまで三井・三菱・住友という「総合財閥」を典型基準と想定して対比されてきたのである。古河・浅野などの「二流財閥」、あるいは久原・鈴木・松方・川崎などのいわゆる「大正財閥」などとの綿密な対比は等閑視されてきたと言わねばならないのであり、今後の新興コンツェルン論や財閥論の展開にとって、それらの本格的な検討が必要になってきている(11)。

たとえば、従来、あたかも日産コンツェルン（もしくは、それを拡大して「新興コンツェルン」全体）の特徴のようにいわれてきた大衆株主からの社会的資金調達、あるいは優先入札式のプレミアム付き株式公募などということは、さきにもふれたように、すでに第一次大戦期の「大正財閥」などにも見られたことであった。つまり、必ずしも日産コンツェルンなどが一九三〇年代になって初めて手がけたことではなかった。そうした研究によれば、これら「旧財閥と一九三〇年代新興財閥を媒介する第一次大戦期重化学工業化を推進する資本主体」、すなわち、久原・鈴木・松方などの「大戦期〈新興〉財閥」は、すでに久原などを典型にして「証券市場を基礎に公募形態を積極的に採用して社会的資金を集中する開かれたコンツェルン金融を構築してい(12)」たのである。

それらのことはともかくとしても、以上述べてきたように、日産コンツェルンはなるほど新興の財閥ではあったが、いわゆる「企業グループ」としての新興コンツェルンではなかった。ここで新興の財閥という意味は、それが一九三〇年代というもっとも遅れて登場した「レイトカマー」としての新しい財閥であった、ということである。あるいは、旧財閥とは異質の特徴を有する新たな財閥であった、ということである。換言すればすなわち、すぐのちに一九三〇年代に旧財閥の多くも「転向・改組」してたどらざるを得なかった途（株式公開や重化学工業基盤化など）を時代的に先取りして急成長した財閥、という意味である。

これまでの新興コンツェルンに関する議論の混迷の一端は、日産コンツェルンの曖昧な性格をそのまま放置してきたことによる。あるいは、一九三〇年代という時期にオーバーラップして登場した二つの内容の異なる企業結合体を、すなわちもっとも遅れてきた「新興の財閥」たる日産コンツェルンと、戦後の企業グループの先駆けたるべき「新興コンツェルン」とを混同して、両者を「大方の意見にしたがって」無批判に一つの鋳型のなかに押し込めようとしたからであった、と言わねばならないのである。

（1）日産コンツェルンについては、和田日出吉『日産コンツェルン読本』春秋社、一九三七年、また、宇田川勝による一連の研究成果がある。
（2）野田正穂「満州事変以後におけるわが国株式市場の構造変化について」『経済志林』第三〇巻第二号、一九六二年、一五二頁。
（3）高橋亀吉・青山二郎『日本財閥論』春秋社、一九三八年、二〇一頁。また、「多角形経営は現代の傾向である。紡績が生糸人絹羊毛に進出し、肥料製造が薬品に転向する如き顕著な例であるが、日産の多角形経営は木に竹を継ぐ如きで、その間に何等事業上の連絡がない。多角は多角でも変態的の多角経営である」（『ダイヤモンド』一九三四年三月一日号、一二二頁）。また、「日産コンツェルンの場合はか、る技術的基礎に基く芋づる型支配形態を有せず……一種の新しい型を創造したものであらう」（樋口弘『計画経済と日本財閥』味燈書屋、一九四一年、五一頁）。
（4）宇田川勝「日産財閥形成過程の経営史的考察」『経営史学』第六巻第三号、一九七二年、三二頁。
（5）前掲、宇田川『新興財閥』、六〇頁。鮎川は言っている。「公衆持株会社とは個人を基本とする従来の持株会社を建て替へて公衆に基礎をおく事にするところの持株会社が即ちそれなのであります。而してこの持株会社は業種の別を選ぶことなく投資し、且つ支配権を行使して間接に営利事業の運営を図るといふ機構であります」。西野嘉一郎『近代株式会社論』森山書店、一九三五年、二二六頁（原文は、鮎川氏講述「新資本主義と持株会社」銀行叢書第二一編）。
（6）日本産業『日産及関係会社事業要覧』一九三六年、二頁。
（7）日立製作所については、同『日立製作所史㈠㈡』一九六〇年、のほか、吉田秀明「戦前における巨大電機企業の確立㈠

(二)」『経済論叢』第一二六巻第五／六号、一九八〇年、第一二七巻第四／五号、一九八一年、など。

(8)　吉田、同上論文(二)、一〇三頁。「機械全般の製作である。鉱山機械、電気機械、化学機械、鉄道車輌、ディーゼル・エンジン、自動車タービン、電線其他大小機器に及ぶ。投資会社に大阪鉄工がある。造船設備に於て三菱重工、川崎造船と並び称される。外に日立航空機、日立兵器、日立工作機、国産精機、東京機器があり、満洲には日立製作がある」(『ダイヤモンド』一九三九年一一月一五日号、二〇一頁)。

(9)　前掲、宇田川「日産財閥形成過程の経営史的考察」、三一頁。

(10)　宇田川勝「日産財閥の水産部門形成過程(下)」『経営志林』第一一巻第一号、一九七四年、六四～五頁。

(11)　新興コンツェルンと「二流財閥」との対比が等閑視されてきたと同様に、財閥論の論旨の中にも「二流財閥」の存在が軽視されてきた、という指摘については、武田晴人「資本蓄積(三)財閥」大石嘉一郎編『日本帝国主義史(一)』東京大学出版会、一九八五年、二四四頁。

(12)　鷲見誠良「第一次大戦期重化学工業化と〈新興〉財閥の資金調達機構」『経済志林』第四二巻第三号、一九七四年、一一七頁。

第2章　一九三〇年代の日本経済――コンツェルン発生の土壌――

1　一九三〇年代の日本経済――一九二〇年代以前と何が変わったのか――

一九三〇年代の日本経済とはいったいどのような経験をした時代だったのだろうか。また、一九二〇年代以前の日本経済と比べて、いったい何が変わったのであろうか。

一つの国の経済について、それを一〇年単位に区切って特徴づけようとすることにはそもそも無理があるのかも知れない。いうまでもなく、経済的な事象は姿を変えながら連綿として継承され、時代をまたがって展開する。これは当然のことである。しかし、本書の課題、すなわち一九三〇年代にいわゆる「本来のコンツェルン〔k〕」が相次いで登場することとなった経済的背景や意義について、あるいはまた、日本経済における「二重のコンツェルン〔K、k〕」の登場時期のズレについて検討する場合、ここで一九二〇年代（以前）とのコントラストという形で一九三〇年代という一〇年間を考察してみようとする試みにも何がしかの意味があろう。

(1) 一九三〇年代の日本経済——概観——

まず、一九三〇年代の日本経済の全般について概観しておこう。

一九三〇年代の冒頭は「昭和恐慌」ではじまった。それは、企業のあいつぐ破綻、都市での大量の失業者や農村での飢餓の発生をもたらし、日本資本主義がそれまでに体験したもっとも深刻な大恐慌として知られている。奇しくも、同様に、一九二〇年代の冒頭もまた第一次大戦の休戦後に生じた恐慌でスタートした。いわゆる「戦後反動恐慌」である。つまり、両者ともに恐慌でその幕を開けた一〇年間であった。しかし、それ以降の展開はまったく異なるものとなった。

一九二〇年代は、反動恐慌の後にも二三年の関東大震災が続き、その後遺症の影響もあって二七年には金融恐慌に襲われるなど、「恐慌から恐慌へよろめいた一〇年間」とも揶揄された。もちろん、この一九二〇年代には都市化や電化の進展がみられ、それを背景とする固定資本の形成による緩やかな経済成長があったことを忘れることはできない。しかし、一九二〇年代は、全般には「低成長期で、暗くて長い不況時代であった」[(1)]という。つまり、総じていえば、日本の工業製品の多くは欧米先進諸国からの輸入製品に太刀打ちできず、日本経済は「国際的な競争圧力」に押しつぶされるようにして苦境の淵を低迷し続けていたのである。

それに対して、一九三〇年代は当初の恐慌状況から早期に脱出して、ほぼ三二年ごろから急速に好況局面を迎えはじめた。当時の新聞や経済雑誌をみても、このころに日本経済の様相がガラリと一変したことがわかる。いわば思いがけぬほどの好況にぶつかったわけであり、あたかも奔流が堰を切るように急激な経済的膨張の機会を迎えた。一九三〇年代は好況とビジネスチャンスに恵まれる一〇年間となったのである。その契機は、端的には三一年一二月の金輸出再禁止によって与えられた。「日本資本主義は大恐慌のただなかで、世界に先駆けて景気回復に入ったが、その決定的条件は一九三一年の金輸出再禁止であった」。すなわち、同年一二月の金輸出再禁止の実施は為替相場の大幅な低落（三二年には六〇％の急落）をもたらしたのであり、その作用として「輸出は三二年以降高率の伸びを維持し、景気回復の基礎的条件となっ(2)」た。あるいは、逆に輸入価格の高騰を通じて、外国製品との競争に圧迫され続けていた国内産業に対しては「保護関税的」な作用を与えたのである。

さらに、同年九月の満洲事変や翌三二年一月の上海事変の影響も大きかった。というのは、相次ぐ事変の勃発は一九三〇年代当初における財政支出の急増をもたらし、結果的に景気回復に貢献したからである。この財政支出増とは、具体的には満洲事件費や兵備改善費、またいわゆる「高橋財政」としても知られる時局匡救費などの形で行われた。表2-1は、一九三〇年代の景気回復の状況を総需要の面からみたものである。同表によって、三一年から三二年にかけての製品輸出（移出も含む）の増大に加えて、政府財政支出による需要増加寄与率が高かったことが見てとれる。こうして、「三三年以降、民間設備投資が爆発的に伸び……個人消費支出も三三年以降拡大に転じた(3)」。

また、一九三一年の満洲事変の勃発は、別の意味でも一九三〇年代の日本経済に影響を与えることとなった。同事変は翌年の上海事変に飛び火し、さらには三七年の盧溝橋事件の勃発を契機とする日中戦

表2-1　総需要の回復（1930～37年）

	年次	民間	政府	輸出	合計（総需要）	
		%	%	%	%	億円
構成比	1930	71.1	14.4	14.5	100	(171.3)
	31	70.1	16.8	13.1	100	(154.3)
	32	66.6	18.1	15.3	100	(161.7)
	33	65.8	17.5	16.7	100	(184.9)
	34	66.9	15.7	17.4	100	(206.3)
	35	65.8	15.6	18.6	100	(223.0)
	36	65.5	15.2	19.3	100	(237.3)
	37	63.6	17.7	18.7	100	(288.1)
					（総需要増減分）	
増減寄与率	1930→31	△80.5	7.4	△26.9	100	(△17.0)
	31→32	△5.0	46.3	58.7	100	(7.5)
	32→33	59.7	13.3	27.0	100	(23.2)
	33→34	77.1	0.1	22.8	100	(21.4)
	34→35	51.7	13.7	34.6	100	(16.7)
	35→36	60.6	9.8	29.6	100	(14.2)
	36→37	54.7	29.1	16.2	100	(50.8)

（出所）三和良一『概説日本経済史（近現代）』東京大学出版会、1993年、131頁。

（備考）「民間」は個人消費支出と粗固定資本形成民間分の合計。「政府」は政府経常収支と粗固定資本金形成政府分の合計。「輸出」は商品・サービスの輸移出額。

表2－2　軍事費の推移（1928～38年）

年度	歳出	軍事費	軍事費の割合	軍事費の寄与率
	千万円	千万円	%	%
1928	181.5	51.7	28.5	
29	173.6	49.5	28.5	△28.4
30	155.8	44.3	28.4	△29.2
31	147.7	45.5	30.8	14.5
32	195.0	68.6	35.2	49.0
33	225.5	87.3	38.7	61.2
34	248.0	94.2	38.0	30.8
35	256.6	103.3	40.3	105.8
36	266.6	107.8	40.4	45.3
37	520.7	327.1	62.8	86.3
38	856.2	596.2	69.6	80.2

（出所）　表2－1に同じ、127頁。
（備考）　「歳出」は一般会計歳出総額（決算）に1934年度以降分離された通信事業特別会計の歳出決算額と1937年度以降の臨時軍事費特別会計の陸・海軍省年度別支出済額を加えた額。「軍事費」は一般会計陸・海軍省歳出決算額に1937年度以降、臨軍費同上額を加えた額、「軍事費の割合」は歳出中の軍事費の割合、「軍事費の寄与率」は歳出増減額に対する軍事費増減額の割合。

争の本格化へとつながる端緒をなしたからである。いわゆる「一五年戦争」のスタートであり、軍需生産の増大とも絡み合いながら日本経済の重化学工業化を急速に推し進める結果をもたらしたからである。一九三〇年代とは、当時の日本経済の主要産業であった繊維工業がその最盛期を謳歌した時代であったが、それと並ぶようにして、軍需生産や重化学工業化が顕著に進展を遂げた一〇年間でもあった。日本経済の産業構造は大きな変化をみせはじめたのである(4)。また、三二年の「満洲国」の成立は、日本企業の植民地への進出の動きを本格化させる作用をもたらした。

このように、一九三〇年代とは急速な景気の回復、そしてまた重化学工業化の進展によって特徴づけられる一〇年間であったといえよう。その反面では、相次ぐ事変の勃発とともに、政治テロや軍事クーデターの頻発、国際的な孤立、そして最終的には太平洋戦争へとつながっていく一〇年間でもあった。したがって、一九二〇年代には縮減傾向にあった歳出全体に占める軍事費の比率も、表2-2に示したように、一九三〇年の二八・四％から三五年には四〇％を超えるようになり、さらに三七年には六二・八％へと飛躍し、さらに、四一年には七五・七％へと急増していったのである。

すなわち、本書ではここまでは一九三〇年代の一〇年間を「一九三〇年代」と一括りにして述べてきたが、ほぼこの一九三七年前後を境として、明確に分けて議論されるのが普通である。いうまでもなく、同年に勃発した盧溝橋事件による日中戦争の本格化以降、日本経済は戦時統制期へと移行したからであり、全体的に急速に統制色を強めはじめた。たとえば、同年に公布された臨時資金調整法や輸出入品等臨時措置法、あるいは翌三八年公布の国家総動員法などにより、戦時経済の時期に突入したのである。したがって、一九三〇年代の最後の数年間の様相は急速に変貌せざるをえなかった。このことにも注意が必要である。(5)

（1）木村隆俊『一九二〇年代日本の産業分析』日本経済評論社、一九九五年、一九頁。
（2）以上、橋本寿朗『大恐慌期の日本資本主義』東京大学出版会、一九八四年、二〇三および二〇四頁。
（3）同前、二〇四頁。また、以上についてくわしくは、三和良一『戦間期日本の経済政策史的研究』東京大学出版会、二〇〇三年、第九章、を参照。
（4）「我が国の工業は、近年に於いて次のやうな二つの動機から発展して来たのである。（一）昭和六年一二月の金輸出再禁止、（二）昭和六年九月に端を発した満洲事変、引続いて準戦時体制、次いで今次の支那事変に原因する軍事予算の増大。日本の最近の工業発展を語るものは、以上の二原因を度外視する事を得ない」（前田梅松「軽工業と重工業」『科学主義工業』一九三八年五月号、一二〇頁）。
（5）戦時統制期の日本経済については、たとえば、近代日本研究会編『戦時経済』山川出版社、一九八七年、下谷政弘編『戦時経済と日本企業』昭和堂、一九九〇年、下谷・長島修編『戦時日本経済の研究』晃洋書房、一九九二年、原朗編『日本の戦時経済』東京大学出版会、一九九五年、龍谷大学社会科学研究所編『戦時期日本の企業経営』文眞堂、二〇〇三年、原・山崎志郎編『戦時日本の経済再編成』日本経済評論社、二〇〇六年、など参照。

(2)　財閥コンツェルンの経済支配と分権化

表2-3は一九〇〇年以降における会社数や払込資本金の推移について企業形態別に見たものである。会社数全体の伸びはとくに一九三〇年代の前半に著しかったことがわかる。その大半は合名・合資形態の企業であったが、払込

表2－3　会社数・払込資本金の推移

年	会社数				払込資本金（百万円）			
	会社総数	構成比			合計	構成比		
		合名会社	合資会社	株式会社		合名会社	合資会社	株式会社
1900	8,588	9.1%	41.4%	49.5%	779	4.9%	5.8%	89.3%
1905	9,006	14.2	39.0	46.8	975	6.2	5.8	88.0
1910	12,308	20.3	38.9	40.8	1,481	9.5	6.5	84.0
1915	17,149	17.8	40.2	41.8	2,167	8.4	5.9	85.7
1920	29,917	15.7	30.0	54.2	8,238	7.0	4.6	88.4
1925	34,345	15.1	33.6	51.1	11,160	8.0	6.6	85.3
1930	51,910	16.4	46.2	37.4	19,633	8.5	6.5	85.0
1935	84,146	19.5	52.8	27.7	22,352	7.8	6.9	85.3
1939	85,122	17.9	43.0	39.0	34,025	5.5	4.0	90.5

（出所）　宮本又郎「産業化と会社制度の発展」西川・阿部編『産業化の時代（上）』岩波書店、1990年、375頁。

資本金でみると株式会社の占める比率が圧倒的に高かった。「このことは、合名、合資会社がいよいよ平均規模を縮小させ……〔他方で〕株式会社が合併や資本集積により平均規模を増大させつつあったことを物語る」[1]。いうまでもなく、日本経済の歴史において企業勃興期はそれまでにも幾度か繰り返された。しかし、一九三〇年代のそれは急速な景気回復と産業構造の大転換を反映して、ビジネスチャンスを求めて群がる企業の出現によって大規模なひろがりで展開されたのである。また、同時にそれは、数多くの大規模企業の出現をも促すこととなった。たとえば、資本金一〇〇〇万円以上の大企業についてみると、一九三六年にはすでに四五七社（日本内地、合計一三三億円）が存在していたが、四〇年にはさらに六四七社（一二三八億円）にまで急増していた。三〇年代後半の「わずか四年の間に一九〇社（増加率四二％）も増加したのである」[2]。

さて、数多くの大企業のなかでも、さきに第一次大戦期の前後にピラミッド型のコンツェルン〔K〕の組織形態をとった財閥は、一九二〇年代から三〇年代にかけて、その経済力を急速に高めていった。たとえば、表2-4は財閥系を中心とする五大銀行への預金や貸出金の集中を示している。一九二〇年代の当初には最大で一七九四行（一九二二年）もあった銀行は、金融恐慌などの試練を経て一九三〇年には七七九行へと半数以下にまで減少していた[3]。そのなかで、同表にみるように、預金や貸出金の財閥系五大銀行への集中度は急速に高まったのである。あるいは、一九二〇年代における財閥コンツェルンの産業支配の実態については適当な資料がないが、表2-5にみるように、一九三七年には、三井・三菱・住友・安田

表2－4　五大銀行への集中

年末	五大銀行合計（百万円）			全国普通銀行合計に占める割合（%）		
	払込資本金	預金	貸出金	払込資本金	預金	貸出金
1900	14	78	77	5.8	17.8	11.6
10	37	255	215	11.7	21.5	17.2
20	178	1,570	1,236	18.5	26.9	20.9
25	283	2,106	1,628	18.9	24.1	18.4
26	283	2,233	1,788	18.9	24.3	20.7
27	291	2,818	1,940	19.6	31.2	24.3
28	291	3,130	1,935	21.1	33.5	25.6
29	323	3,210	2,013	23.4	34.5	27.8
30	323	3,187	2,009	24.9	36.5	29.5
31	323	3,169	2,062	25.9	38.3	31.3
32	323	3,430	2,072	26.5	41.2	33.0
35	323	4,225	2,295	28.5	42.5	37.1
	(395)	(5,340)	(2,789)	(34.8)	(53.7)	(45.0)
40	323	10,304	6,477	33.0	41.8	46.8
	(395)	(12,893)	(7,854)	(40.3)	(52.3)	(56.8)

（出所）　安藤良雄編『近代日本経済史要覧（第2版）』東京大学出版会、1979年、113頁。

（備考）　五大銀行は三井・三菱・安田・住友・第一。1933年12月に、鴻池・三十四・山口3銀行の合併によって三和銀行が設立され、六大銀行体制となったので、1935、40年の下段（　）内には、六大銀行合計を掲げた。原資料は、後藤新一『日本の金融統計』。

表2－5　財閥の構成と集中度（1937年）

部門別	内部構成比				対全国比率			全国数値構成比
	三井	三菱	住友	安田	4大財閥	5財閥	9財閥	
	%	%	%	%	%	%	%	%
鉱礦業	26.5	18.6	8.8	0	20.9	14.6	35.5	8.2
重工業	22.1	27.1	35.2	3.3	12.1	8.5	20.6	20.5
（金属）	(2.4)	(2.2)	(14.5)	(0)	(9.2)	(5.5)	(14.7)	(5.2)
（機械）	(6.6)	(18.6)	(10.8)	(2.5)	(14.9)	(12.3)	(27.2)	(7.4)
（化学）	(13.1)	(6.4)	(9.9)	(0.9)	(11.3)	(7.0)	(18.3)	(7.9)
軽工業	13.8	11.5	9.4	8.6	7.0	6.5	13.5	16.9
（繊維）	(6.7)	(0.9)	(7.8)	(5.0)	(8.2)	(2.1)	(10.3)	(1.7)
（窯業）	(4.2)	(5.7)	(1.4)	(0)	(21.5)	(25.1)	(46.6)	(6.1)
金融業	11.5	22.1	15.1	55.2	22.5	1.1	23.6	9.3
（銀行）	(9.8)	(10.9)	(12.9)	(48.8)	(21.0)	(0.8)	(21.8)	(8.0)
その他	26.0	20.7	31.4	32.9	6.1	1.4	7.5	45.1
合計	100	100	100	100				100

（出所）　表2－1に同じ、135頁。

（備考）　5財閥は鮎川・浅野・古河・大倉・野村の各財閥。持株会社傘下会社の払込資本金基準の数値。

の四大財閥、あるいは日産・浅野・古河・大倉・野村を含めた九大財閥は大きなプレゼンスを示すまでになっていた。全国の会社の払込資本金においても、三井・三菱・住友の三大財閥だけで三七年には一二・一%を占めるまでにその支配力を高めていたのである[4]。

これらの財閥は、一九一〇年代に相次いでピラミッド型のコンツェルン体制へと移行したのち、積極的に内部組織の改革に取り組みはじめた。具体的には、財閥本社と傘下企業との間の関連に関する取り決めが制定されはじめた。財閥は、それまでの「家業」をいくつかの株式会社として分社化した結果、コンツェルン組織の内部でいわば本社と分社の間での「企業間関係」を取り決める必要が生じたのである。一例として、三菱財閥のケースを取り上げてみよう[5]。

三菱財閥では、主要な事業の分社化がほぼ完了した一九一九年、新たなコンツェルン体制のもとで、本社組織の改革がスタートした。「分系会社の独立によって、三菱合資は事業部門を支配するためには、従来とは異なった統制の方法を作り出さねばならなくなった」のである[6]。とくに重要だったのはコンツェルン全体の管制塔、すなわち本社理事会の設置であった。理事会は、「当会社及分系会社ニ関スル重要事項ヲ審議シ又ハ社長ノ諮問ニ応フ」ために設置され、審議事項には「三菱合資の重要な決定事項がほとんどすべて含まれていた」。また、「その権限は……強いものであり、議決機関、諮問機関であると同時に執行機関としての性格をも備えていた[7]」。この理事会の設置とは、明治期の当初から続いてきた社長専制主義の後退を、つまり、「岩崎同族の陣頭指揮は、同族個人の専断的意思決定から同族と専門経営者から成る意思決定集団のヘゲモニーを同族が掌握する状態へ[8]」の転換を意味していたという。これには、その後に多少の「ゆり戻し」もあったものの、二二年には「社長ノ諮問ニ応シ重要事項ヲ審議シ併セテ当会社及分系会社間ノ連絡ヲ謀ル」と改正されている。

ついで、分系会社の統制については、「三菱がコンツェルン体制のもとで子会社を統制した方法は、他の財閥がとった方法とほぼ同様であった」(9)。すなわち、基本的に株式所有や役員派遣、そして内部の金融機関や商事会社との取引などを通じての統制であった。これらの統制手段に加えて、具体的な内部規定の制定も行われ、三菱では早くも一九一八年には「分系会社ト合資会社トノ関係取極」が、また一九年には「分系会社重役会内規」などが制定されている。

こうして、財閥コンツェルンは内部的には組織機構を整備しながら、外に向かってはピラミッドの裾野を拡張して、一九三〇年代の初頭にはその巨大な姿を現したのである。さきに述べたように、三〇年代の初頭の日本経済は未曾有の大恐慌のさなかにあった。一方における巨大な財閥コンツェルンの出現と、他方での都市・農村の深刻な疲弊、という極度のコントラストを描く図式のなかで、絶大な富の集中者としての財閥に対する怨嗟が鬱積しはじめていた。大衆による財閥批判のうねりは、さらに財閥との癒着を強めていた政党政治に対する反感へも広がりはじめた。軍部でも財閥批判の声は強く、とくに若手の将校たちの発言力が高まったことにより「財閥、満洲に入るべからず」と唱えはじめた。こうした一般大衆や軍部による反財閥感情の波は、いわゆる「ドル買い事件」を契機に一挙に高まり、一九三二年には三井合名の理事長（団琢磨）が血盟団員に暗殺される事件などが発生した。ここに、三井、三菱、住友などの大財閥は、さきにもふれたように、世論や軍部を宥めるためにいわゆる「財閥転向」策をとらざるをえなかったのである。しかし、その後の好景気の到来は財閥批判の声をしだいに掻き消すこととなり、また重化学工業化の進展や軍需拡大という要請にとって財閥コンツェルンの生産力を抜きにしては語れなくなりはじめた。結局のところは、三〇年代中葉にはいわゆる「軍財抱合」へと、すなわち戦争経済の構築に向かって軍部と財閥は手を結ぶことになるのである。

さて、財閥コンツェルンはこうして日本経済において大きな比重を占める資本体となっていったが、明らかな内部変化として、傘下の各産業部門を担う企業がしだいに財閥本社からの自立性を高めはじめたことを指摘しなければならない。「三井、三菱、住友では傘下の鉱山、重化学工業企業の成長とより一層の多角化の進展によって、それらの財閥本社に対する自立性が高まった。それは一九二〇年代以来の連続的変化であったが、財閥の経営組織は直系大企業への権限委譲を進め、それらの相対的に自立的な事業活動を通じて産業構造の変化に対応した」[10]。つまり、あくまで財閥コンツェルンという大枠の内部でのことではあったものの、ピラミッド型のコンツェルンの全体組織のもとで、傘下企業はしだいに分権化の方向をたどることとなったのである。

たとえば、三菱では一九二九年に「分系会社ト本社トノ関係取極」および「分系会社重役会内規」が改正されたが、そこでは、人事案件の処理手続きおよび資金の調達・運用面などにおいて、分系会社による独自の裁量範囲が拡大されている[11]。また、分系会社の重役会議事についても、これまでのような本社による事前承認が必要でなくなり、事後報告で済ませられるようになった。また、三一年には「本社の重要な職能であった正員採用は……分系会社がそれぞれ独自に行うよう改められた」[12]。さらに、興味深いのは、三二年に「分系会社協力ニ関シ通知」が出されているが、そのなかで、「各社夫々自社ノ立場特殊ノ事情アルハ勿論ナルモ眼前ノ利害得失ニ拘泥セズ飽迄高処大局ニ即シテ互ニ相扶ケ以テ社業ノ向上ニ寄与候様……」と訴えていたことである。これは、当時、分系会社がしだいに「各社夫々自社ノ立場特殊ノ事情」から「眼前ノ利害得失ニ拘泥」するようになっていたことを窺わせる内容であった。つまり、もし「本社の統制が強く、分系会社の自立化傾向が弱かったならば、このような通知は必要がないはず」[13]、だというわけである。このようにして、その後に何度もの紆余曲折や「ゆり戻し」があったものの、三菱財閥においては、「大体において分系会社へ大幅に権限を委譲し……分系会社の自立性を強めたことは明らか」[14]であった。

財閥コンツェルンの傘下企業が自立性を増大させはじめた背景としては、まず、「財閥同族の追加的な出資能力の限界から、資金面での統制力が後退した」[15]ことが挙げられよう。財閥が本格的に重化学工業関連の諸部門へ乗り出したのは、さきにふれた「軍財抱合」前後からのことであり、傘下企業の重化学工業への本格的進出は多大の資金手当てを財閥本社に求めることとなったからである。

また、時代の趨勢につれて、財閥の傘下企業がそれぞれ担う事業部門がその専門性や独自性をしだいに高めたことも当然の成り行きであった。かれらはさらに、一九三〇年代のビジネスチャンスをねらって関連事業へも積極的に進出しはじめた。傘下企業は財閥本社との共同投資によって、あるいは独自の必要性から自らの下に子会社を設立しはじめたのである。つまり、さきにみたように「各社夫々自社ノ立場特殊ノ事情」から自立性を高めて、独自の企業グループを形成しはじめた。財閥コンツェルンという「大宇宙」のなかに、それぞれの傘下企業を親会社とする「小宇宙」が誕生しはじめたのである。

あるいは、こうした財閥組織の分権化という動きに絡めて、カルテル活動との関連性を指摘する議論もある。すなわち、財閥資本は一方でそれぞれコンツェルン〔K〕というピラミッド型のタテの組織形態をとりながら、他方では、その傘下企業は同業の他社とヨコに結んで、さまざまなカルテル結合の中心的な役割も果たしていた。つぎに見ていくように、一九三〇年代に入ると、「我が主要大企業中、カルテル結成なきものは殆ど無いと云つてよい状態……大財閥乃至金融資本のカルテル支配は、漸次強化するに至つた」[16]のである。

いうまでもなく、一九二〇年代および三〇年代を通じて、カルテル活動は財閥資本にとって大きな独占的利益の源泉であった。すなわち、財閥コンツェルンとは、カルテルによって独占的利潤を吸い上げるそれぞれの大企業を、持株会社によってタテの組織に束ねたものといってもよかった。「財閥資本はみずからの傘下企業や商社がカルテルの構成員として重要な役割を果し、カルテルによる横断的組織化を縦断的に結合していく中核の位置を占め」ていたのである。しかしながら、それゆえにこそ、それぞれの傘下企業は「カルテルの組織的統制と財閥のコンツェルンとしての利害との相克」を調整することを迫られるようになりはじめた。「そのためには、傘下企業の企業行動を制約する本社の権限を縮小し、権限の委譲を図ることが必要であった[17]」のである。以上のこととも関連して、つぎに、少し当時のカルテルの状況について見ておこう。

(1) 宮本又郎「産業化と会社制度の発展」西川俊作・阿部武司編『産業化の時代(上)』岩波書店、一九九〇年、三八五頁。ちなみに、高橋亀吉『株式会社亡国論』は次のように述べていた。「日本位ゐ、その国の産業が株式会社に由つて経営せられるところは少ない。しかも、その会社経営の紊乱せる点に於ては、恐らく日本が世界第一であらう……その根因の第一は、健全なる会社経営に必要なる準備的経済条件の成熟するを待つ遑なく、先進国の圧迫に対抗するため……之を粗製濫造したからである」(同上、萬里閣書房、一九三〇年、五七頁)。

(2) 鈴木邦夫「戦時統制と企業」石井寛治・原朗・武田晴人編『日本経済史(四)戦時・戦後期』東京大学出版会、二〇〇七年、一〇二頁。

(3) 安藤良雄編『近代日本経済史要覧』(第二版)東京大学出版会、一九七九年、一一三頁。

(4) 武田晴人「独占資本と財閥」大石嘉一郎編『日本帝国主義史(三)』東京大学出版会、一九九四年、二四六頁。なお、この数字は、戦後直後の財閥解体時にはさらに二五・六%へと跳ね上がっている。持株会社整理委員会『日本財閥とその解体』資料編、一九五〇年。

(5) 以下は、長沢康昭「三菱財閥の経営組織」三島康雄編『三菱財閥(日本財閥経営史)』日本経済新聞社、一九八一年、による。

(6) 同前、九一頁。

(7) 同前、八九頁。

(8) 森川英正「岩崎小弥太と三菱財閥の企業組織」『経営志林』第二巻第四号、一九六六年、八二頁

(9) 前掲、長沢、九一頁。

(10) 前掲、橋本『大恐慌期の日本資本主義』、三六一頁。「財閥の結合の原理が、本社による集中的閉鎖的株式所有から、傘下中核企業による株式持合とその持株会社化を通じての分散的開放的株式所有という面を強めた……右の変化は財閥内における本社と傘下企業との関係をも変えた。一言でいえば、傘下企業の自立性の上昇、すなわち分権化の進展であった」(橋本寿朗「産業構造の重化学工業化と資本の組織化」社会経済史学会編『一九三〇年代の日本経済』東京大学出版会、

一九八二年、一六二頁)。
(11) 以下は、前掲、長沢、九四頁以下による。
(12) 長沢康昭「本社部門の役割」三島康雄他『第二次大戦と三菱財閥』日本経済新聞社、一九八七年、一四五頁。
(13) 前掲、長沢「三菱財閥の経営組織」、九七頁。
(14) 同前、九五頁。
(15) 武田晴人「資本蓄積㈢独占資本」大石嘉一郎編『日本帝国主義史㈡』東京大学出版会、一九八七年、一三五頁。
(16) 高橋亀吉『日本統制経済論』(日本統制経済全集第五巻)改造社、一九三三年、一三七頁。
(17) 以上、前掲、武田、一三五頁。

表2-6　カルテルの設立（1932年現在）

部門別	1914年以前	1914～26年	1927～29年	1930年以後	不詳	計
重工業	—	5	6	19	3	33
化学工業	5	6	1	18	1	31
繊維工業	1	1	3	6	—	11
食品工業	1	—	2	5	—	8
計	7	12	12	48	4	83

(出所)　高橋亀吉『日本経済統制論』改造社、127頁。
(備考)　1932年現在で存続するカルテルの設立年別・部門別の数。鉱業は重工業の中に含む。

(3) カルテルの時代からコンツェルンの時代へ——企業結合の変化——

表2-6はカルテルの設立の推移を示している。同表によれば、一九三二年末の日本経済には八三のカルテルがあったことになる。しかも、その内の四八は一九三〇年代冒頭のわずか一、二年という短期間に結成されたものであった。つまり、昭和恐慌期には主要な産業部門のほぼすべてにカルテル組織が形成されたのであり、「世はまさに〈カルテル時代〉となったのである」[1]。カルテル結成の多くは、いうまでもなく一九二〇年代から三〇年代の初めにかけての国際的な競争圧力への対抗策として、そしてまた日本経済そのものの不振、とくに昭和恐慌の深刻な影響を背景としたものであった。また、その過半が重化学工業製品のカルテルであったことも注目される[2]。

いうまでもなく、カルテルとは同業種の企業間における協定にもとづいている。

協定とはもとより一時的な妥協の産物でもあり、したがって、本来的にカルテルとは体質的に脆弱な企業結合であった。(3) いずれのカルテルについても、その歴史をみるならば、メンバー企業の思惑によってつねに動揺し、またアウトサイダーによる横紙破りへの対策に汲々とせざるを得なかった事柄でつづられる。とりわけ、アウトサイダーの存在がカルテルの実効性を弱めてきたのである。

そこに、「このような独占組織の強化に関連して大きな意味をもったのが重要産業統制法と工業組合法による組織化促進政策であった」という。すなわち、一九三一年に制定された重要産業統制法および工業組合法は、「産業合理化の推進を目標とする商工官僚の主導のもとで、恐慌対策としての効果を期待するに至った財界の支持」によって成立した。このうち、とくに要産業統制法は「アウトサイダーに対する統制協定への強制加盟」(4)を内容としていたため、カルテル組織の実効性の増大に期待がふくらんで、さきに見たようにカルテルの結成が促進されたのである。ただし、通説における同法の評価に関しては、「強制カルテル」としての「一面的理解」がなされてきたという見方もある。(5)「同法の制定をカルテル助成という点から強調しすぎるのは適当ではな」く、実際には、「中小企業の多い化学工業で、その効果がもっとも顕著であったというのが、恐慌対策として制定された重要産業統制法の現実であった」(6)というわけである。

以上はともかく、議論をもう少し本書のテーマに合わせて、具体的に見てみることとしよう。つまり、企業結合形態の変遷について、一九二〇年代以前と一九三〇年代以降とのコントラストに焦点を合わせるという課題である。

もし、きわめて図式的にいうことが許されるのであれば、一九二〇年代（以前）とは、「同業種企業の水平的集中」が中心を占めた時代であった。あるいは、それぞれの企業内部での「工場展開」を中心とする時代であったといえよう。国際的な競争圧力の中で慢性的な不況に呻吟せざるをえなかった産業界では、市場支配力の回復を目標として、カルテルの結成と並んで、同業種の企業間での水平的な集中や事業提携が積極的に進められた。そして、業界の盟主企業のもとに集中された諸企業は、吸収合併されてその内部事業単位（工場）として展開されるか、または傘下の子会社として組み入れられたのである。

これに対して、一九三〇年代とは総じて好況とビジネスチャンスに恵まれた時期であった。大企業による事業の多角的展開や異業種分野への進出、あるいは事業の垂直的な統合が積極的に進められたのである。そして、それらの企業内部に新たに生み出された事業単位はつぎつぎと分社化され、傘下の子会社として展開されはじめた。すなわち、一九三〇年代とは「本来のコンツェルン＝〔k〕」、あるいは「企業グループ」の設立を中心とする時代であったということができよう。一九三〇年代においても「カルテルの時代」は続いたものの、それに折り重なるようにして、新たに「コンツェルンの時代」が到来したのである。[7]

一例として、以下では、東京電気および大日本人造肥料の二社を取り上げて、一九二〇年代以前と三〇年代とのコントラストを描いてみよう。

（1）前掲、橋本『大恐慌期の日本資本主義』、三三九頁。また、「顧るに、我国に於けるカルテル結成運動は、日露戦後の経済反動期……から漸く勃興し……其後、……大正九年の大恐慌勃発し、之を転期として、難局打開のためのカルテル運動が急速に促進せらるゝに至つた。就中、昭和二年の金融大恐慌後に……既に存在せるカルテルも更に陣容を新たにしてヨリ高度の結成へと進んだ。更に昭和五年―七年に亘る世界恐慌の襲来は、重要産業を駆つて、層一層巨大な独占的カルテルの傘下に集中せしめた」。前掲、高橋『日本統制経済論』、九五頁。「我が重要産業の内では、只一つ麦酒事業にのみ、これを見出すことが出来ないだけと云ふても好い」（『東洋経済新報』一九三一年五月二日、九頁）。

（2）「カルテル組織の発達は、重工業三三、化学工業三〇、繊維工業一一、食糧品工業八、金融業一八、其他八、合計一〇八のカルテル団体を数へてゐる」（高橋、同上、一一七頁）。

（3）「我国のカルテルの実況を視察するに、前記の如く其数は甚だ多く、其実行は一見如何にも盛大の如く見ゆるが……甚だ脆弱である」（『東洋経済新報』一九三一年五月二日、一〇頁）。

(4) 以上、前掲、武田「資本蓄積㈢独占資本」、二二〇頁。
(5) 前掲、橋本、三四六頁。
(6) 前掲、武田、二二一頁。
(7) 「カルテルが〈困苦の子(Kinder der Not)〉と呼ばれて多く不景気の時に生れ発展するに反して、コンツェルンは好景気の際に発展する。……我国に於てもこの例を見ることが出来る。即ち我国に於てカルテルが相当多数に発生したのは世界大戦後の不況期であり、昭和五、六年の不況期には更に多数のカルテルが発生した。而してコンツェルンの幾つかゞ昭和七、八年に発展しつゝあること……」(田杉競「日本の工業化と新興コンツェルン」『科学主義工業』一九三八年六月号、一九〇頁)。

① 東京電気——マツダ・ブロックからマツダ・コンツェルンへ——

技術者藤岡市助らによって東京電気の前身である白熱舎が創立されたのは一八九〇年、その後の九六年には東京白熱電燈球製造と改称された同社は、その社名からもわかるように国産電球の製造会社であった。九九年にはさらに東京電気と社名変更し、いわゆる「舶来電球」との競争に果敢に挑戦しようとしたのである(1)。

しかし、当時はすでに一〇社以上の外国製品が国内市場を席捲していた。その代理店・輸入業者も多く、東京電気は創設以来、低価格での売込み競争に見舞われて悪戦苦闘の連続を強いられ、一九〇三年にはついに赤字計上に陥らざるをえなかった。

ここにおいて、「起死回生の最後案(2)」として、同社は〇五年には米GE社からの融資に仰ぐことを決定し、また技術提携の契約を結ぶことにしたのである。また、重要なのは、同時に行われた増資においてGE社からの「東洋における初めての投資(3)」および役員派遣を受け入れるようになったことである。提携後の〇五年の時点で、GE社は総株数八〇〇〇株のうち四〇八〇株(五一%)を所有し、以降、東京電気は「外資系企業」として再出発することになった[4]。その結果として、表2-7に示したように、その後の同社は急速に成長への道をたどりはじめたのである。一九〇九年には大規模な川崎工場が、さらに一一年には大井工場が動き出した。また、GE社からの技術を得て、これらの工場においてタングステン電球を本格的に産出しはじめたのは一九一一年のことであった。

さて、同社のさらにめざましい発展は一九一三年に本社を川崎工場へと移転した後にはじまることになる。折しも第一次世界大戦による活況、とくに舶来電球の輸入途絶という好機を背景に、「工場の設備は拡充する、新製品は続々出現する、事業は将に満帆に順風を孕むが如く一路発展の途を進んだ」[5]。一九二五年には、「わが国電球工業史上画期的な改良といわれたチップレス〈無尖頭〉電球および内面艶消し電球の試作に成功」[6]、同年には「マツダ」の商標を電球（「マツダランプ」）に使用した。さらに、この年は日本で初めてラジオ放送が開始されたこともあり、前年の二四年からは真空管ラジオの発売にも取り組んでいる。しかし、一九二七年当時における同社製品の売上高の内訳をみると、その七割までが電球によって占められていた[7]。GE社の技術を取り込んだ同社の主力製品「マツダランプ」は国内市場を支配するようになり、業績も好調であった。

しかし、「これより先、〔ほぼ一九一〇年代の前半には〕電球製造の有利なることが一般に認められて以来、同業者頻りに輩出し競争次第に激烈を加へ、粗製濫造の弊に陥るなきを保せざる」[8]状況であった。乱売合戦は熾烈をきわめたのであり、商標盗用による偽造品すら市場に出回った。そこで、

表2－7　東京電気の成長

（単位：千円）

年度	総収入	利益金	配当率%		資本金
			上期	下期	
1897	28	7	8	8	150
99	70	7	6		150
1901	54	9	7		150
03	42	△8	0		150
05	88	8	5	0	400
07	370	61	8	8	1,600
09	810	87	10	10	1,600
11	2,491	226	12	12	1,600
13	5,161	1,275	20	20	3,600
15	5,970	797	20	20	3,600
17	14,415	2,010	20	20	6,000
19	19,379	3,168	20	20	6,000
21	16,430	1,810	15	12	10,000
23	13,065	3,527	12	12	10,000
25	22,338	3,620	12	12	21,000
27	27,758	4,123	12	12	21,000
29	29,355	3,862	12	10	21,000
31	30,194	3,580	10	8	42,000
33	39,507	4,646	10	16	39,500
35	41,308	5,078	10	16	39,500
37	52,487	5,954	10	14	39,500
39	45,957	4,320	12	／	59,500

（出所）『東芝百年史』、28、31、36頁。

表2－8　東京電気の傘下企業の形成

1913	帝国電球、日本電球と電球の製造販売に関し仮契約
14	大崎電気、東京電球製作所と電球の製造販売に関し仮契約
17	大崎電気、東京電球製作所を合併、東京聯合電球を設立
18	大正電球と電球の製造販売、特許権実施に関し契約
19	関西電球と電球の製造販売、特許権実施に関し契約
	大日本電球と電球の製造販売に関する提携契約
1920	帝国電球、東京聯合電球を合併、帝国聯合電球を設立
26	日本電球、関西電球を合併、関西聯合電球を設立
	大阪電球の工場を受託経営
28	電機金融を設立（のちに日本電興と改称）
1930	金港電気商会を設立
	日本医療電気を設立
	大正電球、帝国聯合電球、関西聯合電球、大日本電球を合併
31	山手電気を設立
	愛京電気を設立（のちに名古屋マツダ販売と改称）
32	川崎電球製作所を買収
	共同建物を設立
33	東京コンヂット製造を設立
	大分電気を設立
	阪神共同電気を設立（のちに大阪マツダ販売と改称）
34	山手電気など4社を合併し東京マツダ販売を設立
	特殊合金工具を設立（37、芝浦マツダ工業に合併）
35	福岡マツダ販売を設立
	東京電気無線を設立
36	大井電気を設立（のちに芝浦マツダ工業と改称）
	昭和電線電纜を設立
37	東京電気股份有限公司（のちに満洲東京電気と改称）設立
	高千穂製紙に経営参加
	北陸マツダ販売、中国マツダ販売を設立
	杉林黒鉛満俺の事業協同経営
	日本産業から日本ビクター蓄音器と日本蓄音器商会の経営を接収
38	名古屋パルプ製造を設立（保土谷曹達と共同出資）
39	朝鮮マツダ販売を設立
	芝浦製作所と合併、新たに東京芝浦電気マツダ支社となる

（出所）『東京電気株式会社50年史』巻末年表より作成。

東京電気は一九一三年に大阪電球、帝国電球、日本電球とともに「四社聯合会議」を設け、販路および価格協定を実施した。さらには、ドイツのアルゲマイネ社とも同様の協定を締結し、「茲に於て独逸電球会社と当社との間に電球の販売協定が成立し爾来本邦電球市場は完全に舶来電球の脅威から脱する事を得た[9]」のである。

さらに進んで注目に値するのは、同社がそれ以降も積極的に「同業者との技術的提携乃至合同の実現に乗り出[10]」したことであった。その手始めは、まず一九一七年、さきに資本提携していた東京電球製作所および大崎電球の二社を合併し、新たに東京聯合電球を設立したことでスタートした。表2-8は、一九一〇年代から三〇年代にかけての、同業他社との企業提携あるいは企業合同などについて、同社『五〇年史』の年表から拾い出したものである。また、表2-9は、同社を中心とした電球製造会社の集中の推移を図示したものである。これらの表からも明らかになるように、東京電気はつぎつぎと同業他社との「電球の製造販売に関する提携」を推し進め、またその傘下に統合していった。「茲に於て、本邦電燈事業の発展に伴つて従来各地に設立された電球製造会社は大体当社によつて統制せられ、大正八〔一九一九〕年末に至つて強固なる東京電気《マツダ》ブロックの形成を遂げ、電球製造会社たる当社の地位は愈々確固不動のものとなつたのである[11]」。

表2-9　電球企業の集中と東京電気

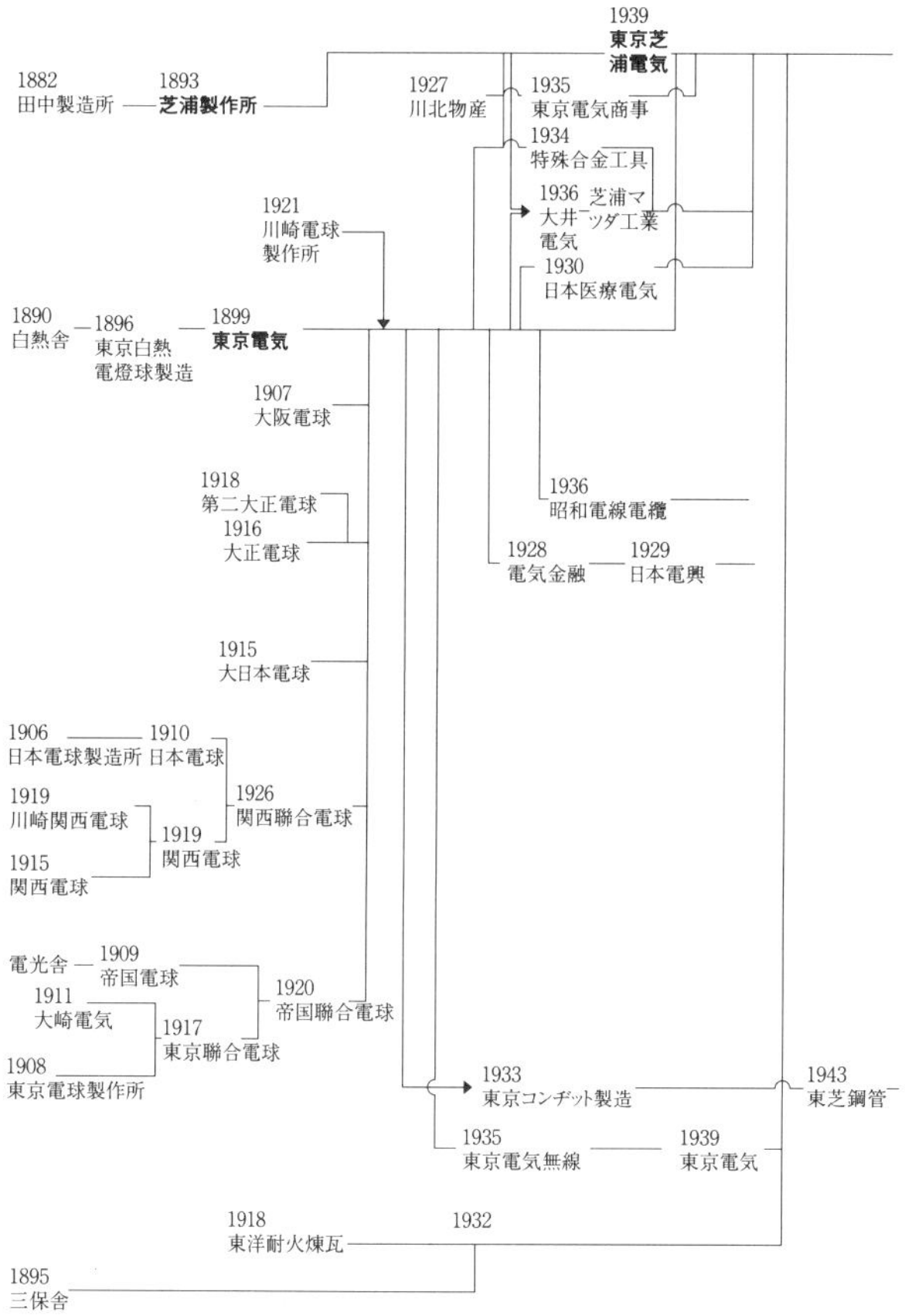

（出所）　矢倉伸太郎・生島芳郎編『主要企業の系譜図』雄松堂出版、1986年、391頁。

このようにして、同社は「対内的には事業設備を拡張充実すると共に、対外的には着々同業諸会社との連繫を緊密にして、本邦斯業の大道を驀進[12]」し、国内市場をめぐる電球企業の統合の中心的役割を果たしたのである。その結果として、さきの表2-8にも示したように、同社はしだいにその傘下に子会社を擁するようになった。すなわち、一九三〇年代以前においても日本の大企業の中には、同社のように傘下に子会社などをもつこともあった。しかし、その場合でも、この東京電気の事例が典型的に示しているように、そのほとんどは直接的な市場支配を目的とした水平的な同業種企業であることが多かったのである。

しかし、一九二〇年代の末ごろから状況はしだいに変化しはじめた。東京電気の場合、「将来の発展に備へ、且は単一事業に依存することによる危険性を脱却すべく、業務範囲を拡大して多角的経営に推移する工作を進めて行つた(13)」。その手始めは、当時の深刻な経済状況のなかで不振に陥っていた企業を取り込むことであった。たとえば、川北電気を取り込んで二七年に川北物産を設立、また大同電気の鉄工部を分離させて二九年に大同信号を設立するなどした。あるいは、二八年には新規事業の金融会社として電気金融を新設、また自ら手掛けてきた医療電気機械器具工場を分社化して三〇年に日本医療電気を新設した。

表2−10　東京電気の売上高に占める電球の比率

	電球	電球以外	合計	電球比率
1910	667千円	70千円	737千円	90.5%
20	8,124	1,794	9,918	81.9
30	8,248	6,874	15,122	54.5
35	9,534	14,152	23,686	40.3
38	9,008	20,153	29,161	30.9

（出所）『85年史』、936、938頁より作成。

このような動きは、一九三〇年代に入るとさらに加速化の度合いを強め出した。同社の事業内容はそれまでとは一変したものに転じはじめたのである。言い換えれば、東京電気は急速に事業の多角的な展開をスタートさせたのであり、「単り電球のみならず、或は無線通信機に、或は特殊合金工具に、或は耐火物に、更に進んで電気化学工業にと着々其歩武を進め、茲に所謂マツダ・コンツェルンの建設を企図するに至つた(14)」のである。同社が一九三二年以降に着手した事業の内容をみると、「(一)耐火煉瓦その他各種耐火物の製造事業、(二)電線管、金属管その他高級引抜鋼管等の製造事業、(三)ビルディング賃貸事業、(四)無線通信機並に同部分品の製作事業、(五)タンガロイ、ダイヤロイ等各種特殊合金工具の製造事業、(六)製紙製函事業、(七)電気冷凍器、電気洗濯機その他各種家庭用電気器具の製造事業、（八）裸電線、電纜、ゴム絶縁線並に各種通信用電纜類の製造事業、（九）電気化学工業」、などと多岐にわたっていた。しかも、「是等は……当社が設立した子会社乃至共同出資又は投資関係に在る他会社を通じて行はれた」[15]のである。さらにまた、同社は一九三〇年代に入って、全国の電気小売店に対する配給機能を整備することを目的に数多くの販売子会社の設立をスタートさせている。

こうして、同社の総売上高において電球が占める比率は徐々に低下しはじめた。表2-10に見るように、三五年には四〇・三％、三八年には三〇・九％となって、「かわって真空管やラジオ用品・無線機器・積算電力計・家電機器が六〇％を占めるに至った」[16]のである。また、それらの事業を遂行するために子会社が設立され、あるいは他会社を吸収したのである。その結果、一九三九年当時における東京電気の傘下子会社は三三社を数えるまでにいたった（その一覧は、第5章の表5-13を参照）。

以上、簡単に見てきたように、東京電気の場合、一九二〇年代までは基本的に同業他社との提携や統合を中心としていたが、一九三〇年代以降になると、事業の多角的な展開を通じてあるいは垂直的な事業部門への進出によって、その様相を一変させてしまったのである。それは、同業種企業を水平的に統合して形成された「東京電気ブロック」から、新たなる「マツダ《マツダ》・コンツェルン」形成への転換のプロセスでもあった。

以上、東京電気において見られたこのコントラストは、次に見る大日本人造肥料のケースにおいても見ることができる。

（1）以下は、東京電気『我社の最近二〇年史』一九三四年、同『東京電気株式会社五〇年史』一九四〇年、東京芝浦電気『東京芝浦電気株式会社八五年史』一九六三年、同『東芝百年史』一九七七年、などを参照。
（2）前掲、『百年史』、一二五頁。
（3）同前。ＧＥ側が東京電気からの申し出を受け入れた背景としては、東京電気の取引先が東京電燈や大阪電燈などを網羅し広範であったこと、高い技術力を評価したこと、GEの世界戦略から極東における拠点が求められたこと、などがあった。大内秀二郎「戦前期の東京電気のマーケティング活動の〈特殊性〉」『商経学叢』第五一巻第二号、二〇〇四年、一五頁。

(4)「外資系企業」としての同社の性格などについては、長谷川信「外資系企業の経営発展と組織能力—東京電気の事例分析—」『青山経営論集』第三〇巻第三号、一九九五年、参照。

(5) 前掲、『五〇年史』、一六一頁。

(6) 前掲、『百年史』、三一頁。

(7) 同前、三五頁。

(8) 前掲、『最近二〇年史』、一二頁。

(9) 前掲、『五〇年史』、一三九頁。

(10) 同前、一六二頁。

(11) 同前、一六三頁。

(12) 同前、一九四頁。

(13) 同前、二〇二頁。

(14) 同前、二一八頁。

(15) 同前、二一八〜一九頁。

(16) 前掲、『百年史』、三五頁。

② 大日本人造肥料——ガリバー型企業の誕生と苦悶——

〔1〕 ガリバー型企業の誕生

大日本人造肥料は、明治中期からはじまる過燐酸石灰肥料工業の分野において、やはり同業他社をつぎつぎと吸収合併し、同社を中心とするガリバー型の市場構造を築き上げたことで知られている。

同社の前身は、一八八七年に創立された東京人造肥料であった。創立にあたっては澁澤栄一をはじめ益田孝、大倉喜八郎、安田善次郎、浅野総一郎らが株主として参画し、同社が国策的な使命を帯びてスタートしたことがわかる。最初の技術師としては、当時、過燐酸石灰肥料の重要性を説いて回った高峰譲吉が就いた(1)。

当時の農村における金肥としては有機質肥料の魚肥が中心であった。さらに、その後に割安の満洲の大豆粕の輸入が主流を占めるようになったため、初めての化学肥料であった過燐酸石灰肥料（「人造肥料」(2)）の販売は悪戦苦闘の連続を強いられた。過燐酸石灰は、当初、付加価値をつけるために単肥としてでなく、他の有機質肥料などと混合された「配合肥料」として販売された(3)。しかし、当初の苦境は一八九四年に勃発した日清戦争によって解消され、過燐酸石灰の需要は飛躍的に増大しはじめた。満洲からの大豆粕の輸入が激減し、また北海道の鰊の打ち続く不漁のために魚肥も払底したからである。施肥方法もしだいに普及しはじめ、ここにようやく「人造肥料」が大きな市場を獲得する機会が訪れた。

このように、日清戦争を契機に過燐酸石灰はようやく日本の農村に普及定着しはじめたが、その後の経過は製造業者にとっては必ずしも平坦な道ではなかった。慢性的な過剰生産に悩まされ続けたからである。同工業における過剰生産の苦悩は、本格的には日露戦後にはじまった。

すなわち、日露戦後にもふたたび満洲からの大豆粕の輸入が途絶し、過燐酸石灰の価格騰貴を招いた。その結果、表2-11に見るように、多数の零細企業が簇生した。あるいは、日露戦争による硫酸価格の暴騰は一時的に多くの硫酸製造業者を生み出したが、戦後になるとかれらは一斉に自己の硫酸を利用して過燐酸石灰工業へと転換したのである。そのために、名の通った企業だけでも、日露戦争前には四社（東京人肥、多木肥料、大阪硫曹、大阪アルカリ）であったのが、戦後には二〇社ほどに増加し、以降、慢性的な生産過剰と製品の停滞に悩まされることとなった。「人造肥料会社、近時非常に勃興し従つて生産額も俄然増加したるため昨今は供給過剰の姿となり……更に競争を惹起し市

表2-11　過燐酸石灰の企業数と企業規模の推移

	社数	払込資本金	一社当り払込資本金
		千円	千円
1898	11	660	60
99	13	660	50
1900	24	957	39
01	19	981	51
02	21	1,682	80
03	17	1,850	108
04	25	1,272	50
05	35	2,430	69
06	44	3,103	70
07	159	2,156	13
08	144	1,608	11
09	55	11,956	217
10	69	14,798	214
11	69	13,744	199

（出所）　佐藤寛次『肥料問題研究』、79頁。

価は漸次低落の一方に傾きたる(4)」状況であった。

こうした状況のなかで、当時の主要企業によって人造肥料連合会が結成されたのは一九〇七年末のことであった。しかし、「同連合会は肥料価格の協定をこゝろみ……値上を約したが、間もなく肥料製造会社中の大会社がまづこの協定を破つて廉売をなし、協定は実効を失ふにいたつた(5)」。同連合会は「カルテル規約としては極めて抽象的であった(6)」ため、一〇年にはその内部に過燐酸製造業者会（一〇年に過燐酸同業者会と改称）も結成されたが、やはり有効な活動は期待できなかった。その背景の一つには、当時の過燐酸石灰市場が東西日本に大きく二分されており、全国的市場の形成がまだ完全でなかったことが挙げられる。すなわち、運賃などの関係で、「遠隔の地方に発送して競争する能わざるが故」に、実質的に「名古屋を中心として東西に販路を協定せると同一現象を生じたる(7)」状況にあった。

たとえば、有力企業が乱売合戦を繰り広げていた関西（西日本）についてみると、そのうちの大阪硫曹・大阪アルカリ・摂津製油の三社が〇七年に販売協定を結んだが成功せず、結局は、原料燐鉱石の輸入を握る三井物産の勧告もあって、〇八年に共同販売会社を設立した。三社はこの共販会社に製品一切を委託販売することになり、「在庫が過剰となつた場合、〔各社の〕製造能力に応じて操短する(8)」ことなどを協定した。しかし、この共販会社には関東側の企業はもちろん、関西側でも他の有力企業が加盟勧誘を拒否して参加しなかったため、熾烈な販売競争はやむはずもなかった。〇九年には大阪硫曹が脱退したために、共販会社の試みはわずか一年足らずで瓦解してしまった。このようにして、「大戦までの過燐酸カルテルの試みは、多様な形態をとって浮上し、その都度明確な成果を確認できないままに挫折し、再編成を繰り返すことになった」(9)のである。

他方、関東市場の方では先発企業であった東京人造肥料が隔絶した力を誇っていた。すなわち、同社はつぎつぎと同業他社を集中しはじめたのである(10)。たとえば、〇八年には北海道人造肥料および帝国肥料を、〇九年には関西の摂津製油の肥料部を買収した。それらは同社内部の工場（それぞれ、函館工場、横浜工場、大阪工場）として組み込まれた。その結果、当時のほとんどの製造企業が「一企業＝一工場」であったなかで、同社は東京の二工場（釜屋堀、小松川工場）と併せて全国に五工場を有する企業へと体制を一新したのである。

さらに続けて、同社は、一九一

表2-12　大日本人造肥料の工場の推移

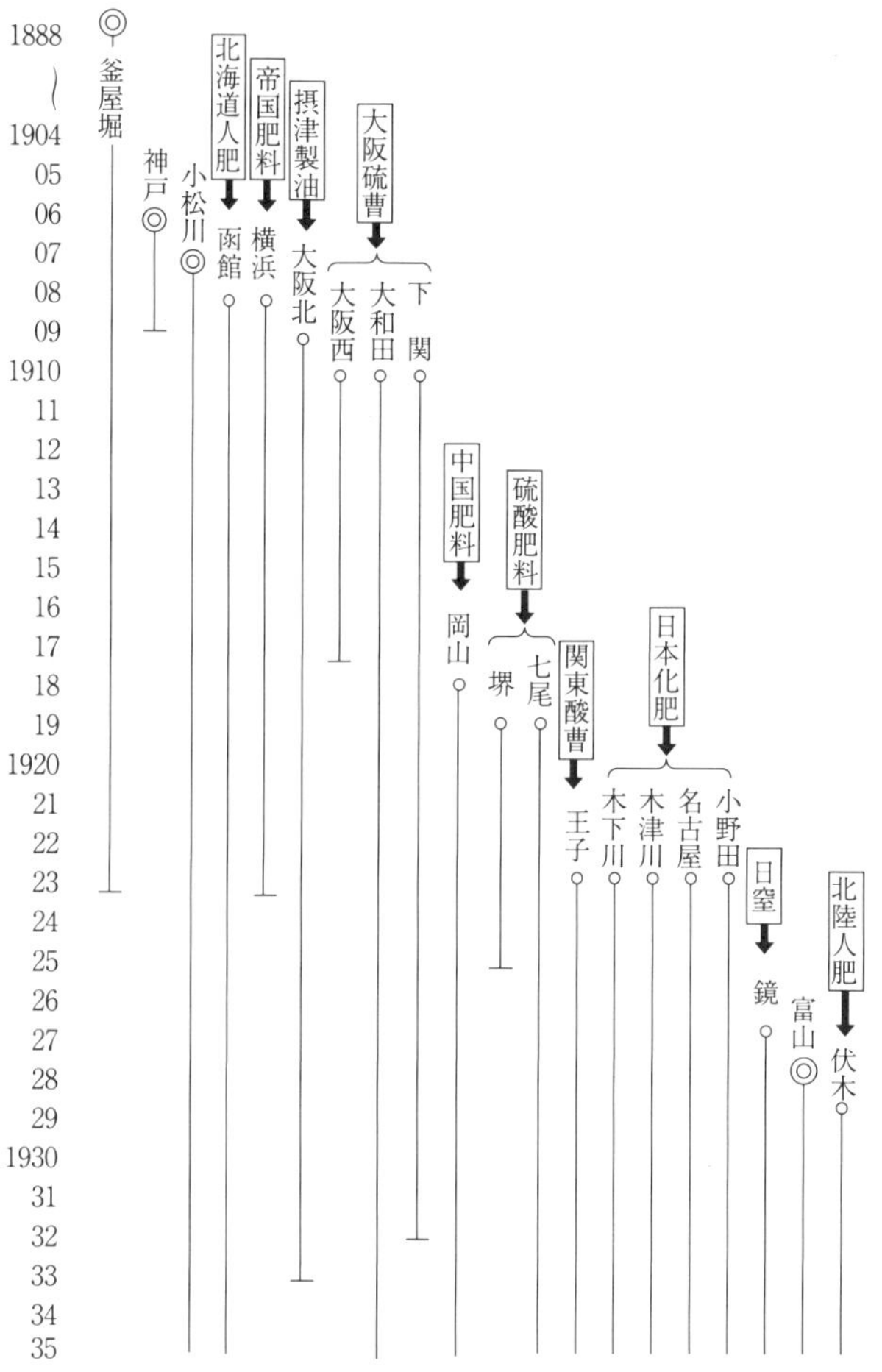

（出所）『大日本人造肥料株式会社五十年史』、『八十年史』、『燐酸肥料工業の歩み』、などから作成。
（備考）◎印の工場だけが自ら設立したもの。

〇年には関西の雄たる大阪硫曹を吸収合併した。同社の「釜屋堀肥料」と大阪硫曹の「硫曹肥料」は、ともに当時の配合肥料の代名詞とされていた。「両社は天下を二分していたライバルであっただけに、その合併は世間をアッと驚かせる事件であった」[11]。両社合併の斡旋には三井物産があたり、ここに、大阪硫曹の三工場を組み込んだ結果、合計八工場を全国に網羅するガリバー型企業、「大日本人造肥料」が誕生したのである。また、一二年には初の子会社として台湾肥料の株式の過半を取得している。

表2-12は、大日本人造肥料（東京人造肥料）の工場の推移を見たものである。同社の工場のほとんどは同業他社の相次ぐ集中によってもたらされたものであり、自ら設立したのは四工場にすぎなかった。こうして新生の大日本人造肥料は、第一次大戦前の一九一三年末には公称資本金一二五〇万円、人造肥料生産高は全国生産の六三％をも占めるようになり、圧倒的な地位を確立したのである。しかし、はたしてガリバー型の大企業の出現は混乱する市場を安定させる役割を果たせたのであろうか。

〔2〕 ガリバー型企業の苦悶

一九一四年六月にヨーロッパに勃発した第一次大戦は日本の化学工業をドイツやイギリス製品などの圧迫から解放することによって、一斉に興隆する機会を与えた。化学肥料業界については米穀価格の上昇が遅れたことによって好影響の波及が遅れたため、最高潮に達したのはようやく一九一九年前後のことであった。しかしながら、第一次大戦後にはふたたび日露戦後の場合とまったく軌を一にする現象が生じたのである。新規企業の参入、過剰生産、そして企業淘汰という一連の経過であった。

そのなかで、大日本人造肥料は一九一八年に中国肥料および硫酸肥料の二社を合併している。しかしながら、こうした企業集中の試みは、もはや慢性的な過剰生産の状態に陥った過燐酸業界には何らの効果ももたらさなかった。一九二〇年の反動恐慌を迎えて部分的な生産・価格の調整の努力もなされたが、その結果は空しかった。「肥料界が著しく沈衰の状況にあること……此打撃は新設会社、若くは小規模の会社よりも、大きいもの程酷かつたやうである。大日本人肥の如きは其適例である」[12]。「当社〔大日本人肥〕の業績も大正九〔一九二〇〕年下期以降急激に悪化し、一〇年上期にはついに一五〇余万円、同下期には七〇余万円の欠損を計上、無配に転落」[13]し、「かくて大戦後の反動以来、人肥業は世人の知れるが如き惨状に陥つた」[14]のである。

このような状況のなかで、ふたたびカルテル活動がさかんとなった。さきに述べた過燐酸同業者会は一三年に「関東関西連合懇話会」を設けていたが、二〇年には「東西〔連絡〕月並会」と改称して二一年以降は積極的に生産制限を続けた。とくに二六年から二七年にかけて三二日間生産をまったく休止する措置さえとっている。このことは過燐酸同業者会の市況対策への意気込みを示していたが、これらの措置は必ずしも実効あるものではなかった。「過燐酸肥料の操短協定は……曲りなりにも励行されて来たのであるが……操短の続行は究極大会社にとつて策の得たるものに非ずとし、此際断然任意操短、自由競争に任せるの外なしとし〔大会社は〕秘密裡に奔走した」[15]。

カルテルの効力とはもとより一時の限定的なものにすぎない。しかし、過燐酸業界のそれがとりわけ脆弱なものにならざるをえなかった理由として、つぎのような理由が挙げられる。一つは、このカルテルの内外に平然とアウトサイダー的な行動をとる大企業が存在したことである。たとえば、住友肥料、多木肥料、新潟硫酸などであり、「住友、多木は同業者組合の統制上の内部的癌であつた」[16]。もう一つの、より根本的な理由としては、過燐酸石灰工業のいわゆる「低度工業的特質」[17]と、それにもとづく新規参入の容易性があった。その生産工程はきわめて単純であり、技術的進歩の余地も少なかった。また。必要投下資本額も小さい。すなわち、過燐酸石灰工業では企業の経営規模の大きさは有利な競争条件とはならなかった。「燐肥業における低度工業的特質は大資本〔大日本人肥〕のために必ずしも有利とはならない。そのことは……共販、生産制限に於いて十分なる統制がとられ得ないといふ事実に之を認めることが出来る。何故ならば設備の甚だ単純な小工場の製造が可能なるによつてその競争に当面せざるを得ない事情さへあ

表2-13　大日本人造肥料の形成

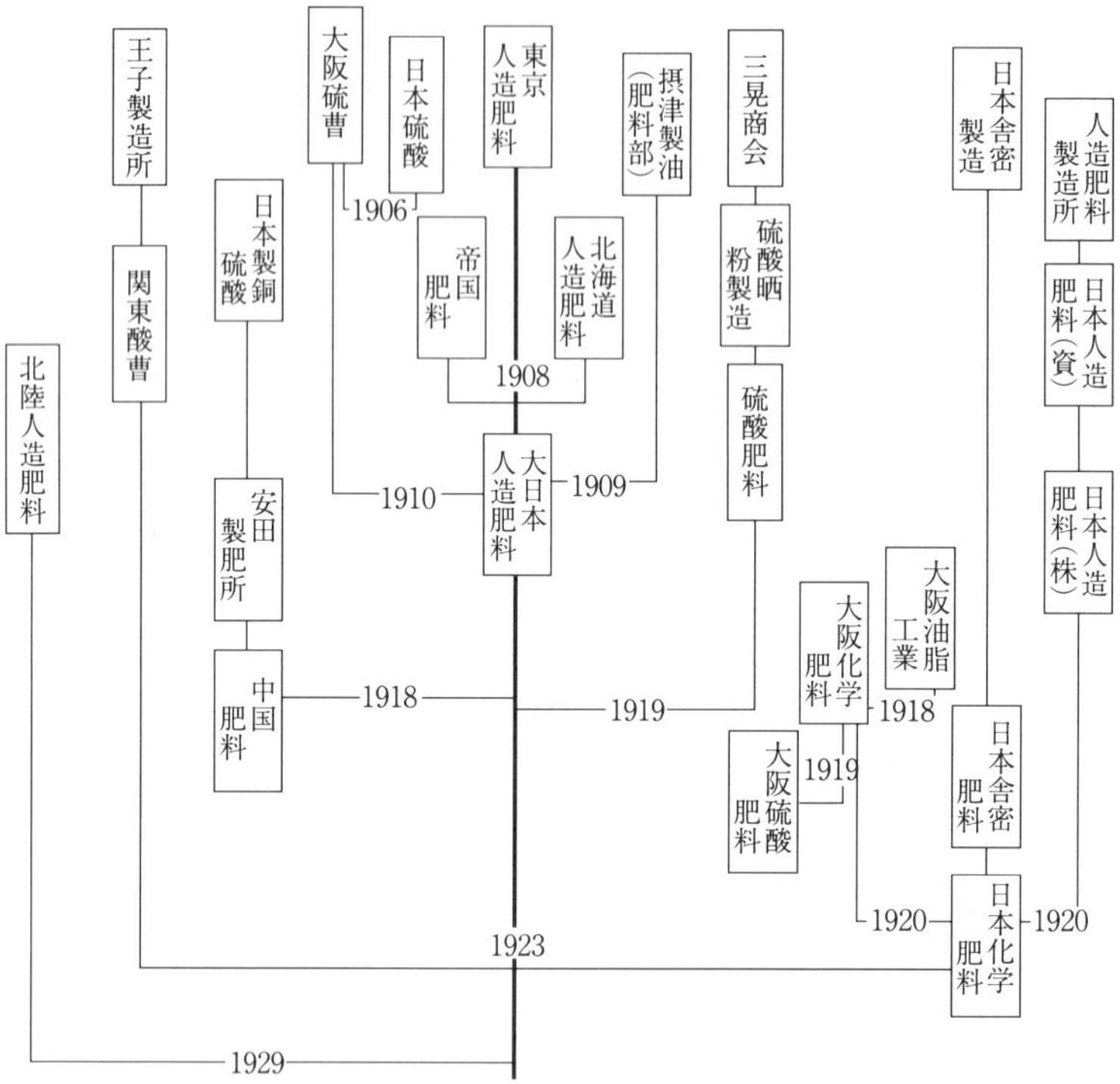

（出所）『大日本人造肥料株式会社五十年史』より作成。

るからである」(18)。すなわち、過燐酸石灰工業においては、大企業が大企業たるのは、たんに中小企業に比べてより多くの「工場」を寄せ集めていたからにすぎず、好況の到来ごとに簇生する「一工場企業」の参入をはばむことは不可能だったのである。こうして、同工業におけるカルテルは、絶えざる新規参入者の出現およびアウトサイダーの跳梁によって実効性をもたず、また、一九一〇年に誕生したときは六三％のシェアを誇った大日本人造肥料も一九二〇年代に入るとほとんど三五％にまでその地位を低下させてしまったのである(19)。

以下、その後の同社の動きについて簡単に見ておくことにしよう。

一九二三年、ふたたび世間を驚かせる合併が発表された。表2-13に示したように、当時の「三大過燐酸メーカー」といわれた大日本人造肥料、関東酸曹、日本化学肥料の三社による大合同であった。澁澤栄一の「裁定」によって実現したこの大合同によって、ここにふたたび六割余の市場を支配する新たな大日本人造肥料（資本金二二四〇万円）が復活したのである。関東酸曹および日本化学肥料の工場は、前掲表2-12に見たように、いずれも新生・大日本人造肥料の工場として組み入れられ、工場数は一挙に一五を数えるようになった。その後も同社は、二九年に北陸人造肥料を合併したほか、大阪アルカリ土地、日本硫曹、帝国人造肥料、神島人造肥料、などを相次いでその傘下に系列化した。このように同業他社を傘下に組み込んでいくという手法はこれまでとは変わりはなかったのである。したがって、予想される結果も同様のものであった。[20]

しかしながら、この三社大合同は、同社にとってたんなる数的な工場の集中を意味しただけでは終らなかった。それは、結果として質的な、つまり事業部門の多角化という変化をもたらしたのである。なぜなら、関東酸曹および日本化学肥料（旧日本舎密）の二社は、「東の関東酸曹、西の日本舎密」と謳われたように、その伝統を誇ってきた「ソーダ会社」でもあった。[21]したがって、これら二社との合併は、大日本人造肥料をたんなる「人造肥料会社」ではなく、酸・アルカリ部門などをもそなえた「化学会社」に変身させることとなったからである。[22]大合同によって、結果的に同社の性格は変化しはじめたのである。しかし、とはいえ、この三社大合同はこれまで通りに同業の過燐酸石灰肥料企業の集中を目的として行われたのであり、同社にとっては、大合同によってもたらされた事業部門の多角化とはあくまでも付随的かつ結果的なものにすぎなかった。しかも、反動恐慌後のソーダ工業はけっして好調な産業であったとはいえず、合同後の同社の業績好転にほとんど寄与しなかったのである。

しかし、のちのソーダ工業の業績回復によって、およびその副産品たる塩素・水素の利用工業の発展につれて、（本書第4章でも見るように）その占める比重は一九二〇年代後半からしだいに増していくことになる。「当社の〔肥料以外の〕副業益は従来利益の三分の一を占めて居るのであるから副業と言ふても決して軽視する訳には行かぬ」[23]。あるいは、「当社の〔工業〕薬品利益は近年却々侮り難い地歩を占めて居る。由来、当社の成績は肥料の大勢如何によつて決したものであるが、近時は爾かく簡単に見る事が出来なくなつた。……近時では肥料六割、薬品四割の割合となつたからである」[24]。

その後、大日本人造肥料の事業の多角化はさらに積極的に模索されはじめた。たとえば、二七年には日本窒素肥料の鏡工場の跡地を入手して電気化学工業（カーバイドや石灰窒素）への進出を企図し、また鈴木商店の倒産を機に合同油脂グリセリンの経営肩代わりに乗り出したことなどが挙げられる。しかし、なかでも事業部門の多角化への大きな動きとしては、化成肥料の製造開始、そして合成アンモニアや硫安工業への進出を指摘しなければならない。

同社が化成肥料の生産をスタートさせたのは一九二八年のことであった。化成肥料とは、従来の配合肥料が過燐酸石灰と他肥料との混合物であったのとは異なって、一個の粒子のなかに肥料三成分を含んだ一種の化合物であった。すなわち、これまでの過燐酸石灰や配合肥料に比べれば、この化成肥料の製法は一段と高度化したものであった。あるいは、これまでの過燐酸石灰工業は付加価値が小さく原料燐鉱石や製品が重量物であるため、化学工業というより「寧ろ運搬業のような性格を持っている」とさえいわれてきたのである[25]。したがって、化成肥料は明らかに一つの新技術、新製品として登場したのであり、「新肥料の発売は単肥と配合肥料に安住していた肥料業界に大きな衝撃を与えた」[26]。同社の場合、当初には三万三〇〇〇トンだった化成肥料の販売高は、三五年には二二万二〇〇〇トンに急増し、種類も三〇余種に増えた。当時、肥料界は急速に「化成肥料の時代」へと移行していたのであり、これまで大企業との対等に近い競争が可能であった小規模企業はもはや相手ではなくなったのである[27]。

さらに、同社は同じ一九二八年には合成アンモニア（ファウザー法）および硫安の製造のために富山工場を建設した。それまで同社は、配合肥料用の原料として年間三万トン近くの硫安を購入していたが、この富山工場の建設はいうまでもなく化成肥料や配合肥料用の硫安自給化を目的としていた。「大日本人肥の将来に就て興味を持たれる一点は化学工業会社としての進展力如何である」[28]。同社は、「今や薬品、過燐酸にこの窒素を加へ、三足鼎立の方針を樹立[29]」したのである。こうして、これまで「人造肥料専業企業」であった同社は今や「化学会社」へと転身[30]し、しかも、時代が配合肥料から化成肥料中心のそれへと転換するなかで原料の合成硫安の自給化を果したことによって、ここに完全に群小企業が追随する余地は断ち切られてしまったのである。

ちなみに、その後の大日本人造肥料を追いかけると、多額の負債を抱えていたこと[31]に加えて、「期待された富山の合成硫安工業の不幸なスタート[32]」があった。すなわち、合成アンモニア産業への進出直後に欧州窒素カルテルによるダンピングに出鼻をくじかれてしまったのである。また、当時は国内でも多くの有力企業が合成アンモニア工業へ進出したため、厳しい競争に巻き込まれた。さらに何よりも、同社の硫安工業への進出意図が、たとえば日本窒素肥料（日窒コンツェルン）などのように体系的な進出とは異なって、あくまでも過燐酸石灰の合理化や化成肥料用原料の自給化という消極的なものであったことなども重なって、結局は、一九三七年には「日産化学工業」と改称して日産コンツェルンの傘下に加わることとなったのである[33]。

（1）　大日本人造肥料の歴史については、大日本人造肥料『創業三〇年記念誌』一九一七年、同『大日本人造肥料株式会社五〇年史』一九三六年、日産化学『八〇年史』一九六九年、日本化成肥料協会『燐酸肥料工業の歩み』一九七二年、下谷政弘『日本化学工業史論』御茶の水書房、一九八二年、第一章、など。

（2）　過燐酸石灰肥料の原料は燐鉱石と硫酸であり、粉砕した燐鉱石を化成窖の中で硫酸と混合・熟成して作られる。技術的プロセスはきわめて単純なものであった。

（3）　「畢竟我国に於ては配合肥料は過燐酸石灰の販売政策である」（佐藤寛次『最近肥料問題』日本評論社、一九三八年、一八七頁）。

（4）　『東洋経済新報』一九〇八年五月二五日、三二頁。

（5）　美濃部亮吉『カルテル・トラスト・コンツェルン(下)』改造社、一九三一年、三六頁。また、小島昌太郎「我国主要産業に於けるカルテル的統制』雄風館書房、一九三二年。
(6) 橋本寿朗・武田晴人編『両大戦間期日本のカルテル』御茶の水書房、一九八五年、一七二頁。
(7) 『東洋経済新報』一九〇八年一一月二五日、一六頁。
(8) 前掲、『八〇年史』、五三頁。また、『東洋経済新報』一九〇八年五月五日、五月二五日、など。
(9) 前掲、『両大戦間期日本のカルテル』、一七三頁。
(10) 「我が国人造肥料業は、当時もつとも強固なる基礎をもつといはれた東京人造肥料会社を中心として、むしろ企業集中の過程が行はれた」(前掲、美濃部、三六頁)。
(11) 前掲、『八〇年史』、五一頁。
(12) 『東京経済雑誌』一九一一年六月五日、三四頁。
(13) 前掲、『八〇年史』、六〇頁。
(14) 佐藤寛次『肥料問題研究』日本評論社、一九三〇年、八三頁。
(15) 『ダイヤモンド』一九二一年一二月一日、一五頁。「過燐酸肥料製造工業ほどに同業者の無秩序、無節操なるものは他に多くの類例があるまい。つい先頃までは人造肥料連合会、過燐酸同業会、さては関東みのる会、関西水曜会、過燐酸肥料工業組合等々、二重三重の機関に依つて大手搦手から統制せられて来た事業であるが、それでゐて終始協調の保たれない処に異色がある。この異色こそは斯業の一大欠陥であり一大悩みの種である」(『東洋経済新報』一九三三年七月一日、二九頁)。
(16) 前掲、『最近肥料問題』、二一七頁。
(17) 前掲、『肥料問題研究』、八五〜九六頁。ただし、武田はこれをもってカルテルの脆弱性を議論することに疑問を呈している(前掲、『両大戦間期日本のカルテル』、一七〇頁)。
(18) 前掲、『肥料問題研究』、八九頁。
(19) 「斯の如く成績の振はぬ会社は実に珍しい……他の事業会社にして戦時及戦後の好景気時代に最高配当二割と云ふ如き貧弱なる成績は見た事がない。大日本人造肥料会社は何故に斯の如く成績が振はぬのであるか」(『ダイヤモンド』一九二五年三月一日、六六頁)。

(20)「之れだけの統制力を持てば、燐肥界を人肥の手一つで自由に左右することが出来る筈である。処が事実は正に反対で、燐肥界に於ける大日本人肥の勢力は決して其の資本力程大きなもので無く……群小会社に圧迫され勝ちである」（『ダイヤモンド』一九三〇年九月二一日、一五頁）。
(21) この当時のソーダ工業および両社の状況については、本書の第4章を参照。
(22)「当社は……関東酸曹、日本化学肥料の二社と合併した。其結果、曹達、晒粉等化学製品をも産出するようになり製品の単調を稍々緩和した……これで、当社は単純なる過燐酸肥料会社でなくなつた」（『ダイヤモンド』一九二九年三月一一日、一二五頁）。
(23)『ダイヤモンド』一九二六年八月一一日、四一頁。
(24) 同前、一九二八年一月一日、一六四頁。
(25) 関西日産化学、木津川工場での聞き取り。
(26) 前掲、『八〇年史』、七五頁。
(27)「化成肥料は……製造法が配合肥料の如き手工業的単純さを脱して居るのと、近代の硫安工業とも結合し得ることによつて、大資本にとつて……技術的有利性を持つて居る」（前掲、佐藤『最近肥料問題』、一八九～九〇頁）。
(28)『東洋経済新報』一九三五年二月九日、三二一頁。
(29) 前掲、『五〇年史』、一一八頁。
(30)「大日本人肥に対する考へを変へねばならない時が来た」。同社の製品は「肥料だけでも四種類ある。硫酸、其他酸類、曹達類、晒粉、其他薬品を加へると九指に及ぶ。各種製品を内訳すると、五〇を数へるのである」（『ダイヤモンド』一九三四年一一月一日、一〇二頁）。
(31)「元来、当社は借金過多の弱体会社として有名であつた。昭和四、五年頃には、一時四千三百万円といふ多額の社債借入金を擁してゐたこともある。払込資本金二千六百万円に対し、一倍半に上る巨額である」（『ダイヤモンド』一九三五年五月一日、一三二頁）。
(32) 前掲、『八〇年史』、九三頁。
(33)「人肥と日産の〈提携〉発表は正に青天の霹靂……両社の事業提携と言ひながら、実質的には人肥の日産傍系化―詰り日産の人肥支配と言ふ点だ。即ち日鉱、日立等々数多い日産子会社と同列な位地に人肥が置かれることになるのである。而も人肥には多くの子会社を有するから、其等も間接に日産の支配に移る」(『東洋経済新報』一九三六年一二月一二日、四三頁)。

2 新興コンツェルン発生の土壌

以上見てきたように、一九三〇年代以前の大企業においては、基本的に市場支配を目的とする同業種企業の水平的な集中がさかんであった。また、同業種企業によるカルテルの結成もさかんであった。一九二〇年代を通じての国際的な競争圧力や、慢性的景気不振のもとでの熾烈な国内競争、あるいはいわゆる「低度工業的特質」などは、ひとえに同業種企業の間での水平的集中を求めたのである。

これに対して、一九三〇年代の日本経済は多くの点で一九二〇年代のそれとは明らかに変化を見せはじめた。さきに述べたように、急速な景気回復、新技術の導入や新製品の登場、あるいは産業構造の転換などは企業にさまざまなビジネスチャンスをもたらしたのであり、企業の経営行動にも新たな変化があらわれた。企業は事業の多角的な展開や垂直的な統合に突き進みはじめた。それは、そのまま、多数の新興コンツェルン〔k〕が登場するための土壌を用意したのである。以下では、一九三〇年代の企業の経営行動に変化をもたらしたいくつかの要因のうち、とくに重化学工業化について述べよう。さらには、一九三〇年代終盤から四〇年代前半にかけての統制経済化についてもふれておかねばならない。

(1) 重化学工業化の進展と軍需

日本経済の一九三〇年代といえば、いわゆる重化学工業化が急速に進んだことで知られる。すなわち、金属・機械・化学工業の各分野におけるそれぞれのめざましい発展である。重化学工業化の進展は日本経済の産業構造を大きく変えることとなった。それは第二次大戦後の日本経済における重化学工業分野の発展にも直接間接につらなっていく大きな変化であった。

ちなみに、この「重化学工業」という用語は第二次大戦前にはほとんど見出すことができない。すなわち、重工業と化学工業とを一語に纏め上げた「重化学工業」という表現は、戦前の経済雑誌や新聞などには見出すことができない。戦時経済の終盤にもなると一、二散見されるようになるものの、それもほとんどが例外的な使用であった。つまり、「重化学工業」は第二次大戦後の日本で発明され定着しはじめた新たな用語であった。したがって、もし両者を並列する必要がある場合には、戦前には「重工業及び化学工業」あるいは「重・化学工業」などと表現されたのである。戦前における工業分類は重工業および軽工業という典型的な二分類であり、化学工業はそれらとは別物として扱われた。少なくとも、重工業と化学工業という異質の産業を一語に合体させて表現するようなことはなかったのである(1)。

それはともかく、日本経済の重化学工業化は一九三〇年代に大いに進んだ。もちろん、一九三〇年代の中葉における日本の最大の産業といえば繊維産業であった。たとえば、一九三六年の製造業生産額に占める重化学工業の比率はようやく四五・一%を占めるにすぎなかった。過半は軽工業で占められていたのであり、そのうちの二七・八%は繊維産業であった(2)。しかしながら、一九三〇代の産業構造の変化は急速であった。

表2-14は一九三〇代の産業構造の変化を端的に示している。すなわち、一九三一年から三七年までの生産高の変

表2-14　生産高からみた工業構成の推移　(単位：100万円)

	金属工業	機械工業	化学工業	重工業小計	紡織工業	食料品工業	製材業	その他	軽工業小計	合計
1931	431 (100)	498 (100)	813 (100)	1,742 (100)	1,926 (100)	837 (100)	147 (100)	522 (100)	3,432 (100)	5,174 (100)
34	1,497 (347)	1,159 (232)	1,481 (182)	4,137 (237)	3,168 (164)	1,046 (124)	229 (155)	810 (155)	5,253 (155)	9,390 (181)
37	3,502 (812)	2,557 (513)	2,900 (356)	8,959 (514)	4,239 (219)	1,474 (175)	379 (257)	1,304 (249)	7,396 (215)	16,356 (315)

(出所)　野田正穂「満州事変以後におけるわが国株式市場の構造変化について」『経済志林』第30巻第2号、1962年、141頁。

化を産業部門別にみると、軽工業の伸びは二・二倍にすぎなかったのに対して、金属工業は八・一倍、機械工業は五・一倍、化学工業は三・六倍であり、この間に重化学工業の各部門が飛躍的な発展を遂げたことがわかる。さらに、表2-15は一九二〇年代後半から三〇年代にかけての主要な重化学工業製品の生産・輸出・輸入の推移を見たものである。総じて一九二〇年代に比して輸入を減少させており、三〇年代には重化学工業化が急速に進展したことがわかる。「生産拡大は急で、三〇年代半ばには生産に対する輸入の比率は一〇%前後に落込み、他方輸出は急増して輸入に近い水準になった。したがって、三〇年代においては国産品が重化学工業品市場を掌握し、輸入は限界供給的位置にあったとみてよい(3)」状況となったのである。

しかも、この三〇年代の重化学工業化はいわゆる「内部循環的生産拡大」をともなって進展したという。すなわち、「利潤率の上昇を伴った生産拡大は設備投資を活発にして資本財型の機械生産を増大させ、それが鉄鋼需要を急増させた。機械工業、鉄鋼業といった重工業の生産拡大によって、それら自体の設備投資が増大し、その設備投資がまた重工業の生産を拡大する、という内部循環的生産拡大が展開した(4)」。いわば「投資が投資を呼ぶ」状況がもたらされたのである。金輸出再禁止によって円安に動いた為替相場は日本製品に外国製品に対する競争力を与え、また輸入品に対する国産化・自給化を可能とさせたことによって、それはいわば内需主導の重化学工業化をもたらしたわけである。大いなるビジネスチャンスの到来であった。

また、一九三〇年代の重化学工業化といえば当然ながら「軍需」との関係が問題と

表2-15　主要重化学工業製品の生産と輸出入

	銑　鉄（千トン）				鋼　材（千トン）				機　械（百万円）			
	生産高(A)	輸入高(B)	輸出高	B/A(%)	生産高(A)	輸入高(B)	輸出高	B/A(%)	生産額(A)	輸入高(B)	輸出高	B/A(%)
1926	810	400	2	49.4	1,256	925	27	73.6	474	159	23	33.4
27	896	504	0	56.3	1,415	814	16	57.5	518	139	25	26.7
28	1,093	576	0	52.7	1,720	825	23	48.0	560	168	27	29.9
29	1,087	709	0	65.2	2,034	790	26	38.8	683	187	37	27.4
30	1,162	792	0	68.1	1,921	437	67	22.7	613	125	35	20.4
31	917	515	0	56.2	1,663	266	56	16.0	443	82	27	18.4
32	1,011	495	0	49.0	2,113	235	116	11.1	550	96	33	17.4
33	1,424	650	—	45.6	2,792	410	229	14.7	818	110	49	13.4
34	1,728	801	—	46.4	3,324	427	345	12.8	1,126	69	94	6.1
35	1,908	779	—	40.8	3,976	357	440	9.0	1,459	95	114	6.5
36	2,008	1,093	—	54.4	4,539	355	447	7.8	1,704	154	147	9.1

	苛性ソーダ（千トン）				合成染料（トン）				硫　安（千トン）			
	生産高(A)	輸入高(B)	輸出高	B/A(%)	生産高(A)	輸入高(B)	輸出高	B/A(%)	生産高(A)	輸入高(B)	輸出高	B/A(%)
1926	25	37	0	148.0	7,467	3,169	32	42.4	147	296	1	201.4
27	24	41	0	170.8	7,656	2,384	29	31.1	176	250	2	142.0
28	29	62	0	214.8	8,289	2,738	58	33.0	232	284	2	122.4
29	57	43	0	75.4	7,787	2,620	36	33.6	235	381	15	162.1
30	35	38	0	108.6	7,780	1,544	82	19.8	266	303	12	113.9
31	49	42	0	85.7	9,656	1,997	50	20.7	393	224	18	57.0
32	75	28	3	37.3	14,043	1,975	152	14.1	460	119	50	25.9
33	111	12	5	10.8	15,972	972	289	6.1	471	108	1	22.9
34	178	10	12	5.6	17,115	1,103	425	6.4	494	161	6	32.6
35	233	20	17	8.6	19,372	1,256	730	6.5	612	239	19	39.1
36	284	12	23	4.2	19,115	2,045	599	10.7	880	314	7	35.7

（出所）　橋本寿朗『大恐慌期の日本資本主義』東京大学出版会、1984年、237～39頁。

なる。もとより軍需と重化学工業とは完全に一致するわけではない。重化学工業の製品のなかには軍需とまったく無関係の製品はいくらもある。しかしまた、一九三〇年代の重化学工業化は軍需の増大と無縁に進んだわけでもけっしてなかった[5]。

かつてはストレートに「一九三〇年代の重化学工業＝軍需工業」と無批判的に捉える向きが強かった。たとえば、ある論者はつぎのようにいう。「多くの場合、この〈軍需工業〉という概念は〈重化学工業〉と同義に、極めてルーズな用いられ方をされているため、そのように〔すなわち、軍需工業＝重化学工業と〕読みかえれば……なんら問

表2-16　日本曹達（二本木工場）における「教育注文」

製品名	研究時期	用途
7c	1935年頃	エチレンクロルヒドリンの硫黄誘導体、毒ガスイペリットの中間体
イソヘプタン	1937年頃	配合燃料
イソヘキサン	同上	高級燃料、短距離滑走離陸燃料
トリフェニールアルシン	1938年頃	催クシャミ剤
ブロムベンジルサイアナイド	1940年頃	催涙剤

（出所）大我勝躬氏（日曹OB）からの聞き取り。

題はない(6)」。しかし、事実はそう単純ではなかった。軍需（軍需品）とは、一般的に軍部によって需要される兵器類およびその他の装備品や糧秣などを指す。すなわち、軍需品は各種の兵器類、戦艦、戦闘機などのように重化学工業製品がその大半を占めるが、衣類や食糧なども含まれる。また、いまそれを仮に重化学工業製品だけに限った場合でも、それは国家（軍工廠など）において生産するものと民間企業が製造するものとがある。たとえば、かつて「昔は兵器のやうな精巧なものは民間の工場では作らせられないと云ふ官僚独善主義と、兵器の秘密漏洩を恐れるためとから、国有工場で造るのが本来のものと考へられたこともあった」。「然るに近代の科学戦や機械化部隊の出現は、平素如何に膨大な国営の兵器軍需品工場を所有してもその生産能力は到底戦時の要求に応じ切れないから……有事の日には民間の工場を動員して生産力の拡充を図ることになる(7)」。

たとえば、その一つに軍部によるいわゆる「教育注文」制度があった(8)。この「教育注文」とは、将来有事の際において即応の生産態勢がとれるように計画されたものであった。つまり、技術未開発の軍需製品について数量と期間を限定した上で、「教育的に、或は実験的に民間企業に対して注文を発する制度(9)」であり、設備（多くはパイロットプラント程度）を民間企業に準備させる代わりに製品は軍部によって「著しく高価格」にて買い上げる保障を与える、という方式であった。いうまでもなく、軍部はこの方式によって軍需品の生産技術を民間企業に温存・定着させておき、一朝事ある時にはそれらをフル利用せんとする意図から出ていた。表2-16

は、一例として、塩素有機利用工業に関して日本曹達（二本木工場）が軍部から受けた「教育注文」である。

この「教育注文」制度は軍部との直接的な関係であった。しかし、一九三〇年代に進展した民間企業における重化学工業と軍需生産との関係は、このような直接的な関係だけにとどまらず、より広い観点から捉えられるべきであろう。すなわち、間接的な「民間企業の軍需動員」の問題である。(10)

いうまでもなく、「軍需」とはいいかえれば「軍部による註文」である。また、民間企業の軍需依存ということは、軍部に対する企業の納入比率の大小を意味する。その場合、企業が直接的に軍部に納入した場合（直接軍需）についてはさして問題はない。それらの製品は完成品として納入される場合もあれば、軍工廠において加工されるべき素材や中間部品などのことがあろう。そのいずれにもせよ、軍部へ納入する明瞭な軍需品の生産であった。しかし、すぐ問題となるのは、軍需はこの直接軍需だけとは限らないということである。つまり、民間企業の間での「間接軍需」ということがある。

一般的にいって、重化学工業の製品の場合、その生産プロセスはより迂回的である。すなわち、それは原材料、中間品、完成品、といくつかの企業の間をまたがって生産されていく場合が多い。つまり、企業間において原材料や部品の供給関係が発生するのであり、重化学工業製品の場合はとくにその生産プロセスは錯綜している。たとえば、軍部によって企業Aに電気機械が発注され、企業Aがそれに必要な部品（電線など）を企業Bに註文した場合、これは民間企業同士の間での取引であるから「軍需」と無関係であるとは簡単にすませられないであろう。こうした間接軍需の関係は、たとえば民間造船所（戦艦建造）に対する鋼材の供給、あるいは航空機会社（戦闘機製造）に対するジュラルミン供給（さらには、その原料たるアルミニウム供給）、などなど、すべてを枚挙できないほどに広範に絡み合っている。さきに見たように、民間企業の間におけるいわゆる「内部循環的生産拡大」であった。

すなわち、一九三〇年代の日本経済における重化学工業化の性格や、あるいはそこでの重化学工業と軍需の関係を考えようとする場合、直接的な軍需生産だけの考察では不十分である。むしろ、一歩踏み込んで、素材や中間部品の供給関係にあった間接軍需を担う民間企業をも射程に含んで考察する必要があろう。実際においても、戦時経済における「物資動員計画」や「生産力拡充計画」が、このような重化学工業の迂回的な生産プロセスをも含む全体的な統制や再編成を重要な政策課題としたのは、以上の意味合いにおいてであった。

あるいは、当時、重化学工業に関連する産業はあいまいに「時局産業」と呼ばれることが多かった。この呼び方が端的に示しているように、重化学工業化の進展とは、軍需と民需とを問わず、緊迫する「時局」に向けてその基礎的部分を全体的に底上げするものとして認識されていたのである。日本の重化学工業の生産は列強諸国に遅れをとっていた。とくに、底上げの問題は、たんに生産量だけでなく製品の品質においても重要であった。したがって、軍需生産を支える基礎部分の全体を拡充させ、またより高品質の製品の製造を可能とさせることにおいて、重化学工業化の進展は、全体として一朝有事の際に備えての軍需生産の増大に寄与する「時局産業」として直感的に捉えられていたのである。一九三〇年代における重化学工業化の進展とはこのような性格と意味合いとをもっていた。

さて、いずれにせよ、一九三〇年代において重化学工業化はめざましく進展した。さきに見たように、新規の企業の参入が相次いだ。また、新たな技術が導入され、新製品も登場した。ある論者は、「軽工業に比して重工業及び化学工業の比重が大となつたこと」について、「生産期間の延長が行はれ」ることを強調していた。すなわち、重化学工業における迂回生産という特徴であり、そこでは「益々多くの生産段階を経る様になり、若くは益々多量の生産財を通じて生産されてゆく。生産財の中最大なるものは機械及び設備であるが、半製品も亦之に属する。これらの生産財（中間生産物）を生産する部門、即ち生産期間の延長によつて増大する部門が、言う迄もなく大体重工業と化学工業である」(11)、と。

この事業プロセスの多角的な広がりや垂直的延長、あるいは原材料の確保などをめぐって、一九三〇年代には企業の内部に急速に数多くの事業単位が誕生しはじめた。すなわち、企業の内部に分社化されるべき事業単位がひしめき合うようになったのである。「生産技術の点だけから見れば……コンツェルン形態を採らずとも一企業内でこれら全部を経営すればよい筈である。ところが生産技術だけ有利であつても、企業として利益をあげ得るや否やは別問題である」。「多角経営を行ひ、企業の規模が大となり活動内容が複雑となるときは、連絡統制を保つて之を経営してゆく事が甚だ困難となる……工場を数箇所に分割するばかりでなく、企業としても別個のものとする方が有利となる」[12]。このようにして、内部の事業単位は、これまで見てきたように次々と子会社の形をとって分社化されはじめたのである。このことは、新たな企業結合体としての新興コンツェルンを誕生させずにはおかなかった。

（1）『東洋経済新報』一九三四年九月一五日、七五頁、は重工業と軽工業の区分について解説しているが、そこでは化学工業は紡織工業や食料品工業などとともに軽工業の内に含まれていた。また、たとえば、新興コンツェルンの日本曹達に関する記事のなかに、同社は「重化学工業から精密化学へ転換せんとしてゐる」という表現が見出せるが、この場合の「重化学工業」とは化学工業のなかでの細分類であった（『ダイヤモンド』一九三五年九月一一日、一〇四頁）。同様に、「戦時化学工業改編の方向は、まず何よりも重化学工業への精力的な重点移行に現はれてゐる」、という表現も、やはり軽化学工業に対置された意味での重化学工業であった（森矗昶「戦時化学工業経営の方向」『科学主義工業』一九三九年九月号、一八頁）。また、小島精一『日本重工業読本』千倉書房、一九三七年、は、「重工業といふ言葉は厳格に用ひる場合には鉄鋼及石炭工業位に限られるものであらうが、こゝでは機械工業及化学工業等まで併せて述べておいた……これらの諸部門は資本的にも技術的にも相互に緊密に関連してゐる上に、最近数ケ年来、相率ゐて勃然と隆興に向ってきたものだからである」（はしがき）と述べており、同書の中ではすべてが「重・化学工業」と表現されている。

（2）篠原三代平『鉱工業』（長期経済統計一〇）東洋経済新報社、一九七二年。

（3）橋本寿朗『大恐慌期の日本資本主義』東京大学出版会、一九八四年、一三七頁。

（4）同前、三〇七頁。

（5）重化学工業と軍需の関係については、下谷政弘「一九三〇年代の軍需と重化学工業」同編『戦時経済と日本企業』昭和堂、一九九〇年。
（6）立松潔「新興財閥」中村政則編『戦争と国家独占資本主義』一九七九年、日本評論社、一五九頁。
（7）大河内正敏「戦時経済政策と軍需工業」『科学主義工業』一九三九年一一月号、七～八頁。
（8）以下は、日本曹達OBの庄山清一・大我勝躬氏からの聞き取りによる。
（9）内外産業資料調査会『平時工業動員』一九三二年、二三頁。
（10）もちろん、のちに本格的な戦時経済体制に入るや産業全体が軍事産業化し、「むきだしの軍事的重化学工業化」が推し進められることとなる。伊藤正直「資本蓄積㈠重化学工業」大石嘉一郎編『日本帝国主義史㈡』東京大学出版会、一九八七年、一一九頁。
（11）田杉競「日本の工業化と新興コンツェルン」『科学主義工業』一九三八年六月号、一八一～八二頁。
（12）同前、一九一～九二頁。また、「一般的原則として一企業の生産過程の数を少くし、個々の生産過程を大単位とすることが最も有利な方法である。コンツェルンは多角経営と大規模生産とを調和する方法として意義がある。化学工業会社に於ても重工業会社に於ても、先ず多角経営に進出し、その規模が大きくなるに従ひ、その構成部分を分離して子会社とし、コンツェルン化する場合が多いのはこの間の事情を物語る」（同上）。

(2) 戦時統制経済とコンツェルン

① 統制会とコンツェルン

以上、一九三〇年代の重化学工業化の進展を中心に、多数のコンツェルン〔k〕が登場した背景を探ってきた。ここではさらに、一九三〇年代終盤から四〇年代の前半にかけての戦時統制経済の中での動きについてもふれておこう。その場合、これまでの議論との関係で取り上げなければならないのは、産業部門別の「事業法」の制定および「統制会」の発足である。さきに、財閥のコンツェルン組織とカルテルによる統制の間での「利害の相克」についてふれた。いわばタテの組織であるコンツェルンに対するヨコの結合組織たるカルテルとの関係であった。これと同様の「利害の相克」関係が、戦時統制下におけるコンツェルンにも生じはじめたのである。すなわち、さきに見たカルテル組織は、戦時経済への移行につれて、それぞれの製品の生産・配給統制を政府・官庁に替わって代行する機関へとしだいにその機能を転換することとなった。

まず、表2-17は三〇年代中葉から現れはじめた事業法の一覧である。産業部門ごとに成立した事業法は、各種の制限を実施することによって、しだいに企業の行動を制約しはじめた。すなわち、「事業の許可制を柱に企業の設備投資を制限し、外資を排除しつつ国内の産業を一定の水準に高め、競争の組織化を通じて合理的発展をはかる〔など〕……軍部との協定や取決めと結合して展開された[1]」。とくに、設備投資や参入制限に関しては戦争経済への傾斜とともに厳しい規制内容が盛りこまれたのである。しかし、一面では製鉄事業や自動車部門を除いて、この事業法においては設備投資・参入制限などは「総花的認可」となっていたという指摘もある[2]。戦時生産力の拡充を目指した事業法は「当該部門の拡大と企業の濫設阻止という、場合によっては両立しがたい課題を追求し[3]」ていたからである。こうして、事業法は戦時下における民間企業の「自治的な」企業統制として機能しはじめた。

しかし、より注目すべきであったのは「統制会」の設立であった。戦時の生産増強を目的とした「重要産業団体令」の制定によって、カルテルが統制会へとその姿を変えはじめた

表2-17　事業法の一覧

業　種	法　令	法令の施行
石油及び代用品	石油業法	1934. 7
	人造石油事業法	1938. 1
	石油資源開発法	1938. 8
硫　安	重要肥料業統制法	1936.11
自動車	自動車製造事業法	1936. 7
鉄　鋼	製鉄事業法	1936. 9
石　炭	重要鉱物増産法	1938. 6
工作機械	工作機械製造事業法	1938. 7
航空機	航空機製造事業法	1938. 8
造　船	造船事業法	1939.12
軽金属	軽金属製造事業法	1939. 9
合成ゴム	有機合成事業法	1941. 1
一般機械	重要機械製造事業法	1941. 1

（出所）長島修「戦時経済研究と企業統制」下谷・長島編『戦時日本経済の研究』晃洋書房、1992年、8頁。

表2-18　統制会一覧表（第一次・第二次指定分）

統制会名	創立総会	会長	前職
第一次指定			
鉄鋼統制会	1941.11	平生　釟三郎	日鉄社長
		豊田　貞次郎	同上
石炭統制会	41.11	松本　健次郎	日本石炭社長
鉱山統制会	41.12	伊藤文吉	日本鉱業社長
洋灰統制会	41.12	浅野　総一郎	浅野洋灰社長
電気機械統制会	42. 1	安川　第五郎	安川電機社長
産業機械統制会	42. 1	大河内　正敏	理研会長
精密機械統制会	42. 1	原　清明	大阪機工社長
自動車統制会	41.12	鈴木重康	ヂーゼル自社長
車輛統制会	41.12	島　安次郎	汽車会社社長
金属工業統制会	42. 1	鈴木　元	古河電工専務
貿易統制会	42. 1	南郷三郎	日本綿花社長
造船統制会	42. 1	斯波　孝四郎	三菱重工会長
第二次指定			
綿スフ統制会	1942.10	井上　潔	鐘紡常務
絹人絹統制会	42.10	辛島浅彦	東洋レーヨン会長
羊毛統制会	42. 9	鶴見　左吉雄	大東紡社長
麻統制会	42. 9	鹿野　澄	日本原麻社長
化学工業統制会	42.10	石川一郎	日産化学社長
軽金属統制会	42. 9	大屋　敦	住友化学社長
油脂統制会	42.10	藤田政輔	日本油脂社長
皮革統制会	42. 9	鈴木　熊太郎	日本原皮社長
ゴム統制会	43. 1	林　善次	日本タイヤ専務
鉄道軌道統制会	42. 5	中川正左	鉄道同志会長
船舶運営会	42. 4	大谷登（総裁）	日本郵船社長
全国金融統制会	42. 5	結城　豊太郎	日銀総裁兼任

（出所）　表2－4に同じ、136頁。

のは、一九四一年からのことであった。

統制会は「官民協調」を基本として産業別に設立された。[4] 表2-18に示したように、一九四一年にスタートした鉄鋼統制会を先頭に、四二年一月までに一二が設立された。続いて四三年一月にかけては繊維や化学関連の産業を中心に九の統制会が設立され[5]、さらに、鉄道省所管の鉄道軌道統制会や金融統制団体令にもとづく金融業の業態別の一一統制会などを併せて、合計三三の統制会が誕生したのである。

政府の統制会に対する権限は大きなものであった。たとえば、政府は統制会の組織に対しては会員指定および会長任命の、また会員企業に対しては定款変更の認可・命令、生産・配給計画の設定、事業施行命令、臨検命令、解散命令などの統制権限を有していた。また、それぞれの産業分野の大企業代表者が任命された各統制会の会長は、いわゆる「指導者原理」によって、会員たる個々の企業に対し広範な指令権限や役員解任権などをもっていた。統制会は、政府―統制会会長―会員企業という強力なタテの命令系統のパイプとして構築されたのである。

このように、統制会は表面では民間企業を取り込むことによって「官民協調」を謳いながらも、実際には産業分野ごとの一元的な統制機構の確立を目指したものであった。統制会は、いわば従来のカルテルを産業別により強化した組織であり、同時に、全事業者の参加を法的に規定した一種の強制カルテルでもあった。あるいは、「カルテルが私的利益を追求する独占組織であるとすれば、統制会はカルテルに公益優先の性格をもたせて、企業を軍需生産に動員する戦時強制カルテルの性格をも(6)」っていた。「ところで、問題なのは、以上述べたやうな強力な統制会の機能の発動が、いはゆる大資本コンツェルンの活動にいかに影響するかといふ点であ(7)」った。

これまでみてきたように、コンツェルン（〔K〕と〔k〕とを問わず）とは持株会社（親会社）を頂点とするピラミッド型の組織であった。すなわち、このタテの組織たるコンツェルンに対する統制会の影響についての問題である。「統制会が出来て、原料も資材も労力も資金も統制会の手で自由に動かしてしまふことになると、コンツェルンの縦の経営系統がズタ〱に切られてしまひ、一貫経営の長所を発揮することが出来なくなつてしまうであらう」。あるいは、「従来のわが産業発展の原動力だつた大コンツェルンの縦断結合体的組織がその企業的妙味を多分に喪失することになるおそれがある(8)」、などと懸念されたのである。つまり、「すでに三〇年代に拡大していた総合財閥、及び産業コンツェルンの垂直的支配網は」、統制会の設立によって、「各企業の製品販売、受注の連鎖を断ち切る可能性を含み、それは同時代的には〈統制会とコンツェルン〉の対立として危惧され(9)」ていたのである。

たとえば、さきの表では機械工業関連の統制会は五つに分けて結成されたが、企業側からは「一本建て」での結成を求めての激しい議論があったという。なぜなら、「多角経営による会社企業の有機性を機種別統制会によつて切離し、各統制会がそれぞれの加入部門に対し恣意の統制を加へるとき果たして生産が順調に行くかどうか我々は深い危惧を感ぜずにはゐられない(10)」からであった。「此処に産業界の横断的組織としての統制会と、縦断的組織としてのコンツェルンとの機能を如何に調和して行かねばならぬかと云ふ頗る重大な、基本問題が伏在してゐ(11)」たのである。このように、統制会の設立は、タテの組織であるコンツェルン内部で、その構成企業に対する「利害の相克」関係を作り出した。

しかしながら、実際の動きとしては、統制会は必ずしもうまく機能しなかった。また、統制会体制には当初から限界が見られた。というのは、統制会は「官民協調」を謳い文句とする民間の行政機構（商工省管轄）ではあったものの、政府からの権限委譲は必ずしも円滑に行われず、また所管の各監督官庁による二重統制問題などが生じてその非効率性が露呈されたからである。また、「軍からの資材持込みで統制会の統制を受けない資材が増大し、統制会の掌握範囲から逸脱している部面が拡大……物資の不足が深刻化していくと、軍から直接資材の供給を受ける会員企業は、統制会に対する期待を急速に失っていった(12)」。さらには、何よりも、戦時経済においてもっとも重要なる兵器工業については統制会の埒外におかれていたことである。すなわち、民間の兵器関連工業（企業）は、別途、工場事業場管理令などによって陸海軍の直接的な管理下におかれていた。さらにその上、「統制会を中心とした……企業組織化の動きとは別に、軍部も独自に生産者の組織化を進めていた(13)」。たとえば、陸軍は四〇年に自ら兵器工業会を設立したが、その下には工作機械、火砲、弾丸、信管、鉄鋼、化学などの部会が設置され、各部会はさらにその下に協力会を組織したという。また、四二年には航空本部直轄の陸軍航空工業会も設立され、傘下に五つの工業会が設けられた。同様に、海軍も四一年以降に三〇数種の業種別工業会を設けている。

こうした統制会体制の限界性を打破するために、「軍需会社法」が制定されて軍需会社の指定がはじまったのは、戦時も末期の一九四四年のことであった。軍需会社は、同年一月の一五〇社の指定にはじまって、最終的には計七〇六社が指定された。これまでの企業に対する戦時統制の枠組みは、事業法にせよ統制会にせよ、企業の外側にある業界組織（いわば、かつてのカルテルの後身）を通じてのものであった。しかし、「軍需会社法による統制は、企業の組織、人事にまでわたる〈企業〉あるいは〈企業グループ〉（または財閥）に対する直接的な統制となった(14)」。とくに、軍需会社にはそれぞれ「生産責任者」が任命され、経営責任については広く一任された代わりに、政府に対する一方的な生産責任を負わされたのである。

軍需会社法について興味深いのは、同法では、指定企業に対してより一層の国家性の発揮を求めるようになった反面で、これまでの企業活動を制約してきた既存の統制規定を逆に除外し、利潤保証措置さえ与えざるをえなかったという点である。(15)すなわち、それまでの種々の統制立法の枠組みでは自ずと非効率、生産萎縮、物資の隠匿などの問題が発生せざるをえず、必ずしも所期の戦力増強が果たせなかった。そこで、最終局面において、特定の重点企業を指定した上で、それらに利潤保証という特別措置を講ずることによって、あるいは資材・資金・労働力の供給について優先的な待遇を与えることによって、難局を打破することを目指したのである。要するに、「アメとムチ」の使い分けであった。

以上見てきたように、戦時下には直接的に資材や資金、また労働力などの供給を左右するさまざまの統制機構が作られてきたわけである。しかし、軍需会社の場合、ここでもやはり問題となるのは、指定七〇六社の企業の中には親会社だけではなく数多くの「子会社」が含まれていたという事実であった。いわば、「親子指定」の問題である。したがって、タテのコンツェルン組織を構成してきた傘下企業（子会社）はその外部から一本釣りされる形となり、結果的に持株会社を頂点とするコンツェルンの内部統制の骨組みは大いに動揺せざるを得なかったのである。(16)

（1）長島修「戦時経済研究と企業統制」下谷政弘・長島編『戦時日本経済の研究』晃洋書房、一九九二年、八頁。

（2）「三七―三九年における初期経済統制期における製鉄事業、自動車部門を除く生産力拡充部門に対する事業法を中心とした参入、設備投資規制は〈総花的認可〉と特徴付けることが可能であ」る（宮島英昭「戦時経済統制の展開と産業組織の変容㈠」『社会科学研究』第三九巻第六号、一九八八年、一一〇頁）。

（3）同前、五頁。

（4）統制会については、前掲、長島、また宮島英昭「戦時経済統制の展開と産業組織の変容(二)」『社会科学研究』第四〇巻第二号、一九八八年、など参照。
（5）「業態が複雑で、かつ企業数の多い機械、化学、繊維部門では組織編成上の問題にさらに官庁間の権限争いが加わって、統制会の設立は著しく難航した」（宮島、同前、一四二頁）。
（6）長島、前掲、一一頁。
（7）『東洋経済新報』一九四一年六月二一日、五頁。また、「統制会の組織化は、産業部門毎の横断的編成を追及しただけに、関連・非関連部門を垂直的に統合するコンツェルンとの利害調整が問題化した」。前掲、宮島(一)、六頁。
（8）同前、『東洋経済新報』。また、「近来、これ等コンツェルン傘下の各社が、産業別に国家の指導統制を受けるやうになつたので、持株会社の統制機能は、国家の統制の範囲内に止まる可く余儀なくせられ、従つてその必要性は減少した」（由井眞吉「コンツェルンの統制機能」『科学主義工業』一九四一年七月号、一五七頁）。
（9）前掲、宮島（二）、一三四～三五頁。
（10）川崎重典『戦時機械行政』同文館、一九四三年、三〇四頁。くわしくは、沢井実「太平洋戦争期の工作機械工業」龍谷大学社会科学研究所編『戦時期日本の企業経営』文眞堂、二〇〇三年、参照。ちなみに、本書第5章でもみるように、電気機械統制会の主力メンバーであった東京芝浦電気は、その事業範囲の広さから、ほかにも鉄鋼統制会、車輛統制会、精密機械統制会、鉄道軌道統制会などに加入していた。
（11）『東洋経済新報』一九四一年六月二一日、六頁。
（12）長島、前掲、一二頁。
（13）前掲、沢井、五四～五五頁。
（14）長島、前掲、一五頁。「統制会方式が部分的に放棄され、軍需会社法によって政府が、統制団体を介さず直接に企業に生産要素を配分する体制が創出された」。前掲、宮島(一)、六頁。
（15）「軍需会社に指定されると、既存のさまざまな統制立法から除外され、軍需生産を遂行していく限り、〈自由な〉企業活動、利潤保証措置を受けることができた」（長島、前掲、一五頁）。
（16）「企業は、軍需会社法を戦時の過渡的臨時的な性格のものと捉えていたが、他方でこれを軽視することによる政府（『軍部」）の介入を恐れ、企業内部で対応策をたてた。企業の最も恐れていたのは、企業の組織が統制力を失い、人事に対する国家の介入が直接的に及ぶことであった」（長島、同前、二六頁）。

②「逆の変革」――子会社の再吸収――

戦時経済下におけるコンツェルンをめぐる動きについては、もう一つのことを指摘しなければならない。すなわち、一九三〇年代の終盤から一九四〇年代前半の時期になると、コンツェルン組織の内部において傘下企業を吸収再編する動きがさかんとなったことである。たとえば、財閥コンツェルンの場合、「財閥傘下の企業において合同、集中、吸収、合併がほとんどあらゆる事業分野と、あらゆる財閥を通じて行はれてゐる。それはまた一財閥傘下企業において行はれただけでなく、各財閥間に横断しても行はれ、中小財閥の大財閥への吸収合併、産業資本企業の大財閥企業部内への編成替が行はれた」(1)。また、同様に、新興コンツェルンにおいても、傘下子会社を親会社へ再吸収する動きが顕著に見られるようになってきたのである。

表2-19は、戦時経済下において行われた主要な企業合併（一九三八年）の一例をみたものである。また、被合併会社（一九四〇年以降）を規模別・産業別に一覧している。会社の合併件数は、その後も増大し続け、四〇年一月から四二年二月までで五八〇件（四〇年一六一件、四一年三六二件、四二年二月まで五七件）(2)を数えるまでになっていた。

一九三〇年代には、これまで述べてきたように、分権的経営の前進を目指して、内部事業単位の分社化の動きがさかんであった。財閥の傘下企業も含めて、それまでの「企業」は「企業グループ」化の動きを進めて、数多くのコンツェルン〔k〕の形成につながったのである。その意味では、この戦時下に見られるようになった子会社の親会社への再吸収あるいはグループ企業の再編という動きは、これまでとは「逆の変革」であった。

とくに、「脆弱な基礎の上に立つだけに新興コンツェルン内部における合同、集中はより甚だしかった」(3)。たとえば、

表2－19　戦時経済下における企業合併

（1）　1938年における企業合併

合併会社	被合併会社
精養軒	日本観光
日本曹達	日曹製鋼
日本人造繊維	上毛絹糸紡績
東京印刷	美術印刷
理研アルマイト工業	池田アルミニウム
日産火災海上	昭和火災
東京合同運送	横浜駅合同運送・川崎駅運送
理研ピストンリング	理研特殊鉄鋼
北日本汽船	北陸汽船
東洋高圧工業	合成工業
東海商船	興運汽船
東電電球	芝浦電気工業
日清製粉	常盤製粉・愛国製粉
日本勧業銀行	滋賀県農工銀行
石井鉄工所	日本化学機械
大同電力	千早川水力電気・和泉電気
昭和産業	昭和製粉・日本加里工業・日本肥料
東京地下鉄道	東京乗合自動車
大日本紡績	岸和田人絹
小野田セメント	大分セメント・太平セメント
日東製粉	埼玉興業
錦華紡績	錦華人絹
日産汽船	共和汽船
日本油脂	帝国火薬工業
日本ニッケル	日本スチール
片倉製糸紡績	日東製糸・備作製糸・片倉越後製糸
日本水産	新興水産
磐城炭礦	第二磐城炭礦
万珠鉱業	信州炭礦

いわゆる五つの「新興コンツェルン」の場合においても、日窒コンツェルンにおける日本窒素肥料本体と朝鮮窒素肥料の合併（一九四一年）、日本電工と昭和肥料の合併（一九三九年）[4]、日曹コンツェルンにおける日曹製鋼の吸収（一九三八年）[5]、などが相次いだ。これらの背景の一つには、いうまでもなく一九三七年に行われた税制改革などの影響が大であった。すなわち、親会社（持株会社）と子会社群から成るコンツェルン内部において、いわゆる「二重課税問題」[6]が発生したのであり、それへの対応策であったといえる。

さらに加えて、これは、さきに見たように、戦時統制の強化によって「企業結合（企業合同）の自由」さえ喪失した中での企業グループとしての生き残り策でもあった。[7]こうした状況について、当時の経済雑誌はつぎのように述べていた。「不振産業に於ては、企業を合同に導く要因として大体二つの点が指摘される。その一つは、大会社が従来の事業を拡張する余地がないため、その転換乃至は補充策として、他の殷賑産業部面への進出を企てつゝあることだ。この傾向は、大紡績資本の時局産業中小会社の吸収のうちに強く認められる。他の一つは、事業不振の結果、中小会社の経営困難が大会社への依存を必要とするに至つたことである[8]」。あるいは、「わが国の経済が戦時経済へ移行してこの方、各企業は新しいこの状勢に即応するために、経営の合理化、弱小資本の合併によつて経営困難の切抜けに務めつゝある[9]」、と。

しかしながら、「戦時経済下に於けるわが産業界に現はれた新現象は、……独り不況に喘ぐ犠牲部門に於いて見られるのみならず、殷賑産業たる重工業部門にても、資本の集中化は行はれてゐる[10]」という点が重要であった。

表2-19　続き

(2)　被合併会社の産業別・規模別分布

	100万円以下	1000万円以下	5000万円以下	5000万円以上
紡績	12	41	17	
人造絹糸	3	4	8	1
セメント	3	7		
重工業	13	26	8	1
化学工業	15	8	1	
銀行	19	46	4	
保険			10	
無尽	11	1		
汽船	5	9	2	
陸上運輸	89	8	5	3
石油	3	5	2	
鉱業	7	8	2	
電力	6	9	2	3
商事	38	11		
貿易	5	5		
その他	17	15	3	
合計	246	204	66	8

(出所)　(1)は「エコノミスト」1939年3月1日、29頁、(2)は『ダイヤモンド』1942年5月1日、87頁。

表2-20　財閥の資本集中の推移　(単位：%)

		4大財閥			10大財閥		
		1937	41	46	1937	41	46
重工業	鉱業	32.2	32.5	44.6	35.5	34.8	50.5
	金属	9.5	15.3	28.1	14.7	22.8	41.8
	機械	26.0	33.8	57.2	31.6	39.9	67.9
	造船	—	1.7	11.3	9.5	1.7	12.6
	化学	17.2	22.6	34.5	18.3	24.1	38.5
	小計	20.9	24.8	40.7	24.9	29.8	49.0
軽工業		8.3	9.2	10.5	8.4	9.4	16.2
鉱工業計		11.2	14.3	28.2	15.1	18.2	35.2

(出所)　宮島英昭「戦時経済統制の展開と産業組織の変容(1)」『社会科学研究』第39巻第6号、1988年、5頁。
(備考)　各財閥傘下企業払込資本金合計÷全国払込資本金合計
4大財閥＝三井、三菱、住友、日産
10大財閥＝安田、浅野、古河、大倉、中島、野村

その背景としては、合併による規模拡大や優秀子会社の取り込みがあげられよう。つまり、「資本及び技術よりみて、軍需品生産が中小規模のものより大企業によるを遥に有利とすること」に加えて、「軍需品への生産転換を行ふに当り、同一資本系統の優秀な製作会社と合併することによつて経営の合理化、資金難、或は労力不足を解決しようとする目的でなされ[11]」ていたのである。戦時体制下においてこうした企業統合が積極的に進められた結果、表2-20にみるように、財閥コンツェルンは、とくに重化学工業部門においてその支配力を大きく前進させたのである。要するに、「現在に於ける合併、合同は生産力拡充の線に沿ふ産業機構の再編成の意味を強く示してゐ[12]」たのである。そして、それは結果的に、戦時体制のなかでの財閥コンツェルンの大膨張をもたらすとともに、他方では新興コンツェルンの生き残り策として展開されたのであった

(1) 樋口弘『計画経済と日本財閥』味燈書屋、一九四一年、四頁。
(2) 『ダイヤモンド』一九四二年五月一日、八七頁。
(3) 樋口、前掲書、八頁。
(4) これについては、麻島昭一・大塩武『昭和電工成立史の研究』日本経済評論社、一九九七年、がくわしい。
(5) 日本曹達は、「一三年暮、日曹製鋼を合併した。本業の化学薬剤工業は不振だから時めく鉄鋼事業を吸収して補強工作をしたのである」(『ダイヤモンド』一九四〇年八月一日、五三頁)。
(6) 一九三七年には臨時租税増徴法などの実施によって子会社の所得税および臨時利得特別税が増徴され、さらに持株会社に対しても、その取得配当金やプレミアム収入に特別税が課された。いわゆる親子「二重課税」であり、これが日産コンツェルンの「満洲移駐」を促したことはよく知られている。以上、前掲、宇田川『新興財閥』、六八頁。
(7) この点については、前掲、宮島(一)(二)、などを参照。
(8) 『東洋経済新報』一九三九年八月五日、五二頁。
(9) 『ダイヤモンド』一九三九年八月一日、一九頁。

(10)『ダイヤモンド』一九四二年五月一日、八七頁。
(11)『ダイヤモンド』一九三九年八月一日、一九頁。
(12)『東洋経済新報』一九三九年七月二二日、四二頁。

第3章　新興コンツェルンの登場

1　一九三〇年代の新興コンツェルンの簇生

これまで述べてきたように、新興コンツェルンの簇生こそは一九三〇年代の日本経済を顕著に特色づけるものであった。まさしく「彗星の如く」に数多くの新興コンツェルン〔k〕が登場したのである。一九三〇年代の大企業は、事業の水平的な多角的展開および事業プロセスの前方・後方への延長によって、企業内部に数多くの事業単位を抱えるようになり、それらの事業単位は子会社として分社化されていった。あるいは、既存の関連する企業を傘下に吸収していった。その結果として、有機的かつ事業関連的な企業グループが新しい企業結合体として誕生することになったわけである。

さきに述べたように、本書では、通説が説くように「新興コンツェルン」をいわゆる五つのグループ（日産・日窒・森・日曹・理研）だけに限定しない。一九三〇年代に「新興コンツェルン」として登場したのは、五つのグループだけではなかったからである。逆に、むしろ数多くの大企業が一斉に「企業グループ化」に歩を進めたという変化に注目することこそ重要であった。

そもそも、いわゆる五つの「新興コンツェルン」とその他の「企業グループ」との間にはどれほどの違いが見出せるのであろうか。総じて、それらはいずれも新たな親子型の企業グループとして登場したという点で相違はなかった。通説が説くように「新興コンツェルン」を五つだけにせまく限定してしまえば、一九三〇年代の日本経済においてはじまった「新たな企業結合形態の誕生」という重要な胎動が見えなくなってしまうのである。

また、これまでの五つに限定された「新興コンツェルン論」においては、一九三〇年代に「財閥コンツェルンの支配の間隙を縫って登場した新興コンツェルン」はその終盤からの戦時統制経済のなかで破綻・凋落していった、と述べられてきた。既成財閥に対する新興コンツェルン（新興財閥）という図式のもとで、資本力その他の面において、新興コンツェルンは結局のところ既成の財閥コンツェルンに対抗できなかったのだ、という論法である。なるほど、たとえば日曹や理研コンツェルンなどは一九四〇年代冒頭には実質的に破綻・凋落を迎えている。

しかしながら、この図式は、つぎに検討する日窒コンツェルンのケース一つを見るだけでも正しくなかった。なぜなら、日窒コンツェルンについては破綻・凋落を迎えることなく、敗戦時までしたたかに生き延びた歴史を描けるからである。また、ここで「新興コンツェルン」の範囲を五つだけに限定することをやめるならば、新たに誕生した数多くの新興コンツェルンのなかには、戦時統制経済のなかで破綻・凋落したものもあれば、さらに成長展開をとげたものもあった、ということになるのはいうまでもないであろう。新興コンツェルンの範囲を五つ以外のものにまで拡張してみることによって、これまでとはまったく異なる視界が広がってくることになる。旧来の固定化しステレオタイプ化した議論は過去のものとすべきなのである。

しかし、ここで一つ指摘おかねばならないのは、この戦時統制経済がもたらした別の影響である。すなわち、企業グループの形成において、三〇年代終盤には分社化による子会社設立だけでなく既存企業の集中による子会社が増大しはじめたことである。さらには、戦時における親会社の事業内容そのものの変貌によって、「一つの産業体系」という枠組みすら超える子会社設立もみられるように変化しはじめたことである。とくに、戦時統制の深化は、たとえば繊維産業などのいわゆる「不要不急産業」において明らかに「一つの産業体系」から逸脱する企業グループを誕生させはじめた。事業法や統制会という戦時体制の枠組みによって、あるいは企業整備の進展や「時局産業」への進出によって、一九三〇年代前半に有機的かつ事業関連的に形成された企業グループは、その終盤になると、それまでとは無関係な「時局産業」への進出をはたすことによって戦時を生き延びようとしたのである。戦時経済においては新興コンツェルンの内容は変化せざるをえず、それらが属する事業分野や、その前身、または統制事情などを反映して、その形態はまさしく多様な展開を遂げていったのである。

　本章では、以下、いくつかの具体的なケースをみることとするが、最初に五つの「新興コンツェルン」のうちから代表的な事例として日窒コンツェルンのケースを取り上げてみよう。そのあと、さらに五つ以外のグループについても順次見ていくこととする。ここで、

表3−1　日窒・日曹・理研コンツェルンの傘下子会社数の推移

	日窒		日曹		理研
年	新規子会社数	当年子会社数	新規子会社数	当年子会社数	当年子会社数
1923	1	1	0	0	
24	0	0	0	0	
25	0	0	1	1	
26	3	4	0	1	
27	1	5	0	1	0
28	1	6	0	1	0
29	2	8	0	1	0
1930	3	10	0	1	0
31	1	11	0	1	0
32	1	12	0	1	1
33	1	11	1	2	2
34	3	14	0	2	3
35	6	20	3	5	8
36	5	24	11	15	14
37	10	34	14	25	31
38	5	38	12	36	47
39	6	43	5	40	62
1940	6	43	1	41	57

（出所）　日窒コンツェルンについては日本窒素肥料『日本窒素肥料事業大観』1937年、同、各号『社報』より。日曹コンツェルンについては日本曹達『日曹事業概観（稿）』1941年より。理研コンツェルンについては斎藤憲「〈理研産業団〉の形成」『経営史学』第17巻第2号、1982年、より筆者作成。

（備考）　新規子会社数の内にはたんなる社名変更によるものは含まない。子会社の内には合併統合されたものがある。

五つの「新興コンツェルン」の代表的事例として日窒コンツェルンを取り上げ、日産コンツェルンを取り上げなかった理由は、さきにも説明したとおりである。

表3-1は、いわゆる五つの「新興コンツェルン」のうち、日窒・日曹・理研の三グループが傘下に擁した子会社数の推移を示している。一九二〇年代にはまだ例外的にすぎなかった傘下子会社は、一九三〇年代以降に、とくにその後半になってから急増しはじめたことがわかる。また、これら三グループのうち、日窒コンツェルンの進展がやや漸進的であったのに比べて、日曹コンツェルンや理研コンツェルンの形成は一九三〇年代の後半に短期集中的に行われたことがわかる。この日曹コンツェルンについては、あらためて次章で全面的に取り扱うことにしたい。

2 日窒コンツェルンの展開——事業の分社化——

日窒コンツェルンの形成過程およびその具体的な内容については、すでにいくつかの研究が蓄積されている。(1) したがって、その詳細についてはそれらに譲ることとし、ここでは同コンツェルンの形成プロセスの概略にふれたあと、その特色に焦点をしぼって検討を加えてみたい。

(1) たとえば、下谷政弘『日本化学工業史論』御茶の水書房、一九八二年、第二章、大塩武『日窒コンツェルンの研究』日本経済評論社、一九八九年、鎌田正二編『日本窒素史への証言』(全四五集) 非売品、一九七七～九二年、など。

(1) 日窒コンツェルンの形成と展開

日窒コンツェルンの中核会社は日本窒素肥料であった。同社が野口遵によって創立されたのは一九〇八年のことである。野口はその前に水力発電の曾木電気を一九〇六年に、またカーバイドの生産を目的に日本カーバイド商会（水俣工場）を〇七年に設立しており、同社はこれら二社を糾合して誕生したのである。日本窒素肥料はその社名からもわかるように、カーバイドからの窒素肥料たる石灰窒素の製造（フランク＝カロー法）を目的とする一介の肥料企業としてスタートした。

当初、この石灰窒素は、施肥技術など種々の理由からさらに硫安に変成されて売り出された。いわゆる「変成硫安」であるが、これは、のちの合成アンモニアを用いた硫安（合成硫安）が本格的に登場するまでの、いわば過渡的な製品（石灰窒素の販売合理化）という役割のものであった。試行錯誤の末に、同社で初めて変成硫安が製造されたのは第一次大戦勃発の直前のことであり、一九一四年に操業開始した鏡工場（熊本県）においてであった。一七年からは水俣工場でも変成硫安の製造を開始した。当時、変成硫安を製造したのは同社と電気化学の二社だけであった。折しも大戦勃発がもたらした輸入硫安の激減によって価格は暴騰を続けたのであり、その結果、「当社は拡張に拡張を重ね増産すればする程値段は益々騰ると云ふ有様で……〔大正〕七年八年には三割の配当を続けた上年々二〇〇万円以上の銷却を為し、九年の上期には実に十割四分と云ふ高配当をなした」(1)という。

このように第一次大戦ブームの中で基礎を固めたのち、同社がさらなる大飛躍を遂げることになるのは一九二三年に果敢にカザレー法を導入して合成アンモニア・合成硫安の製造を開始して以降のことであった。野口は述べている。「石灰窒素法は譬へば蒸気船の如くアンモニア合成法は航空船にも譬ふべきものなり」(2)、と。まさしく世界的趨勢は「アンモニアが直接合成され、ば石灰窒素などをやつてゐるどころではない。どうしても合成法でなければならぬ」(3)という状勢であった。合成アンモニアは、水の電気分解による水素と窒素工場で分離された窒素とを「高温・高圧・触媒」の三条件の下で直接に合成するものであった。このアンモニアに硫酸を処理して硫安が生成される。日本で最初の合成アンモニア工場となったのは同社の延岡工場であり、一九二三年にその操業を開始してからも、二五年に第

表3-2　延岡工場における事業の多角的展開

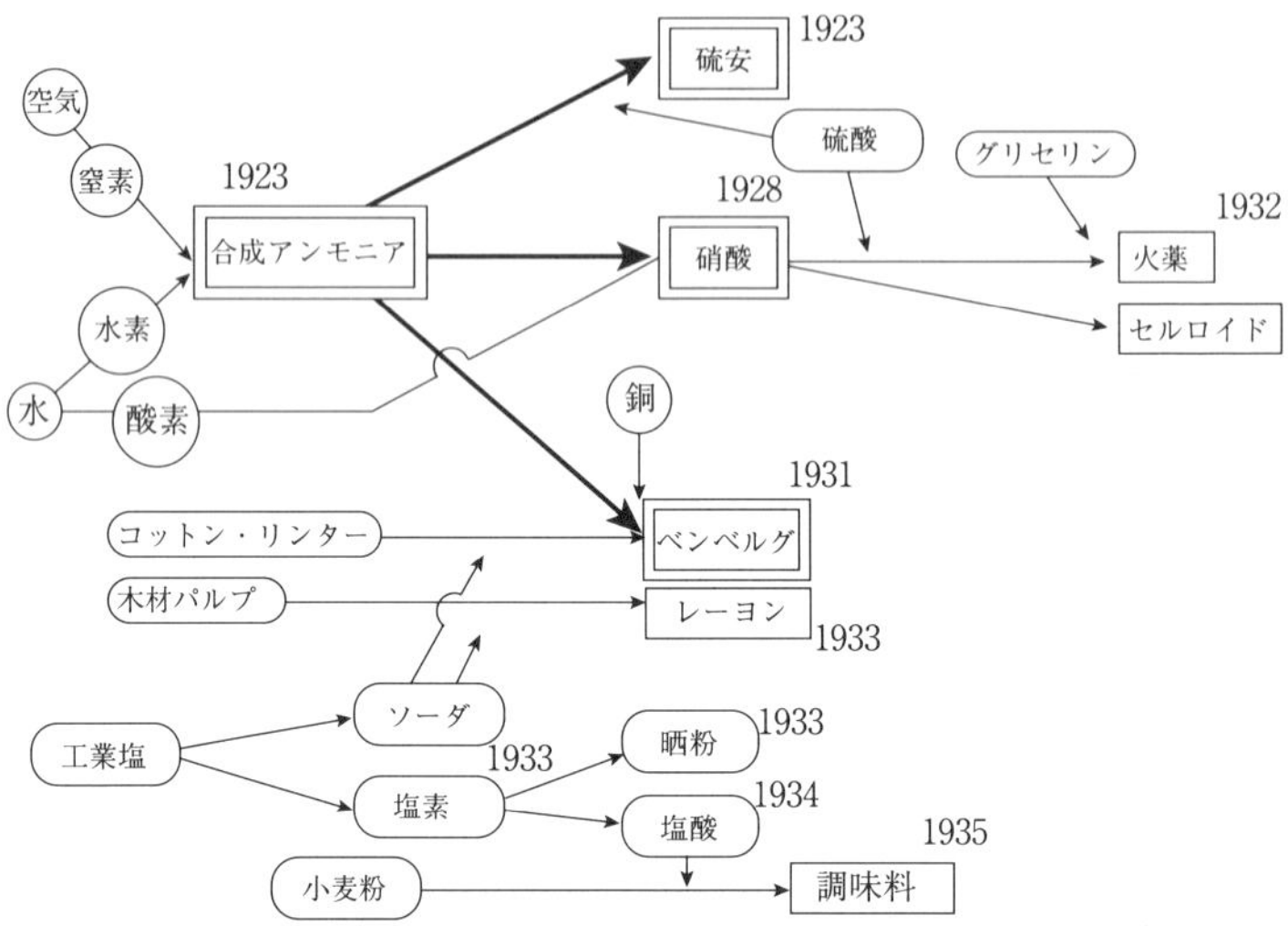

（出所）　筆者作成。

二期工事、二七年に第三期工事を完成させている(4)。また、二七年には、日本最大の変成硫安工場であった水俣工場も変成法から合成法へと転換した(5)。これ以降、日本窒素肥料は試行錯誤を経ながらも、この合成アンモニアを基軸製品として驚異的な製品の多角化をはじめることとなる。

すなわち、ほぼ一九三〇年代前半までには合成アンモニアを基軸とする多角的展開によって、化学肥料のほかにも各種の工業薬品、爆薬、油脂、化学繊維などに進出し、総合的な一大化学企業へと成長することができたのである。その意味で、同社の歴史にとってアンモニア合成法の採用は、たんなる硫安製造法の転換（変成から合成）だけにとどまらぬ一つの画期をなしていたといえよう。表3-2は、一例として延岡工場における製品の多角化を示している。「アンモニア合成法の成功は……当社をして肥料工業の一角より全化学工業の大分野にまで展開せしめ、当社の歴史に一大転期を画せる重大な意義を有するものであつた。当社が硫酸アンモニアの製造より進んで合成硝酸の製造、更にベンベルグ絹糸の製造等凡ゆる化学工業の領域に進出するに至つたのは之からである」(6)。具体的に一九三七年当時でみると、「当社の諸製品中アンモニアを原料とするものは約一五種類であつて全製品種目の約四分の一に及んで居り、且つ之を量的に見れば其の圧倒的大部分を占めてゐ(7)」たのである。

こうして延岡、水俣両工場が合成アンモニアの製造を軌道に乗せたことによって、必然的に電力需要が増大した。同社はそれまでほとんどの電力を自家水力発電所の建設によってまかない、事業を拡大してきた。それは、いわば「電源開発と化学工場建設のシーソーゲーム(8)」ともいわれた。野口が日本内地での電源開発に限界を感じて植民地朝鮮へと乗り出したのは一九二六年のことであり、赴戦江水系の開発および水力発電を目的とした朝鮮水電の設立にはじまる。それは、これまでの内地における電源開発とは比較にならないほどの大規模なスケールで展開されはじめた。赴戦江発電所は一九三二年までに第一から第四発電所までが相次いで竣工し、さらにその後も長津江、虚川江水系の開発、また鴨緑江の水豊ダム建設にまで展開されていった。この豊富かつ低廉な電力の活用によって、日本窒素肥料が植民地朝鮮（興南地区）において東洋一と謳われた一大化学コンビナートを、すなわち「百花繚乱たる化学工業の一大群落(9)」を建設したことはよく知られている。

（1）日本窒素肥料『日本窒素肥料事業大観』一九三七年、四五五頁。
（2）野口遵『工業上より見た空中窒素固定法』工業之日本社、一九一四年。
（3）前掲、『日本窒素肥料事業大観』、四五七～五八頁。
（4）延岡工場の発展については、たとえば市山幸作『化学工業―カザレー法アンモニア合成―』（自費出版）、一九八七年、など。
（5）鏡工場は、一九二六年に信濃電気との共同出資で設立した信越窒素肥料（直江津工場）、および大日本人造肥料へ設備などを移転売却して廃棄された。武岡孝治「鏡工場と信越窒素の回想」前掲『日本窒素史への証言』第九集、一九八〇年。
（6）前掲、『日本窒素肥料事業大観』、四二七頁。
（7）同前、七九頁。もっとも、日窒コンツェルン全体で肥料が売上収入に占める割合は三六年に五〇％、三九年でも四〇％に達していた。朝鮮窒素だけでみると、三六年で八五％、四〇年でも七〇％であった。七七頁。

（8）市川保明『市川誠次伝』文信堂、一九七四年、一二九頁。
（9）大石武夫「興南工場の終焉とソ連抑留」前掲『日本窒素史への証言』第二〇集、一九八三年、一一頁。

(2) 日窒コンツェルンの特色

以上は日本窒素肥料の創立と事業の展開についての概略であった。同社の場合、興味深いのは、これらの新規事業分野への進出に際して、あたかも「細胞分裂」するかのようにそれらを本体から子会社として分離（分社化）したことである。いわば、子会社による「多角経営における事業分野の分担」[1]であった。すなわち、水俣、延岡、興南の三大拠点にあった各事業所はつぎつぎと子会社化され、同社を親会社とする一つの企業グループへと転身しはじめたのである。たとえば、表3-3は一九三五年当時の子会社の一覧である。世にいわゆる「日窒コンツェルン」の形成であった。また、一九四一年の時点でみると、同グループの関係会社の数は四八社を数えるようになり、日本窒素肥料は自ら事業兼営の持株会社となってグループ全体を管轄したのである[2]。

ちなみに、一九三〇年代における膨張振りを払込資本金でみておくと、本体（日本窒素肥料）の方は一九三〇年には三九二五万円であったが、三五年には六七五〇万円、四〇年には二億円と増大した。また、日窒コンツェルン全体としては、三〇年の約八千万円であったものが、三五年に二億円近くに倍増し、さらに四〇年には約六億五千万円にまで膨れ上がっている。従業員数についても、コンツェルン全体で、三〇年の約一万人強だったものが、三五年には二万八千人に、四〇年には六万人を超えるまでとなっている。いずれも一〇年間で実に六倍以上にも増大したのである。

さて、数多くの子会社のうちでもっとも規模の大きかったのは、一九二七年に設立された朝鮮窒素肥料であった。同社は興南コンビナートの中心であり、「四〇万坪の敷地を占有する此の大工場は実に我国化学工業の王者とも云ふ

表3－3　1935年当時の日窒コンツェルン

企業名	公称資本金	払込資本金	日窒の持株率	株式投資分布	株式および貸付金分布	社長名	職員数	工員数
日本窒素肥料	千円 90,000	千円 67,500	—	—	—	野口　遵	人 315	人 1,567
朝鮮窒素肥料	60,000	60,000	% 99.9	% 56.69	% 50.6	野口　遵	582	7,116
旭ベンベルグ絹糸	46,000	32,500	73.7	24.16	20.2	野口　遵	473	19,062
長津江水電	20,000	5,000	99.8	4.72	15.3	野口　遵	157	409
朝鮮石炭工業	10,000	2,500	99.7	2.36	6.3	野口　遵	206	1,780
大豆化学工業	10,000	2,500	99.5	2.36	1.8	野口　遵	?	?
日窒鉱業	5,000	1,250	99.3	1.17	1.1	野口　遵	65	80
日本窒素火薬	1,000	250	96.0	0.23	4.1	野口　遵	57	1,034
朝鮮窒素火薬	1,000	250	96.5	0.23	0.2	野口　遵	41	639
日本マグネシウム金属	4,200	4,200	66.1	2.62	2.0	野口　遵	19	108
新興鉄道	800	640	95.6	0.58	0.4	野口　遵	168	408
日窒火薬販売	500	500	55.5	0.26	0.2	木戸正三	24	12
朝鮮マイト	100	50	70.0	0.05	0.02	大島英吉	24	34
朝鮮送電	15,000	3,750	6.7	0.24	1.1	野口　遵	34	103
日本水電	9,750	9,740	20.3	1.87	1.4	野口　遵	245	732
雄基電気	1,000	625	65.5	0.38	0.3	野口　遵	14	68
信越窒素肥料	5,000	5,000	40.0	1.89	1.4	小坂順造	?	?
東洋工業	2,000	2,000	10.1	0.19	0.1	松田重次郎	60	869
合　計	281,350	198,255		100.0	100.0			

（出所）『日本窒素肥料事業大観』、「日窒コンツェルンの解剖」『東洋経済新報』1935年8月10日、その他より作成。

べきもので、然もその使用機械は総て国産で我が国工業の精華の集まりであ[3]」った。また、同社は日本窒素肥料の朝鮮における別働隊であり、橋頭堡でもあった。当初の朝鮮窒素肥料の主力製品は硫安や燐安などの化学肥料であったが、のちには数多くの化学製品の生産に多角化していった[4]。

さて、この朝鮮窒素肥料が豊富低廉な電力を利用して化学肥料の生産をスタートさせたのは一九二九年のことであった。もちろん、「興南工場が完成すれば〔先行していた〕、延岡工場の硫安はもはやコスト的に太刀打ちができなくなる[5]」。そこで、延岡工場のアンモニアはしだいに硫安用からベンベルグ絹糸や爆薬などの製造に向けられるようになった。こうして、延岡工場は一九三一年には分離独立して延岡アンモニア絹糸となり、すでに設立されていた日本ベンベルグ絹糸や旭絹織とも糾合され、三三年には旭ベンベルグ絹糸となっている。また、一九三

表3－4　事業分野別の投資分布

事業分野	投資額（千円）	投資分布（千円）
肥料工業	134,294	46.9
人絹工業	66,559	23.2
電気事業	46,798	16.3
石炭乾溜	9,620	3.4
火薬工業	7,955	2.8
鉄道業	4,605	1.6
油脂工業	4,500	1.6
マグネシウム工業	4,207	1.5
製作工業	3,712	1.3
苛性曹達及大豆工業	2,500	0.9
鉱業	1,575	0.6
合計	286,325	100.0

（出所）「日窒コンツェルンの解剖」『東洋経済新報』1935年8月10日、28頁。

〇年には爆薬製造の専業企業として日本窒素火薬が設立されている。このように、これまで日本窒素肥料が手掛けてきた事業はつぎつぎと分社化され、コンツェルン内部における子会社間の分業体制が構築されはじめたのである。

さきの表3-3で示したように、一九三五年当時、日窒コンツェルンは日本窒素肥料を持株会社として一七の傘下子会社から成っていた。しかし、注意を要するのはこれら子会社はそれぞれ同等の比重を占めていたわけではなかったことである。たとえば、資本金でみると朝鮮窒素肥料と旭ベンベルグ絹糸の二社が子会社の中で圧倒的な比重を占めていた。これら二社に長津江水電など電力関係の子会社が続いていた。表3-4に示した事業分野別の投資分布でみても、肥料、人絹、電気事業の三分野だけで八六%を占めていた。

また、これら子会社の間には若干の株式持ち合い関係もあったものの、ほとんどは持株会社・日本窒素肥料を頂点とするピラミッド型のコンツェルンであった。表3-5は日本窒素肥料の株主を表しており、野口は筆頭株主としてピラミッドの頂点に君臨していた。彼はまた、さきの表でもみたように、大半の子会社の社長を兼ねており、「日窒コンツェルンは野口コンツェルンとも呼ばれてゐる様に、殆ど全く野口遵のコンツェルンであ」[6]った。それもそのはず、これら子会社の大半は日本窒素肥料の多角的展開の中から生み出された子会社であり、実際、それら子会社は実質的には親会社の諸事業をそれぞれに分担する一事業所にすぎないものが多かったのである。たとえば、「朝鮮窒素は今更述べる迄もなく当社〔日窒〕の子会社である。子会社と云ふよりは寧ろ一工場とみて差支へない程の関係だ」[7]。「日窒と朝窒とは別会社であるが、然しこれは単に表面の形式であつて、内容の同体であることは今更説明を要しま

表３−５　日本窒素肥料の株主

(1) 10大株主(1935年5月現在)

	株
1. 野口　遵	182,500
2. 興南殖産合資	137,500
3. 男爵岩崎久弥	59,000
4. 男爵近藤滋弥	36,900
5. 市川誠次	30,000
6. 中橋武一	30,000
7. 辰馬吉雄	24,000
8. 仁田貞夫	23,500
9. 広海二三郎	21,480
10. 東京海上火災	20,000
株主合計　7,324人	1,800,000

(2) 株主数の推移

	人		人		人
1910上	129	下	1,661	31上	2,217
下	157	21上	1,294	下	2,901
11上	160	下	1,204	32上	4,434
下	171	22上	1,139	下	4,967
12上	184	下	1,126	33上	6,216
下	204	23上	1,111	下	?
13上	234	下	1,092	34上	?
下	241	24上	1,105	下	?
14上	235	下	1,174	35上	7,324
下	235	25上	1,144	下	6,935
15上	237	下	1,151	36上	6,400
下	245	26上	1,143	下	6,388
16上	268	下	1,171	37上	6,984
下	340	27上	1,184	下	12,737
17上	361	下	1,381	38上	13,362
下	371	28上	1,626	下	13,539
18上	368	下	1,616	39上	?
下	381	29上	1,591	下	13,314
19上	385	下	1,600	40上	13,713
下	374	30上	1,863	下	14,550
20上	392	下	1,963		

(出所)「営業報告書」各年版より作成。
(備考) 興南殖産合資(資本金70万円)は野口が代表社員。

い[8]」。

『ダイヤモンド』は一九三八年に「日窒コンツェルンの解剖」という特集記事を載せていた。そこには、同コンツェルンの「他の追随を許さぬ強み」としてつぎの三点が挙げられていた。すなわち、㈠は「日窒今日の膨張が内部的発展に依つて齎されてゐると言ふ事……買収、合併等の資本的乃至政治的膨張でなく、事業内容の充実発展に依つて派生分解したものだから、その基礎は強固である」。㈡は「巨大且つ低廉な電力を抱く事……赴戦江並に長津江の二大水力は、どこでも真似られると言ふものでな」い。そして㈢は、「各仔会社が一心同体であり……その経営の中心は殆んど全部日窒にあり、野口社長に依つて統括されてゐる」ことが指摘されていた[9]。

ちなみに、表3-6は、一九三六年および四〇年における総資産額でみた鉱工業企業のランキングである。日本窒素肥料は、それぞれ五位

表3－6　鉱工業上位50社（総資産）

（単位：1,000円）

1936年下期			1940年下期		
順位	社名	総資産額	順位	社名	総資産額
1	日本製鉄	525,973	1	日本製鉄	1,242,321
2	王子製紙	344,682	2	三菱重工業	969,491
3	鐘淵紡績	261,336	3	王子製紙	562,088
4	三菱重工業	201,374	4	日立製作所	552,515
5	**日本窒素肥料**	197,677	5	日本鉱業	547,892
6	日本鉱業	181,218	6	**日本窒素肥料**	540,344
7	東洋紡績	172,089	7	鐘淵紡績	434,716
8	川崎造船所	166,613	8	東京芝浦電気	414,761
9	三井鉱山	153,832	9	三菱鉱業	407,555
10	大日本紡績	148,376	10	住友金属工業	380,200
11	三菱鉱業	145,500	11	昭和製鋼所	378,961
12	朝鮮窒素肥料	141,372	12	日本鋼管	324,017
13	日本石油	117,993	13	川崎重工業	306,616
14	大日本製糖	111,254	14	東洋紡績	284,444
15	台湾製糖	111,253	15	三井鉱山	283,604
16	大日本麦酒	106,794	16	本溪湖煤鉄公司	280,201
17	昭和製鋼所	103,886	17	大日本紡績	235,839
18	日本水産	97,875	18	日本曹達	234,754
19	明治製糖	95,140	19	神戸製鋼所	222,219
20	日本毛織	94,201	20	日産化学工業	212,353
21	浅野セメント	93,654	21	昭和電工	209,917
22	日本鋼管	91,209	22	朝鮮窒素肥料	206,873
23	塩水港製糖	90,235	23	日本水産	199,028
24	旭ベンベルグ絹糸	89,316	24	北海道炭礦汽船	190,487
25	北海道炭礦汽船	88,948	25	日本石油	170,791
26	日立製作所	81,412	26	三菱電機	164,994
27	大日本人造肥料	81,237	27	古河電気工業	159,964
28	富士瓦斯紡績	79,400	28	日本高周波重工業	159,956
29	日魯漁業	78,943	29	大日本製糖	158,706
30	住友金属工業	72,361	30	台湾製糖	158,186
31	日本電気工業	64,027	31	日本製鋼所	143,143
32	東京電気	60,235	32	明治製糖	140,906
33	片倉製糸紡績	58,975	33	ヂーゼル自動車工業	138,595
34	内外綿	57,246	34	日本軽金属	136,880
35	日清製粉	53,997	35	大日本麦酒	134,133
36	倉敷絹織	52,471	36	片倉製糸紡績	132,809
37	帝国人造絹糸	51,954	37	塩水港製糖	127,908
38	鶴見製鉄造船	51,017	38	浅野セメント	123,742
39	旭硝子	50,164	39	日本油脂	122,940
40	神戸製鋼所	48,555	40	呉羽紡績	122,124
41	古河電気工業	47,559	41	日本電気	121,831
42	小野田セメント製造	47,268	42	旭硝子	120,020
43	上海製造絹糸	45,860	43	ラサ工業	114,125
44	日本製粉	44,298	44	古河鉱業	113,382
45	電気化学工業	42,597	45	大阪鉄工所	106,032
46	倉敷紡績	40,715	46	満州軽金属製造	105,277
47	国産工業	39,174	47	日本毛織	105,187
48	芝浦製作所	38,524	48	住友鉱業	103,064
49	日清紡績	38,292	49	住友電気工業	101,484
50	東洋レーヨン	38,000	50	内外綿	101,315

（出所）　経営史学会編『日本経営史の基礎知識』有斐閣、2004年、408、410頁。

および六位に位置する大企業であったことがわかる。しかし、たとえば、三六年のランキングにはさらに朝鮮窒素肥料が一二位に、旭ベンベルグ絹糸が二四位に並んでいる。同表はあくまで個別の株式会社ごとに順位づけを行っているが、これまで見てきたように、これら二社は日本窒素肥料から分社化して誕生した、同社のいわば別働隊にすぎなかった。あるいは日窒コンツェルンの傘下企業にすぎなかった。そこで、これら二社を日本窒素肥料と合計すれば、同社は総資産額の二位に躍り出るのである。また、四〇年についても朝鮮窒素肥料（一二位）および旭ベンベルグ絹糸（五一位）を加えると、同社は日本製鉄および三菱重工業に次いで総資産額三位という大企業であったことになる。

それはともかく、傘下子会社が実質的には親会社の一事業所にすぎなかったという、このような日窒コンツェルンの事情は、主要子会社における社員の採用方式にも反映していた[10]。すなわち、主要な九子会社（朝窒、旭ベンベルグ、長津江水電、朝鮮石炭、大豆化学、日窒鉱業、日窒火薬、朝窒火薬、日本マグネシウム）においては、その社員および準社員はすべて日窒本社において一括採用され、それぞれの子会社へ出向するという形をとっていた。子会社が独自に採用できたのは現地採用の工員（傭員）のみで、工員から準社員への登用なども日窒本社で行われた。さらに、主要九社では必ずしも独立採算すら厳密に行われておらず、日窒本社の指令により配当金や給与の原資融通もなされていたという。このように、子会社の重要な経営管理機能のほとんどは親会社に集中されていたのである。

また、コンツェルン内においては分業関係による原材料や半製品などの緊密な流れも見出され、社員や技術者の異動・交流もさかんであった。たとえば、コンツェルン内での技術的一体性を象徴するものとして「技術会議」があった。これは、「日窒系諸工場（すなわち子会社）ノ主任（副長）以上ノ技術者ヲ以テ組織[11]」されたもので、一九三一年から四三年にかけて計一二回開かれている。「日本窒素関係の技術陣が一堂に会する技術会議は、延岡・水俣・朝鮮より関係者集合し、三者こもごも主催工場となり議事を行い、のち工場を見学して意見の交換、相互の進歩に間然するところがなかった[12]」、という。

コンツェルン内の子会社の技術者がこのように意見交換できたという事実こそは、とりもなおさず子会社間に技術的な一体性が存在したということを示していた。すなわち、日窒コンツェルンが全体として一つの有機的な事業統合体であり、その支配産業基盤が広い意味での「化学工業」に集約できることを如実に物語っていたのである。あるいは、このような一体性があればこそ、日本経済が戦時統制期へと移行するなかで、子会社の親会社への再吸収や子会社同士の間での統合再編などが円滑に行われえたといえよう。たとえば、一九四一年には朝鮮窒素肥料は親会社にふたたび吸収（いわゆる「内鮮一体」化）され、また四三年には旭ベンベルグと日窒火薬が合併して日窒化学工業（旭化成の前身）が誕生するなど、いずれも時局の変化に応じた日窒本体の経営政策のもとに、離合集散を続けたのである。このようにして、いわゆる五つの「新興コンツェルン」のなかで、日窒コンツェルンは敗戦時にいたるまでしたたかに事業活動を続行したのである。(13)

（1） 田杉競「日本の工業化と新興コンツェルン」『科学主義工業』一九三八年六月号、一九四頁。
（2） 「日窒はそれ自体として硫安会社であるが、然しそれよりも寧ろ持株会社である」（三宅晴輝『新興コンツェルン読本』春秋社、一九三七年、七五頁）。
（3） 前掲、『日本窒素肥料事業大観』、四七五頁。興南工場の世界的スケールについては、『化学工業（興南工場特集）』一九五一年一月号、を参照。「日本窒素の朝鮮における事業は、ほとんどすべてが内地の工場規模から見れば桁違いに大きないわゆる日窒式の巨大なものである」（白石宗城「興南工場の概説」同上、三二頁）。
（4） 「日本窒素の興味、それは多角経営化に向つて進みつゝあることだ。当社の多角経営策をみると、当社の最大投資会社たる朝鮮窒素をして小規模に研究的経営を行はしめたものを分離独立するのと、当社自身新たに着手するのと二方法をとつてをる」（『東洋経済新報』一九三五年四月六日、三〇頁）。
（5） 吉岡喜一『野口遵』フジ・インターナショナル・コンサルタント出版部、一九六二年、一一三頁。「当社は、朝鮮に大硫安工場の建設を機として、内地の硫安工場を可及的に化学工場へ転換させた。即ち、水俣工場に於て醋酸、延岡工場の硝酸製造がそれで、硫安の生産を減じて、電力を化学工業に振り向け……それが大に当つて、利益を増加するに至つた」(『ダイヤモンド』一九三三年五月二一日、六一頁)。
(6) 三宅晴輝『新興コンツェルン読本』春秋社、一九三七年、七四頁。
(7) 『ダイヤモンド』一九三四年一月一日、二一五頁。
(8) 同前、一九三五年一月一日、二五二頁。
(9) 同前、一九三八年七月一日、九八頁。
(10) 以下は、日窒OBの福島強二、植木善三郎、鎌田正二の各氏からの聞き取りによる。
(11) 旭化成『薬品部三〇年史』一九五四年、四五頁。
(12) 同前、四四頁。
(13) 「朝鮮で事業を拡張したことが、日窒の資本蓄積に極めて重要な役割をはたした。さらにそのことが、後の四〇年代日本全体の化学工業が衰退過程にはいった時期においても、日窒の事業と収益を支える基礎となっていた」。「このような点から……この期の日窒を他のいわゆる〈新興財閥〉と同次元で崩壊過程にあると把握することは適当でない」(堀和生「戦時体制期の化学工業—日窒コンツェルンを中心に—」下谷政弘編『戦時経済と日本企業』昭和堂、一九九〇年、九三および九四頁)。

3　その他の新興コンツェルン群

以上は、いわゆる「新興コンツェルン」の代表的な事例として日窒コンツェルンの概要を見た。しかし、一九三〇年代の日本経済を舞台に「彗星の如くに」登場した新興コンツェルンは、いわゆる五つのグループだけに限らなかった。その他にもさまざまな新興コンツェルンが登場したのである。(1) 以下では、それらの内からいくつかのケースを取り上げて具体的に見ていくことにしよう。

（1）「もちろん、コンツェルンを作る場合の当事者の目的は千差万別だ。砂糖会社（例へば明治製糖や大日本製糖）のやうに配当制限で処分のしやうのない蓄積利益が現ナマで唸つてゐるので、〈やむを得ず〉いろいろな、砂糖とは余り関係のない事業に投資してコンツェルンを作るといふのもある。紡績会社のやうに、本来の事業が大縮減されたので、余儀なく重工業その他に進出してコンツェルンを拵えるといふのもある」（岩井良太郎「コンツェルン形態論」『科学主義工業』一九四〇年三月号、一五七頁）。

(1) 明治製糖コンツェルン

まず、明治製糖コンツェルンのケースからはじめよう。「明治製糖は多くの傍系事業を抱擁してをる。この点既に同業砂糖会社の内で一つの異色とするに足る」[1]。

同コンツェルンの中核会社である明治製糖が創立されたのは日露戦後の一九〇六年のことであった[2]。それよりも前、日清戦争後の一八九五年からはじまった台湾の植民地化政策は、企業家たちに製糖事業への進出の機会をもたらした。とくに、一九〇〇年には益田孝、鈴木藤三郎らの肝いりによって台湾製糖が設立されていた。同社は総督府による保護政策や三井財閥の資金的な後ろ盾を得て、さまざまな障害を克服しながら経営を軌道に乗せた。製品販売も三井物産に委託された。この台湾製糖の企業的成功を横に見て、その後に、明治製糖をはじめとするいくつかの製糖企業の設立が続いたのである。

さて、日露戦後ブームを背景として一九〇六年にスタートした明治製糖は、台湾における甘蔗糖業の成功によって創立後わずか一〇年間で事業の基礎を確立した。その後、続く一〇年間には精糖事業、製菓事業、乳業などへも進出し、また南洋でのゴム事業や北海道での甜菜糖事業なども開始した。さらに、その後の一九三〇年代になると、世間からいわゆる「〈大明治〉王国」とも呼ばれるほどの発展ぶりをみせたのである。すなわち、「この王国の営む事業は今日単なる砂糖事業ではなしに製菓に乳製品に食品缶詰に乃至は護謨工業に次から次へと羽翼を拡げ、我が砂糖会社の内唯一の多角経営を特色とする会社となった」[3]。同社の戦前期における発展は、このように創立時からの基礎確立時代、そして自己膨張時代（一九一七～一九二七）、さらに発展拡充時代（一九二八～一九四五）に分けられるが、「この間に大明治はコンツェルンの形態を整へた」[4]のである。

ちなみに、一九三〇年代後半における明治製糖の製糖事業について見ておくと、日本内地および台南・台中を中心に精糖工場四、粗糖・白糖工場七、角糖工場三、甜菜糖工場二などを擁しており、「日本糖業に於ける位置より云へば粗糖額は台湾〔製糖〕、大日本糖に次で第三位に位し、精糖は大日本糖に次で第二位、甜菜糖業は北海道製糖と業界を二分する状態」であった[5]。しかし、同社の特色はむしろそこからの関連事業への展開にこそあった。

すなわち、「昭和七、八年ごろから、砂糖市況の好転と生産拡大によって主要製糖会社の業績はいちじるしく向上……大手企業の間には増大した蓄積資本を製糖以外の事業へも投下する傾向が強まった。そうした方向を最も早くから積極的に押し進めていたのは明治製糖である」。「昭和一〇年ごろには、明治製糖は砂糖を中心として一大コンツェルンを形成するにいたった」[6]。表3-7は、いわゆる「明治製糖コンツェルン」を構成する企業群を一覧したものである。それらの社名からもわかるように、同コンツェルンの事業は製糖事業に加えて、製菓事業およびゴム事業を中心としていた。しかも、「これらの事業は親会社明糖を根幹にして、それぐ〳〵脈絡連鎖の関係におかれてゐる」[7]たのである。「明治製糖は確かに経営多角化を誇り得る会社である。その経営多角化振りは独り我が糖界随一であるばかりでなく、我が事業界に於る一つの代表的立場を採るもの」[8]であった。また、当初から海外展開においてもさかんな動きを見せていた。

また、同表をみると、傘下企業の多くが一九三〇年代に設立、あるいはその傘下に取り込まれたことがわかる。つまり、「これら〔子会社〕は概ね昭和八年から同一一、一二年にかけて創立、支配、または提携の事蹟が示されたもの、みである。そして、その経営主体は明糖自らか明治製菓か、或は明糖、明菓の親子連繋かの何れかであるが、併

表3－7　明治製糖コンツェルンの構成企業

明治製糖	1906設立	
明治製菓	1916大正製菓、17東京製菓と合併、24明治製菓と改称	
樺太製糖	35王子との共同出資（62％）	
朝日牛乳	27帝国ミルクプラント発足、32買収、33朝日牛乳と改称	
極東煉乳	17発足、35傘下に（70％超）、40明治乳業	
河西鉄道	24設立	
スマトラ興業	18設立	37昭和護謨
明治護謨工業	33設立	37昭和護謨
明治商店	20設立、42明治商事と改称	
明治農業工業	37設立、37明治製糖に吸収	
山越工場	1899発足、38傘下に、43山越機械と改称	
南投軽鉄	14発足、36傘下に	
三田土ゴム製造	1886土谷護謨製造所発足、36傘下に、45昭和護謨に吸収	
北陸製乳	12金沢製乳発足、13北陸製乳と改称、37傘下に	
日本再生ゴム	34発足、37傘下に	
明治食品	36設立	
大島煉乳	37東京湾汽船との共同出資	
広島牛乳	37設立	
神津牧場	1892発足、36傘下に	
極東農場	18発足、36傘下に	
特殊製油	40発足、41傘下に	
明治薬品工業	45設立	
海外拓殖	24設立、42朝鮮明治乳業	
満洲明治製菓	39設立	42満洲明治産業
満洲明治牛乳	38設立	40（満洲明治製菓へ）→42満洲明治産業
満洲乳業	40設立	40（満洲明治製菓へ）→42満洲明治産業
華北畜産	43明菓・明乳・明商の共同出資、43華北明治産業	
明華糖廠	24設立、39明華産業に改称	42上海明治産業
上海昭和護謨	40設立	42上海明治産業
南京乳業	42設立	42上海明治産業
上海乳業	42設立	

（出所）『明治製糖株式会社30年史』、『製糖コンツェルン読本』などにより作成。

し、それは単に運営の便宜上からのことで、資本的には全部が全部親会社明治製糖に源を発[9]していた。しかも、「明糖コンツェルンの事業運営は無論中枢機関としての明治製糖を中心に行はれるが、然し親〔会社〕明糖は寧ろ最高指導機関、金融機関としての役割りを果たし、実際の企業運営は明治製菓と昭和護謨を主役として当らせる」こととなっていた。すなわち、「前者は菓子、乳製品、食品缶詰を一連とする砂糖系統の事業を統括し、後者は護謨事業の栽培、加工、再生を一連とする一貫経営を統制せしめる組織である。従つて、これら二中心はそれ〴〵自系統に属する傍系事業を統括経営することになるのである」[10]。このようにして、「〈原料から全製品〉への一貫作業は明糖の経営者が多年の念願とするところであつた」[11]のであり、それは、以上のようなコンツェルン体制を構築することによってこそ実現されたのである。

明治製糖を親会社として形成されたこの一大企業グループ「明糖コンツェルン」は、一九三〇年代に登場した数多くの新興コンツェルンのうちの一つの事例にすぎない。同グループは、いわゆる「新興コンツェルン」の典型の一つとして数え上げても遜色はなく、実際に当時の論調もまた同グループを新興コンツェルンの一つに数え上げていたのである。しかし、これまでの新興コンツェルン研究においては、同コンツェルンを積極的に位置づけようとしたものはほとんどなかった。これまで見てきたことからも明らかなように、これを新興コンツェルンに含めないわけにはいかないであろう。同コンツェルンはなぜ五つの「新興コンツェルン」に入らなかったのであろうか。それは、「直系・傍系又は関係会社の多くを持ち所謂〈大明治〉なる一大コンツェルンの形態を備ふるに至つたのであるが、其の経営振りが〔五つの「新興コンツェルン」に比して〕余りにも地味で、鳴かず飛ばずであるがために目立たぬだけだ(12)」ったにすぎないのである。

(1)『東洋経済新報』一九三四年三月一七日、三七頁。
(2)明治製糖については、明治製糖『明治製糖株式会社三〇年史』一九三六年、小野文英『製糖コンツェルン読本』春秋社、一九三八年、明治製菓『明治製菓の歩み』一九六八年、明治乳業『明治乳業五〇年史』一九六九年、など。
(3)小野、前掲書、二四頁。
(4)同前、三〇頁。
(5)同前、三五～三六頁。ちなみに、当時、同社の資本金は四八〇〇万円、株主数は一九三五年に六八七六名であった。前掲、『三〇年史』、八四頁。
(6)糖業協会編『近代日本糖業史(下)』勁草書房、一九九七年、二五四頁および二五八頁。
(7)前掲、『製糖コンツェルン読本』、四三頁。
(8)『東洋経済新報』一九三七年六月二六日、一四一頁。
(9)前掲、『製糖コンツェルン読本』、三一頁。

(10) 同前、一〇七頁。
(11) 『東洋経済新報』一九三七年六月二六日、一四二頁。
(12) 前掲、『製糖コンツェルン読本』、四二頁。

(2) 松下電器コンツェルン

つぎに松下電器コンツェルンのケースを見よう。(1) 同コンツェルンは一九三〇年代の後半、世間からは「松下産業団」とも呼ばれていた。

松下電器産業の前身である松下電気器具製作所が大阪に誕生したのは第一次大戦ブームのなか、一九一八年のことであった。創立時の「作業場は二階建の借家の階下三室を改造したもので、設備らしいものといえば……小型のプレスが二台あるだけ」であり、また「人手は所主松下幸之助と夫人、義弟の三人だけ(2)」であった。つまり、最初は配線器具などを製造するごく零細な町工場にすぎなかった。しかしながら、その後、同製作所は独創的な新製品(配線器具、自転車ランプ、キーソケット、電熱器など)の相次ぐ開発によって、あるいは幸之助の独特の「積極販売戦略」の展開によって、一九二〇年代の不況期にも成長を続けた。その結果、早くも二八年末には販売月額一〇万円を突破し、従業員数も三〇〇人を超えるようになっている。二九年には松下電器製作所とその名を改め、未だ個人企業ながらも同年末までには七工場を抱えるまでに急成長を遂げたのである。さらには、一九三〇年代の初頭になるとラジオや乾電池部門へも積極的に進出、一九三〇年代初頭の昭和恐慌期の苦難を切り抜けて、三二年には「松下電器の真使命」を宣言し新たな飛躍期に入ることとなる。「創業以来一四年……店員二〇〇余人、工員一〇〇〇人を数え……事業分野も配線器具、電熱器、ランプ・乾電池、ラジオの四部門で二〇〇余種の製造品目を持ち、一〇ケ所の工場、子会社、全国五ケ所の支店・出張所による販売網は年間三〇〇万円の製品を生産販売する事業体に成長(3)」したのである。

さて、その後の同製作所について注目すべきなのは、折しも昭和恐慌期からの景気回復のプロセスのなかで、一九三三年、同製作所がまったく先駆的にいわゆる「事業部制」を導入したことである。すなわち、表3-8に示したように、それまでの多くの工場を、第一事業部（ラジオ）、第二事業部（乾電池・ランプ）、第三事業部（配線器具・電熱

表3-8　事業部制から分社制へ

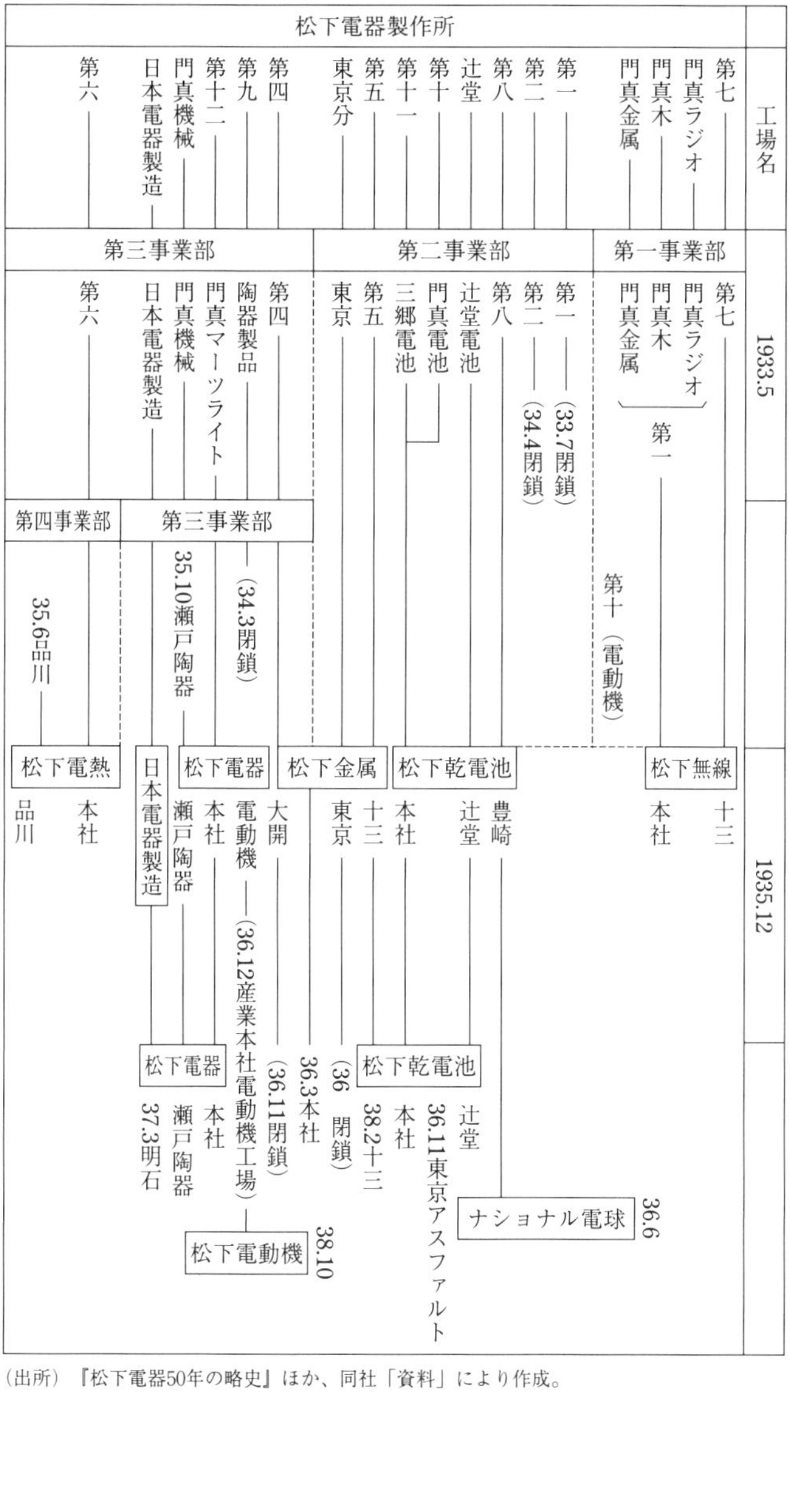

（出所）『松下電器50年の略史』ほか、同社「資料」により作成。

器）の三事業部に整理再編したのであり、翌年には電熱器部門が独立して第四事業部となった。これらの「各事業部は翼下に工場と出張所をそれぞれ持って、製品の開発から生産・販売・収支までを一貫して担当する独立採算の事業体となった」(4)のである。「各事業部は新組織の根幹をなすもので、製品種別によって縦断的統制を計り、之に依って各専門的製品に対する製造・配給・企画の一貫的事務」(5)を行うこととなった。当時は、大企業といえどもまだ事業部制を導入する事例がまったく見当たらないなかで、同製作所は多角化によって増大した製品（工場）を製品系列ごとに整理再編し、いち早く四つの事業単位から成る事業部制企業へと転身したのである。

とはいえ、それは短期間に終った。一九三五年には、同製作所はそれまでの個人企業から株式会社（松下電器産業）へと改組するが、それと同時に四つの事業部はそれぞれ子会社（株式会社）として分社化されることとなったからである。たとえば、同表にみたように、第一事業部は松下無線に、第二事業部は松下乾電池および松下金属に、第三事業部は松下電器に、第四事業部は松下電熱に、それぞれ株式会社として分社化された。同社のいう「分社制」のスタートであり、「各分社はこれまでの事業部制のときよりも一層徹底した自主責任経営の立場で生産販売を行うことになった」(6)のである。

他方、すべての事業部門を分社化してしまい「ぬけがら」となった本社の方は、人事や経理の面で各分社を管理する持株会社の役割を担うこととなり、同グループの内部では「産業本社」と呼ばれるようになった。また、同社は、これらの四事業部を分社化しただけにとどまらず、それを契機にその後にも数多くの事業単位をつぎつぎと分社化しはじめた。あるいは既存の企業を傘下に取り込みながら、傘下に数多くの子会社を抱えるようになったのである。三〇年代末からは満洲や朝鮮、台湾への進出もさかんとなり、現地子会社の設立も続いた。こうして、製造関連、販売関連の多数の子会社を抱え込んだ同グループは、戦時経済の末期には軍部からの慫慂に応える形で造船や飛行機の製造子会社まで設立したのである(7)。表3-9は、この一大企業グループの傘下にあった子会社の一覧である。当時の

表3－9　「松下産業団」の分社

分社名	設立年	資本金	営業内容（製品）	（前身）　備　考
松下無線	35.12	500万円	ラジオ、同部品	第1事業部　44.11 本社に吸収
松下乾電池	35.12	500	乾電池、ランプ	第2事業部　44.11 本社に吸収
松下電器	35.12	200	配線器具	第3事業部　43. 8 松下航空工業
松下電熱	35.12	200	電熱器具	第4事業部　41. 5 松下電気工業に吸収
松下金属	35.12	60	金属部品	第2事業部
松下電器直売	35.12	10	官公庁・企業向販売	東京特売部　37. 7 解散
(日本電器製造)	29. 5	10	樹脂製品	日本電器製造　37. 3 松下電器に吸収
松下電器貿易	35. 8	30	輸出入	輸出部
松和電器商事	35. 8	100	提携会社製品の販売	朝日乾電池・岡田電気商会と提携　38.11 松下電器商事
松下製品配給	35.11	10	台湾における販売	もと台湾配給所（小林商店）
ナショナル満俺精錬所	36. 2	5	乾電池用原料	辻中商店と提携、37. 2 ナショナル満俺、40. 6 松下鉱業
朝日乾電池	36. 3*	?	乾電池	設立年？　42.12 松下乾電池に吸収
ナショナル電球	36. 6	10	電球	42. 4 本社に吸収
松下電器製品配給	37. 2	?	北海道における販売	もと北海道配給所（宮本商店）
ナショナル蓄電器	38. 6*	100	蓄電池	設立35. 2 岡田電気商会と共同出資、43. 8 松下蓄電池製造、44. 11 本社に吸収
松下電器東京販売	38. 6	48	東京地方における販売	42. 1 東京松下電業、43.12 本社に吸収
満洲松下電器	38. 9	100	満洲における販売	松下電器貿易より分離
松下電動機	38.10	100	小型電動機	41. 5 松下電気工業、44.11 本社に吸収
天津松下乾電池	38.11	?	販売	41. 7 松下電器貿易に吸収
浪華製罐所	39. 1*	12	乾電池用原料	設立　37.10、40. 3 ナショナル工業、42. 4 本社に吸収
松下食堂	39. 8	3	従業員福利	40. 5 松下電器従業員厚生会
松下電器九州販売	39. 8	15	九州における販売	42. 3 九州松下電業、43.12 本社に吸収
九州松下商事	39.12	5	九州における特販	42. 3 九州松下電業に吸収
松下電業（上海）	40. 4	50	乾電池	もと松下乾電池上海工場
日東硝子	40. 8	10	電球用ガラス	43. 2 日東電硝工業
松下特殊電球	40.10	15	特殊電球	42. 4 本社に吸収
ビームライト製作所	41. 2	30	ビームライト	
西鮮電器共販	41. 4	18	販売	
中鮮電器共販	41. 5	18	販売	
扶桑電球	41. 5*	25	電球	39. 9 設立、42. 4 本社に吸収
朝鮮ナショナル電球	41. 6	14	電球	43. 4 朝鮮松下電球、44.12 朝鮮松下電器
北鮮電器共販	41.11	18	販売	
朝鮮松下乾電池	41.12	50	乾電池	44.12 朝鮮松下電器
名古屋松下電業	42. 3	100	中部・北陸地区における販売	もと松下電器商事名古屋出張所　43.12 本社に吸収
九州乾電池	42. 3	?	乾電池	もと東邦化学研究所、43.10 松下乾電池に吸収
南鮮電器共販	42. 3	18	販売	
朝鮮松下無線	42. 7	100	ラジオ、無線機	44.12 朝鮮松下電器
松下農園	42. 9	5	農場	
台湾松下無線	42.10	50	ラジオ、無線機	44. 9 閉鎖
満洲無線工業	42.10	250	ラジオ、無線機	同業4社と共同出資
松下造船	43. 4	1000	木造船	
松下木材	43. 8*	1000	木材	もと津別単板工場、設立25年
松下飛行機	43.10	3000	木製練習爆撃機	
三志満木材工業	43.11	?	木材	設立年？
箕浦重工業	44. 2*	37	工作機械	設立年？　45. 2 双葉機械
北方製作所	44. 2*	35	工作機械	設立年？

（出所）　松下電器産業関係の諸資料より作成。
（備考）　*印は「分社」としての編入年。資本金は設立（編入）当時のもの。

人々は新生の同コンツェルンを「松下産業団」と呼び習わした。

以上の分社化について、幸之助は次のように述べていた。すなわち、「本社の外分社をいくつもこしらへることは経済上有利ではなく又税金なども非常に高くなるにも拘らず敢へて多くの分社に分けました事は、私としては大きな考へがあつたからであります。私は常に多くの人に仕事をして貰ふには出来る丈け其の部署々々にある人の力を生かして貰ひ度いと考へて居ります……松下では各分社の人々に思ふ存分に働いて頂きたいと考へたのであります」(8)。いうまでもなく、子会社の設立とはそのまま同社の組織において事業経営の分権化を進展させることであった。同社は分社制への移行と同時に、「松下電器組織及内規」や「経理事務処理準則」などを作成し、産業本社と分社との間の関係について細かく定めている。それらによれば、組織を分権化する一方で、産業本社は人事や経理などを通じて分社の管理権限の一切を掌握していたことがわかる。すなわち、それらの分社は産業本社の完全管理下におかれ、グループの全体は一個の有機的な事業経営体として運営されていたのである。あるいは、一つの組織体をいくつかの「分社」に分割したうえで、あらためて「企業グループ」として統括しなおしていたといってもよかった。

ところで、一九三〇年代に登場した多くの新興コンツェルンは、親会社の事業（「本業」）を中心として有機的な企業グループを形成した。したがって、それらの場合、親会社は自ら事業を兼営する事業持株会社であった。それに対して、松下産業団の場合、産業本社はすべての事業部門を分社化したのであり、「純粋持株会社」の形態をとっていたのが特徴的であった。表3-10に示したように、松下電器製作所の時代（一九三五年当時）にはまだ六〇九名いた本社社員（当時は「店員」と呼ばれた）は、それぞれの分社へと分散配属されてしまった結果、三六年五月には一〇八名だけとなった。また、二九〇一名いた工員はゼロとなっている。

しかし、事業経営の分権化を目的に旺盛な分社化を展開してきた同グループは、戦争経済が進展していく中で、いったん子会社に分権化した「機能」をふたたび本社へ回収する動きをみせはじめたのである。その手始めが一九三九年、主要四分社（松下無線、松下乾電池、松下電器、松下電熱）にそれぞれ付与されていた販売機能を産業本社の内部に設けた「販売部」へと統合収斂させることであった。すなわち、「物動計画の改変に依つて今後生産部門・販売部門等に対して益々強力なる統制が予測され」たため、「戦時経済体制下に於ける即応策」として「一元的配給機構を確立せしむ可き要あり」というものであった。この結果として、産業本社は自ら販売事業を内部に抱える事業持株会社へと転換した。他方で、これらの四「分社は只管資材の入手と優秀品の製作に専念する事」(9)となったのである。

表3-10　松下産業団の従業員数

年月	産業本社			分　社			総　計
	社(店)員	工員	計	社(店)員	工員	計	
1935.11	609	2,901	3,510	—	—	—	3,510
36. 5	108	0	108	?	?	?	
37. 9	137	65	202	?	?	?	
38. 8	158	141	299	1,076	4,685	5,761	6,060
39. 7	127	0	127	1,532	6,571	8,103	8,230
40. 8	306	0	306	1,505	8,143	9,648	9,954
41. 8	367	0	367	1,767	9,756	11,523	11,890
44.12	(社員4,880、工員25,095〈男16,478、女8,617〉)						29,975
45. 2	3,170	13,680	16,850	3,680	17,560	21,240	38,090
		男 7,530			男11,770		
		女 6,150			女 5,790		

（出所）　松下電器産業「業容書」各年版より作成。

　さらに四〇年代に入ると、分権化されていた「機能」の回収だけにとどまらず、「分社」そのものの産業本社への再吸収がスタートしはじめた。たとえば、四二年には電球関連の四分社が、また四三年には販売関連の三分社などが相次いで産業本社に統合された。さらには、四四年には主要な製造会社であった松下無線、松下乾電池、松下電気工業、松下蓄電池などの分社も、「各個独立経営にもとづく重複から生ずる無駄の排除と、人員の適正配置、統制ある一貫生産による経営の効率化を図る」(10)ことを目的に、ふたたび産業本社に取り込まれたのである。そして、その結果が、四四年一一月の大幅な組織変更、いわゆる「製造所制」の実施であった。直接に管轄されることとなった主要分社はそれぞれ産業本社の「製造所」として再編されたのである。

　このように、いったん純粋持株会社としてスタートした松下電器産業

表3-11　松下産業団の分社数の推移

年	設立数	消滅数	当年分社数	年	設立数	消滅数	当年分社数
29	2	0	2	38	5	0	17
1930	1	0	3	39	4	0	21
31	0	2	1	1940	3	0	24
32	0	0	1	41	7	2	29
33	0	0	1	42	7	6	30
34	0	0	1	43	4	4	30
35	9	0	10	44	2	7	25
36	3	0	13	(45)	0	0	25
37	1	2	12	計	48	23	

（出所）　松下電器産業『松下電器50年の略史』、『松下電器社史資料』、「松下電器所内新聞」、「松下電器社内新聞」などにより作成。
（備考）　各年末現在。単なる社名変更は含まない。分社の内には吸収統合されたものがある。

は、戦時経済のなかで直接に多数の事業を管轄する事業持株会社へと転じたのである。多数の分社を再吸収した結果、同社の資本金は一挙に四六〇〇万円に増大した。また、その営業目的（定款）の内容も当然ながら大きくふくれあがったのである。(11)

表3-11は、敗戦時までの松下産業団の子会社数の推移を示している。一九三〇年代の後半から企業グループ化を開始した同コンツェルンは合計四八社の子会社を設立したこと、また、以上見てきたように、四〇年代の戦時経済のなかでは子会社の産業本社への再吸収、あるいは子会社同士の統合が行われたことなどがわかる。いうまでもなく、このことは「松下産業団」という新興コンツェルンの戦時統制経済下における再編成を意味していたのである。

(1)　同コンツェルンについては、下谷政弘『松下グループの歴史と構造』有斐閣、一九九八年。
(2)　松下電器産業『松下電器五〇年の略史』、一九六八年、三九頁。
(3)　松下電工『松下電工六〇年史』一九七八年、一二頁。
(4)　同前。
(5)　「松下電器関係資料」。
(6)　前掲、『松下電器五〇年の略史』、一三八頁。
(7)　「松下産業団は、近時顕著なる発展を遂げつゝある。殊に大東亜戦を契機とする最近二年半の膨張振りは注目に値する。即ち一七年四月松下造船の設立に亜いで、一八年一〇月には松下飛行機の創立を見た」（『東洋経済新報』一九四四年六月二四日、一四頁）。

（8）「松下電器社内新聞」一九三六年五月二五日。

（9）同前、一九三九年一〇月三〇日、一二月二五日。

（10）松下電器産業『創業三五年史』一九五三年、七一頁。また、「この様な転換を直接促したのは、戦時における資材・人員の不足を前提にした集中的コントロールの必要であった」（岡本康雄編『わが国家電産業における企業行動——松下電器の実態分析——』〔非売品〕、一九七三年、六八頁）。

（11）ちなみに、「営業目的」は次のように変更された。「（一）無線電信電話機、電波機器並ニ同部品ノ製作販売、（二）各種電球及真空管ノ製造販売、（三）各種電気機械及各種電池ノ製造販売、（四）電解金属満俺《マンガン》及各種満俺製品ノ製造販売、（五）黒鉛、満俺及鋳物材料ノ採掘精錬並ニ販売、（六）電極及各種炭素製品ノ製造販売、（七）金属加工品ノ製造販売、（八）関係事業ニ対スル投資及融資、（九）前各項ニ関連スル一切ノ業務」（松下電器産業「第一三期営業報告書」〔一九四四年度下期〕）。

(3)　池貝コンツェルン

「われ〳〵は茲に新興コンツェルンの一ツとして〈池貝鉄工とその仔会社〉を採り上げる……端的に言へば、〈池貝〉には其の本来の企業池貝鉄工を中心にして、いま企業形態に革命が起りつゝある。即ち、企業体制に再編制が行はれつゝある[1]」。

池貝コンツェルンの中核会社は池貝鉄工所である。同鉄工所が東京芝区にささやかな町工場として誕生したのは一八八九年のことであった[2]。創立者の池貝庄太郎は田中久重工場（芝浦製作所の前身）に勤めていた一旋盤技師であった。「創立匆々特記すべきことは、同年末、池貝氏の手によつて製作せられた自家用英式九呎旋盤二台の完成であつて、これこそ池貝鉄工所製旋盤第一号であるのみならず、現存する国産工作機械の最古のもので[3]」ある。

その後の同鉄工所は日清戦争の勃発を機に軍部・軍工廠から多数の兵器類加工の注文を受けるようになり、また各種のエンジンや巻煙草製造機械などの製作によっても声価を高めた。とくに、「日清戦役によつて工場の設備上にも業務上にも一大躍進を遂げた池貝工場は、最早や昔日の渺たる町工場ではなく、工作機械の上で頓に長足の進歩を遂げた米国の優秀精巧な新式機械を率先して採り入れ、将に進展の機運に向はんとする我が国の業界をリードして、之に一定の方向と目標とを与えた最新鋭の先進工場の地位を確保するに至つた」(4)のである。

さらに、「我が国にとつて乾坤一擲の日露戦争」においてもまた、同鉄工所は「陸軍工廠より各種の軍需品の製作下命を受け、六十余名の全従業員が昼夜兼行の努力を傾けて軍国銃後の事に従」った。日露「戦後は軍部の註文に追はれ多忙を極める一方、……我が工業界の躍進は工作機械の需要を激増せしめたので……此機運に際し、英米式の特長を採り之を折衷して我が国情に適合せしめた池貝式旋盤を製作して之を世に問うた。世に所謂〈アヒノコ〉盤と呼ばれ、作業上頗る便利なので、今日に至るまで盛んに使用せられてゐる」(5)。

こうして、同鉄工所は日清・日露戦争の機会を捉えて基礎を固めながら、この間、事業の拡大とともに工場をたび移転・拡張しながら発展の一途をたどったのである。組織の上においても、一九〇六年には千葉松兵衛らの事業と合流して(6)合資会社となり、さらに一九一三年には株式会社に転換した。

株式会社に転換した翌年、第一次大戦の勃発は、同鉄工所の発展にさらに大きな影響を与えることとなった。すなわち、「輸入が杜絶したのみならず、逆に欧州各国向けの輸出が日を逐うて盛となる勢を醸成し、機械方面に於ても世界市場への日本製品の進出が目覚ましい活躍を示すに至つた。我が池貝鉄工所発展の歴史の上にも、此の世界大戦は忘る可からざる重大意義を持つ。……陸海軍よりの下命による各種旋盤その他の軍用機械数千台を始めとして、世界工作機械の宗本家たる英本国よりの註文に応じて日本製機械の世界市場進出の先鞭となつた池貝式旋盤五台の輸出、ロシア政府の註文に応じた旋盤二百数十台並にガソリン・エンジン五百八十五台の輸出等、国産工業の真価を発揮して世界市場に万丈の気を吐いた」(7)からである。一九一三年に株式会社に転換したときは資本金は五〇万円にすぎなかったが、一五年に一〇〇万円、一六年に二〇〇万円、二〇年には六〇〇万円と増資を繰り返し、「愈々我が国第一流の鉄工所として名実倶に兼ね備はるに至つた(8)」のである。

その後、一九二〇年の反動不況以降にはさすがの同鉄工所も長い景気低迷に悩まされた。さらに、関東大震災や労働争議の打撃をこうむって沈滞を余儀なくされていた。しかし、一九三〇年代に入るや、「昭和六年に突発した満洲事変は重工業の非常なる活躍を来し、特に工作機械の急劇なる需要を生じた」のである。大いなるビジネスチャンスの到来であった。「我が社も七年五月軍部より特殊工作機械の大量註文に接し、社業俄かに活気を呈し、幾月前まで蔽いをかけられたまゝ、埃に埋れてゐた機械は、今やその全力を挙げ日夜間断なき運転を続けても尚ほ及ばざるの有様となつた(9)」。主たる「需要先は陸海軍省、鉄道省、其他諸官庁等であるが、生産品の約八割までが陸海軍用の軍需品である(10)」。この間、三四年には池貝庄太郎は死去し、長子が襲名して二代目の社長となっている。また、三三年には一九二〇年代の低迷期に累積された不良資産を一掃するために四〇〇万円に減資した上で、三六年には一〇〇〇万円に、三九年には二〇〇〇万円に増資した。

さて、池貝鉄工所がその傘下に子会社を設立して「池貝コンツェルン」と呼ばれはじめたのは一九三〇年代の後半からであった。すなわち、「満洲上海両事変を契機として頓に活発となつた工作機械の生産力拡充の傾向は必然的に我が社の機構を大ならしめ、非常時・戦時的生産計画に適合するためには、一会社の内に種々の部門を分化せしむるよりは、それ〴〵の専門によつて独立せる機構を創ることが必要となつてきたので……昭和一〇年以降、漸次我が社を親会社とする傍系会社が設立せらるるに至つた(11)」のである。

まず、子会社の第一号として、一九三五年に池貝鋳造所を設立した。すでに池貝鉄工所は一九一八年に高級鋳物の研究と自給を目的に鋳物部を設置し活動していたが、新会社はこれを母体に誕生したものであった。工作機械やヂーゼル機関、各種自動車用などの特殊鋳鉄、銅合金、軽合金などを生産した(12)。同社は一九四二年にはふたたび本体に吸収されている。

ついで、一九三七年には池貝自動車製造が設立された。これは本体内の発動機部にあった自動車部門が分離独立したものであり、各種自動車、牽引車、あるいは戦車などの特殊車輌を生産した。「池貝の中心事業は自動車製造に移りつ、ある……続出する分離会社も新設会社も尽く当社に向つて動員され、投資会社の製品供給も凡て此処に集められる。資本的にみても親会社の一千万円に対し、一千五百万円と一倍半の優勢を示してゐる」(13)。

同じく一九三七年には日本鈑金工業が設立され、ラヂエーターや一般鈑金部品および車体を生産、これらの製品は池貝自動車製造へ供給された。同社は翌三八年には西村ラヂエーター製作所と合併して、東京ラヂエーター製造となっている(14)。また、三七年には満洲工廠との折半出資により「奉天に満洲機械工業を設立し、大陸進出の素地をも作らんとした(15)」。

さらに、一九三八年には池貝本社が設立されている。同社は、一連の子会社設立の展開にともなって、いわば「池貝コンツェルン」の持株会社の役割を果たした。すなわち、「池貝鉄工所ならびに之をめぐる傍系会社全体を統括する中心となるものとして、……機械工業に対する投資、不動産及び有価証券の取得利用等を目的とし(16)」ものであった。

続いて、同じ一九三八年には池貝チャック製造が設立されて、工作機械の締付具である各種のチャック類の自給自足が図られた。また、三九年には、現地の満洲工廠を中心に国策会社的な性格をもつ特殊法人の満洲工作機械が設立され、池貝鉄工所はこれに技術を供与、技術者や工員を派遣し参画したという(17)。

ここにいうまでもなく、工作機械産業は兵器や航空機産業などと並んで最重点の軍需産業であった。「当社の製品は七、八割までは直接軍需関係品であり、時局景気の恩恵を全面的に受けた(18)」。一九四一年には精密機械統制会が設置されるなか、池貝鉄工所の工作機械の生産額も、一九三七年に五五五台、三六五万円であったものが、四一年に一一四四台、一四四三万円、さらに四四年には一二一二台、二八二九万円へと増大していった(19)。同社は一九四四年には軍需会社に第一次指定されている。「こうして、池貝本社および池貝鉄工所を中心に一つのコンツェルンを形成、大池貝としての社業を拡大、発展をはかり、時局の要請にこたえていった[20]」のである。

(1)『東洋経済新報』一九三八年三月一二日、四五頁。
(2) 池貝鉄工所については、池貝鉄工所『池貝鉄工所五〇年史』一九四一年、ダイヤモンド社編『池貝鉄工』ダイヤモンド社、一九六九年、など。
(3) 同前、『五〇年史』、三頁。
(4) 同前、六頁。
(5) 同前、一二頁。
(6)「池貝の事業は総べてが池貝家と千葉家との共同経営だと称しても過言でない」(『東洋経済新報』一九三八年三月一二日、四五頁)。
(7) 前掲、『五〇年史』、一二一～一二三頁。
(8) 同前、一二三頁。
(9) 同前、三五頁。
(10)『ダイヤモンド』一九三四年一月二五日、二〇一頁。
(11) 前掲、『五〇年史』、四九頁。同社は、「製作部門の分離独立に依つて、従来より一層技術の研鑽を全うし、製作品の量的並びに質的向上を図つて時代の要望に副はんとしてゐる」(『東洋経済新報』一九三八年三月一二日、四五頁)。「池貝コンツェルンの特色は、コンツェルン傘下の各会社が事業上密接な内的有機的連関を持つてゐることだ。それは自然発生的に、膨張した部門を分離独立せしめて別会社としたり、従来下請工場であつたものを傘下に収めて来た当然の結果である」(『東洋経済新報』一九四〇年四月二七日、一一四頁)。
(12)「池貝鋳造は小規模の会社であるが、好成績の上では親会社の池貝鉄工に較べ遜色がない。自動車、工作機械、発動機用鋳鉄、合金鉄の材料註文が殺到し供給が間に合はない」(『ダイヤモンド』一九三八年四月二一日、七六頁)。
(13)『東洋経済新報』一九三八年三月一二日、五〇頁。「池貝自動車は……新会社であるが、設立早々大拡張を実施中である。

……第一期建設の内容は……エンヂン工場と車輌工場で、製作品はトラックである。引続き第二期施設を進めてゐる。特殊車の製作だが、その能力は時節柄述べる事はできぬけれども、某方面の慫慂に基づいたものだからカナリ大規模のもの、ようである」(『ダイヤモンド』一九三九年五月一一日、八八頁)。

(14)「当社は池貝鉄工の多角経営の一翼として誕生したものである……この種の製作品は外に同業者が少なく、有力な競争者は東洋ラヂエーター、日本ラヂエーターを算するのみである……事変以来輸入は制限され……自然当社の拡張を促し大量製作に乗出すこと、なつた」(『ダイヤモンド』一九三九年八月一一日、八二頁)。

(15)『東洋経済新報』一九三八年三月一二日、四六頁。

(16) 前掲、『五〇年史』、五二頁。「純軍需工業会社化した池貝の役割は戦時下益々重大となり、従つて当社自体の拡張は勿論、諸々の子会社も一斉拡張に邁進してゐる。池貝は時局の重大性に鑑み、関係会社の事業計画を慎重ならしめるため、池貝コンツェルンの参謀本部とも称すべき〈池貝本社〉を設立した」。

(17) 前掲、『池貝鉄工』、五五~五六頁。『東洋経済新報』(会社かゞみ)、一九三八年、四三頁。「当初の予定では、現在ある満洲機械……を母体として拡大する筈であつたが、満洲政府の指令によつて同社を解散し、その設備及従業員を全部新設会社が譲受けることに変更された。即ち池貝は全く新会社から手を引き、満工独自の直営に移された」(『東洋経済新報』一九三九年六月二四日、五三頁)。

(18)『エコノミスト』一九三八年三月一日、四三頁。

(19)『東洋経済新報』一九三九年六月二四日、五七頁。

(20) 同前、五五頁。

(4) 東洋紡コンツェルン

東洋紡をその前身にまで遡れば、明治期以降における日本近代化の歴史の淵源にたどりつくことになる。すなわち、幾重にも繰り返された紡績企業の合従連衡(水平的統合)の時期を経て、最終的に大阪紡績と三重紡績の両社が合併することにより「東洋紡績」が誕生したのは一九一四年のことであった[1]。

その後も、一貫して日本の紡績業界をリードしてきた同社は、一九三一年には大阪合同紡績を合併した。その結果、一九三〇年代初頭には、同社は日本最大の紡績企業としての地位を確立し、「大東洋紡」の名をほしいままにすることとなる。(2) 周知のように、同社は当時、鐘淵紡績（鐘紡）および大日本紡績（日紡）の二社とあわせていわゆる「三大紡」と呼ばれた。東洋紡は、売上高でこそ鐘紡に遅れをとったものの、生産設備など多くの指標においてこれら二社を引き離していた。表3-12は一九三二年および三七年における三大紡の規模を示している。

さて、一九三一年末の東洋紡の内容をみると、その工場数は三二、そのうち絹糸紡績の二工場をのぞけば、あとはすべてが綿糸・綿布の生産工場であった。また、子会社としては、二八年に化学繊維事業を分社化した昭和レーヨンがあり、また、二九年に上海工場を分社化して設立した裕豊紡績が存在するのみであった。すなわち、同社は「綿糸布生産にきわめて特化した工場体系を構成しており、単純紡織企業とでもいうべき生産構造をもっていた」(3)。

それが、一九三〇年代に入ってからの事業展開によって、同社の生産構造は急速な変貌を見せはじめるのである。すなわち、同社は、三七年の日中戦争勃発のころにかけて、まず染色加工部門へ進出して垂直的な加工体制を整備した。また、化学繊維や羊毛事業などへも積極的に多角化して、繊維企業としての事業範囲を広げることにより総合繊維企業へと転身したのである。その後、日本経済が戦時統制経済期に入るや、後述するように、同社はさらなる激変を経験することになる。

いうまでもなく、一九三一年に「大東洋紡」が成立してから日中戦争勃発までにいたる期間とは、日本の綿業全般の輸出競争力が強化され、紡績・織布ともに設備・生産が大幅に増大した時期であった。繊維産業は日本の最大主要の産業であり、日本はいわゆる「繊維王国」であった。他方で、同時期は、大日本紡績聯合会によって三〇年から三七年にかけての最長・最大の第一一次操業短縮が実施されており、紡績大企業は「操短下の成長」を享受していたのである。

表 3-12　日本紡績業における三大紡の地位

年次	社名	資本金（万円）	同払込（万円）	工場	精紡機（千錘）	織機（百台）	綿糸生産高（千梱）	綿布生産高（千ヤード）	売上高（万円）	純益金（万円）
1931	東洋紡	6,498	4,998	44(29)	1,246	151	476	256	8,373	1,459
	鐘　紡	6,000	2,860	27(17)	662	87	183	184	11,357	899
	日　紡	5,200	5,200	23(13)	707	73	280	125	7,898	711
	小　計	—	13,057	94(59)	2,615	311	939	565		
	全　国	74社	42,133	262	7,269	792	2,567	1,405		
1937	東洋紡	7,273	6,526	46(31)	1,623	189	612	350	26,333	2,580
	鐘　紡	6,000	6,000	27(17)	1,113	119	338	244	34,322	1,937
	日　紡	11,000	6,650	23(13)	1,068	102	395	200	23,210	1,128
	小　計	—	19,176	96(61)	3,805	409	1,379	794		
	全　国	74社	52,414	282	12,018	981	3,966	1,891		
							（貫）	（千平方ヤード）		
1941	東洋紡	8,058	8,058	44(40)	1,872	224	21,458	180	24,521	2,969
	鐘　紡	12,000	7,500	28(26)	1,268	137	6,787	122	35,479	3,474
	日　紡	12,200	9,300	20(20)	1,420	147	6,858	97	?	3,514
	小　計	—	24,858	92(86)	4,560	508	35,103	399		
	全　国	53社	66,745	269	13,129	1,127	79,211	878		

（出所）　坂本悠一「戦時体制下の紡績資本」下谷編『戦時経済と日本企業』昭和堂、1990年、130頁。
（備考）　工場・設備は朝鮮工場を除く。原資料の工場数は「一区画一工場」で数えているため、（　）内に実数を示した。

一九三〇年代における東洋紡の変化はまず染色加工部門への進出からはじまった(4)。当時、日本の紡績業は輸出製品の主力を綿糸から綿布へと移行させており、生地綿布に漂白・捺染などの加工を施し製品の高級化・高付加価値化をはかることが必須の趨勢となりつつあった。しかし、当時、「東洋一の染色加工工場」といわれた鐘紡の淀川工場や、あるいは山崎工場を擁した日紡などに比べると、東洋紡は神崎・今治工場内に小規模な晒プラントをもつのみであった。そこで、同社は三三年には本格的な綿布の加工工場として新たに守口工場をスタートさせた。また、三五年には稲畑染工場を傘下におさめ、さらに三七年に買収した日本製布と併せて子会社の東洋染色を設立した。

さらに、同社は「繊維総合経営」の実現を目指して、綿糸布や絹糸業だけでなく、レーヨン事業や羊毛事業への多角的展開も開始した。

まず、当時急速に興隆の時期を迎えていたレーヨン事業(5)については三〇年代の急成長の波に乗って、三三年には敦賀工場、三四年には岩国工場の建設に着手、また三四年には子会社の昭和レーヨンを東洋紡本体に再吸収して体制を整備した。この結果、これら三工場からなる化学繊維事業は同社内において綿業につぐ比重を占めるまでに成長した。また、スフ（ステープル・ファイバー）生産が三三年から堅田工場などで、あるいはメリヤス、レースなどの生産が三四年から富田工場ではじまった。さらに、羊毛事業への新規参入については、「輸出と軍需に支えられた羊毛需要の増大」[6]を見越して、三四年には大曽根絹紡工場内に羊毛プラントを建設し、翌年から操業を開始した。さらに、三七年には大阪毛織の株式を買収して同社の経営権を握っている。同社は、その他にも、三六年にはいわゆる「三綿」の一つ、江商の株式の半数を取得している。これは、輸出向け販路の積極的拡大を目指したもので、「三大紡の一つがいわゆる三綿の一角を傘下に収めたということで、紡績大企業の商社に対する優位の確立を象徴する事件であった」[7]という。

以上見てきたように、東洋紡は、ほぼ三七年ごろまでには、それまでの綿糸布生産に特化した構造からしだいに「総合繊維企業」へと、また傘下にいくつかの子会社をもつことによって「企業グループ」へと、その事業構造を変化させてきたのである。「総合経営に乗り出した東洋紡は羊毛、絹糸、莫大小工業、再生絹糸事業と連続的ヒットを放[8]」ってきた。しかし、それ以降に続く変化はさらに大きなものであった。

すなわち、日本の戦時統制経済への移行は、一九三七年一月の輸入為替管理令、七月の日中戦争勃発、九月の輸出入品等臨時措置法、などにより、綿花や羊毛など原料のほとんどを輸入に依存してきた繊維企業にとっては厳しいものとなった。さらに、同年末の綿スフ混用規則、翌三八年三月の綿糸配給統制規則などが相次いで制定され、「国内での綿製品の消費は、軍需と〈特免〉を除いて実質的に禁止されたに等しい状態に追い込まれた」[9]。さらに、三八年七月には輸入綿花とのリンク制が導入され、「全国の織布業者の営業は原糸を供給する紡績会社の賃織加工にのみ限定されることとなり、その経営の自立性は大きく損なわれるに至った」[10]。また、その直前の五月には国家総動員法が成立している。

このような大きな経営環境の変化のなかで、東洋紡の生産高は、たとえば純綿糸では三七年が、また混紡糸・スフ糸や混織布では三八年をピークとせざるを得なかった。半面、相次ぐ諸統制のなかで、いわゆる「企業整備」を通じての合併・買収の結果として、同社が保有する繊維関連の生産設備そのものはむしろ増大していた。「日中戦争期〔一九三七年〜四一年〕において、東洋紡はいわば繊維企業として経営規模を拡大していた」[11]という側面が見られたことに留意すべきである。いずれにせよ、さらにその後の戦時統制が強化されていくなかで同社の生産構造は急速に歪曲化され、脱繊維産業への模索、つまり「時局産業」への多角化をスタートせざるを得なかったのである[12]。

東洋紡の非繊維部門への本格的な進出は一九三八年のゴムおよび機械工業への進出ではじまった。まず、ゴム工業については、同社は三二年からすでに綿製品の高付加価値化の一環としてタイヤコードへ進出していたが[13]、三八年には小規模なゴム製造企業をつぎつぎと買収して東洋ゴム化工（当初は内外再生護謨）を設立、その後もさらに合併を続けた。また、合成ゴムについても小規模企業を買収するなどして、三九年に東洋合成化工を設立した。「資金力の豊富な東洋紡がこうした小規模企業の吸収合併を続けたのは、戦時統制によって原料ゴムがすでに割当配給となり、ゴム関連工場の新設が抑制されていたため」だという[14]。

また、機械工業については、三八年に既存企業の買収によって堺重工業を設立したのを皮切りに、三九年には小原鉄工所など中小機械企業を関西で四社、さらに関東でも三社を、矢継ぎ早に傘下に取り込んだ。これらの企業は、それぞれ前身は繊維機械、一般機械、醸造用機械などさまざまであったが、いずれも戦時経済のなかで「急速に成長しつつあった中堅機械企業であった」。四一年には、関西を中心とした五社は統合されて東洋重工業へと再編されている。この再編は「軍需機械とりわけ兵器生産を重点目標とした企業整備という性格をもつものであった」[15]。

一九四一年の太平洋戦争の勃発はさらに戦時統制を深化させた。とりわけ繊維産業は主要な原料供給源を決定的に絶たれることとなった。つまり、増大する軍需と最小限の民需をまかなうだけの、いわゆる「不要不急」産業の刻印が捺され、全面的な縮小再生産へと追い込まれていったのである。四一年一二月には物資統制令が、四二年二月からは衣料品切符制が導入され、軍需繊維の優先の一方で、民需については徹底的に抑圧された。したがって、このころから繊維産業全般の生産設備は過剰気味となり、企業の枠を超えた工場と設備の統合が強力に推し進められた。四一年一二月の企業許可令および四二年五月の企業整備令による、いわゆる「戦時企業整備」である。[16]大手の東洋紡は鐘紡などとともに企業整備の中心的な役割を担い、中小の繊維企業あるいは加工部門関連の企業など、多くの企業や工場を傘下に取り込んで吸収した。すでに各種の繊維事業に多角化した「総合繊維企業」であったことが、同社を「企業整備という縮小過程でのとりまとめ役と[17]」させたのである。また、非繊維事業についても、軍部や当局の意向に沿う形で、とくに中小の機械企業をつぎつぎと傘下の子会社として組み込んだ。いうまでもなく、「これら各社はいずれも兵器関連の機械企業であり、その主力工場のほとんどが陸海軍の監督・管理工場となっていた[18]」のである。

以上見てきたように、東洋紡は一九三〇年代の当初には「綿糸布生産に特化」した企業であった。しかし、同社は、三〇年代後半以降の環境激変のなかでその姿を著しく変貌させたのである。それは、当初の「単純紡織企業」から、傘下に数多くの子会社をもつ「企業グループ」への変貌でもあった。

表3-13は東洋紡の傘下子会社（国内）の数の推移を一覧したものである。子会社は一九三〇年代の後半から増大しはじめ、とくに戦時統制経済のなかで急増したことがわかる。いわゆる「東洋紡グループ」あるいは「東洋紡産業団[19]」の出現であった。植民地など海外での子会社の展開をもここに含めれば、四四年三月当時の同グループの傘下企業数は約一〇〇社という膨大なものであったという。[20]また、同表からも明らかなように、三〇年代の終盤から急速に化学工業や機械工業関連の子会社が増大していることである。すなわち、東洋紡の場合、ここで注目すべきなのは、戦時末期の特殊な事例をのぞけば、化学や機械などの非繊維事業は東洋紡本体での経営はまったくなく、そのすべてが子会社方式での経営であったということである。「すくなくとも東洋紡にかんするかぎり、非繊維部門における

表3-13　東洋紡の国内子会社数の推移と事業分野別分布

年次	新規増加の子会社			既存企業の吸収合併			差引増減	年末子会社数	分野別子会社数			
	新設	買収	小計	グループ外より	グループ内で	減少子会社			繊維	化学	機械	その他
1933								1	1			
34					1(1)	1	−1	0				
35		1	1				+1	1	1			
36		1	1	1			+1	2	1			1
37	1	2	3		2	2	+1	3	2			1
38	3	3	6		1	1	+5	8	2	4	1	1
39		9	9	1			+9	17	3	6	7	1
40	1	1	2				+2	19	3	6	8	2
41	4	3	7	7	10(1)	10	−3	16	5	3	5	3
42		5	5	4	1	1	+4	20	7	3	6	4
43	3	15	18			※1	+17	37	16	7	11	3
44	1	3	4				+4	41	17	7	14	3
45	5		5		2	2	+3	44	18	7	14	5

（出所）表3-12に同じ、152頁。
（備考）本表の子会社は経営を実質的に支配する直系子会社で、それ以外の関連会社や孫会社は含まない。45年は8月現在。吸収合併のうち（　）は東洋紡本体への合併を示し、それ以外はグループ内企業相互間の合併である。※はグループ外企業への合併。

〈軍需生産への転換〉は本体については認められず、それは終始傘下企業による経営に委ねられていた」[21]のである。このことは、つぎに検討する鐘紡コンツェルンのケースとはまったく対照的であった。

（1）東洋紡については、東洋紡績『東洋紡績七〇年史』一九五三年、同『百年史』一九八六年、参照。

（2）「これによって、東洋紡績株式会社は名実ともに東洋、いな世界の最大紡績会社となったのであった」（前掲、『七〇年史』、二七二頁）。

（3）坂本悠一「戦時体制下の紡績資本」下谷政弘編『戦時経済と日本企業』昭和堂、一九九〇年、一三二頁。以下の叙述は同論文、および渡辺純子「戦時経済統制下における紡績企業の経営―東洋紡の事例について―」『経済学論集』第六三巻第四号、一九九八年、に多くを負う。

（4）「わが社は……〈手堅く進む〉方針を堅持しながらも〈他社に遅れず、また敢へて魁を衒はず〉綿糸布を基本として、これに関連性のある事業へ進出し、徐々にその範囲を拡げた」。前掲、『七〇年史』、二九〇頁。

（5）レーヨン工業の発展についてくわしくは、山崎広明『日本化繊産業発達史論』東京大学出版会、一九七五年、参照。

（6）前掲、坂本、一三八頁。

（7）同前。

（8）和田日出吉『紡績コンツェルン読本』春秋社、一九三八年、二五三頁。

（9）前掲、坂本、一四〇頁。

（10）同前。

（11）前掲、渡辺、六七頁。傍点は原著者。

（12）同社の「投資の内容を点検すると、在来営業を全く離れた部門と、在来営業に関連する部門とがある。前者は重工業に属するもので、後者は大陸進出である。其双方に当社としての特色がある」（『ダイヤモンド』一九四〇年八月一五日、一〇七頁）。

（13）「東洋紡績では多角経営の一端として昭和七年からタイヤ・コードの製織を開始し、同一四年頃には早くも国内需要の大部分を供給し得るまでになった」（前掲、『七〇年史』、三三四頁）。

（14）前掲、坂本、一五〇頁。また、「東洋紡は、臨時資金調整法の適用を受ける会社が資本金五〇万円（のち二〇万円に改正）以上である点を利用して、いわば統制の網をくぐるような格好で新規参入に成功する……まず、既存の小企業を買収して二〇万円未満で子会社を設立し、さらに既存の小企業をこれに合併して企業規模を拡大していくというものであった」（前掲、渡辺、七〇頁）。

（15）同前、一五一頁。

（16）たとえば、紡績会社についてみると、企業整備前の一九四一年に七四社あったものが四三年には一〇社に減少した。稼働工場数についても三七年末の二八五工場から三八工場に激減している（前掲、『百年史㊤』、三八四頁）。

（17）前掲、渡辺、八五頁。「企業整備政策は、統制開始以前からすでに繊維事業多角化を開始し〔ていた〕……東洋紡のような大紡績企業には、多角的統合を可能とする条件を与えるものとなった……この点、たとえば、東洋レーヨンや日本毛織など、東洋紡に匹敵する大企業でありながら、人絹や羊毛に専業化していた企業とは異なる特徴であった」（同上、渡辺、六三頁）。

（18）前掲、坂本、一六七頁。

（19）「云ふ迄も無く当社も単なる紡績会社ではない。即ち、当社は繊維工業を中核として鉱業、重化学、機器工業等の時局産業や煙草其他の事業を外郭として、産業団的形態をなしてゐる」（『東洋経済新報』一九四三年一一月六日、一五頁）。
(20) 同前、一七〇頁。戦後の持株会社指定において、「所有持株を処分して、子会社との資本的結合を分離することとなった。わが社は、東洋ゴム工業株式会社外百十五社、その持株三百三十八万株、帳簿価格一億三千六百五十五万円の株式を持株会社整理委員会に譲渡した」（前掲、『七〇年史』、四三二頁）。
(21) 前掲、坂本、一七二頁。また、つぎのような指摘もある。「当社の遣方はあくまで堅実である。投資未働の影響が母体に及ぶことを極端に避けて居る……新規進出部門が、母体を何等圧迫することなく、寧ろ既に助ける状態に至つておる。此点は当社の新規進出部面の一大特色である」（『ダイヤモンド』一九四〇年八月一五日、一〇八頁）。

(5) 鐘紡コンツェルン

本書のこの箇所で鐘紡コンツェルンのケースを取り上げることについては、少し説明が必要であろう。なぜなら、鐘淵紡績はこれまで一般に三井財閥傘下の「傍系企業」として扱われるのが普通だったからであり、したがって、本書でも第5章「財閥傘下企業のコンツェルン化」のところで取り上げるべきと考える向きもあろう。[1]

しかし、たとえば、一九三〇年代においてもなお同社が三井財閥の「傍系企業」であったとする根拠は薄弱であろう。同社については、一八八七年に東京綿商社として創業した初期のころから中上川彦次郎の工業化政策の時期にいたるまでは、なるほど三井系企業の一つとして扱ってもよいであろう。たとえば、一八九三年に株式会社化して以降、鐘淵紡績は三井工業部の傘下企業（いわゆる「三井の道楽工場」）の一つとして、三井による株式所有比率は九六年までは四九％を保持しており、その後の一九〇四年でも筆頭株主として三五％を占めていたからである。その経営陣にも三井から中上川や武藤山治らが送り込まれていた。

しかし、中上川の工業化路線が井上馨の商業主義路線へと転換されたことを契機として、一九〇五年から三井は同社の株式を手放しはじめた。また、これが引き金となって日露戦後のいわゆる「呉錦堂・鈴久事件」（鐘紡株の買い占め事件）が生じて、結局は、三井は同社の株式の大部分を手放してしまったのである。たとえば、一九〇五年には一五・七％へ、〇七年には四・四％となり、その結果、少なくとも所有という面では三井財閥は鐘紡から後退し、経営の面でも三井関係者は総退陣することとなり、かろうじて武藤だけが残ったという状況であった。一九一一年の三井による株式所有はわずか一・六％にまで低下した。したがって、同社の『鐘淵紡績株式会社五拾年史（稿）』は次のようにいう。「吾社史上特筆すべき変化は過去二十年間吾社が盛衰を共にし来たれる三井家資本並に其代表者が吾社事業より離別せし事である」(2)、と。三井と「離別」した後の鐘紡は、三井財閥からは距離をおきながら主体的な行動をとってきたわけであり、同社が三井財閥の「傍系会社」とされてきた通説には疑問が残るのである(3)。

以上のことはともかく、鐘淵紡績が一大コンツェルンを形成しはじめるのは、東洋紡などと同様にやはり一九三〇年代に入ってからであった(4)。同社はそれまでは傘下に子会社をほとんどもっていなかったのである。たとえば、一九三〇年当時には上海製造絹糸、南米拓殖、昭和産業の三社だけであった。

その一九三〇年に、武藤に替わって新たに社長に就いたのは津田信吾であった。彼は、いわゆる「積極経営」を推し進め、これまでの綿糸紡績および織布業に加えて、製糸業の拡大、羊毛工業の展開、人絹工業への進出、繊維加工部門の充実、などに尽力した。さきに見た東洋紡の場合と同様に、鐘紡は一九三〇年代には総合的な繊維企業へと発展したのである。その結果、表3-14に見るように、三七年下期には傘下の子会社は一三社を数えるまでになった。基本的に、「これらの子会社は鐘紡の諸繊維事業との密接な一体性をもっていた」(5)。すなわち、原料や副材料の確保を目的とするものや事業の補完的な関連部門であり、これら垂直的な関連事業部門の多くは子会社に任せられたのである。

表3-15は、一九三七年までの同社における直営工場および子会社の推移を示している。そこに見るように、鐘紡は繊維事業関連の多数の直営工場のほかに、原材料確保や関連事業部門を担当する子会社からなるコンツェルンへと

表3-14　鐘紡コンツェルンの子会社（1937年）

	設立年	公称資本金（千円）	払込資本金（千円）	持株率（%）	事業内容
上海製造絹糸	1920	15,000	15,000	100	綿紡績・絹紡績・毛紡績
昭和産業	29	5,200	5,200	100	蚕種・製茶・農産物加工
鐘淵サービス	31	500	500	80	各種鐘紡製品販売・広告
南米拓殖	28	10,000	3,500	23	移民拓殖・米・綿花栽培
毛織工業	36	12,260	12,260	100	紡毛・毛織
康徳染色	36	500	500	100	綿糸・布染色加工
康徳鉱業	36	500	250	100	採炭・マグネサイト・鉛蛍石
全南鉱業	34	500	250	100	採炭
鶴の山鉱業	36	500	500	100	水銀採鉱
樺太採炭	37	5,000	1,250	100	採炭
康徳葦パルプ	36	5,000	2,500	100	人絹葦パルプ製造
神島化学	36	1,000	500	60	硫酸製造
神島人肥	36	1,000	1,000	50	合成肥料・硫酸製造販売

（出所）　鄭安基「戦前戦時〈鐘紡コンツェルン〉の研究」（京都大学博士学位論文）、2000年、72頁。

転身しはじめていた。「鐘淵紡績は今や単なる綿糸紡績会社ではなく綜合繊維会社である。更に今後は化学工業、水産部門と北支重軽工業への積極的進出さへ計画されてゐる」[6]。「鐘紡はもはや単なる紡績会社ではない。否、総合的繊維工業会社の域をすら既に脱せんとしてゐるのである」[7]。よく知られているように、同社は「繊維王国」日本を代表する大企業の一つであった。たとえば、一九三六年には数多くの民間製造企業のなかで売上高日本一の栄誉をかちとっている。また、「誰もが驚異の目を見張るのは鐘紡の二割五分と云ふ高率配当である……内容の優良を誇る東洋紡の一割八分、大日本紡の一割二分に比し遥かに高率を示し」[8]ていた。その鐘紡がいよいよ動き出した。

日本経済の戦時統制経済への移行は同社を取り巻く経営環境を急速に変化させはじめた。「鐘紡の今日まで進んで来た綿紡中心の繊維工業は平和産業であるだけに、日支事変の影響には深刻なものがある」。原料綿花の輸入制限、最高価格の設定、販売統制の強化、輸出不振、などであり、これらは「過去のおびたゞしい利潤を一朝の夢と化した」[9]のである。したがって、鐘紡もまた、時局がらみの非繊維事業への進出を強く迫られることとなった。表3-16は、一九三九年当時の鐘紡コンツェルンの事業について、それを繊維、非

表3-15　鐘紡グループの直営事業と子会社

		1920	21	22	23	24	25	26	27	28	29	1930	31	32	33	34	35	36	37
直営工場	綿紡	16	16	16	17	17	17	17	17	17	17	17	17	17	17	17	18	19	19
	絹紡	4	5	5	6	6	6	6	6	6	6	8	8	8	8	8	8	8	9
	製糸	—	3	3	4	8	10	13	13	12	12	13	13	18	23	24	25	25	25
	乾蚕	—	—	2	4	5	7	9	10	12	13	13	13	15	15	15	15	16	16
	加工	1	1	2	2	2	2	2	2	2	2	4	4	4	4	4	4	4	4
	紡毛	—	—	—	—	—	—	—	—	—	—	—	—	—	—	1＊	1＊	2＊	2＊
	スフ	—	—	—	—	—	—	—	—	—	—	—	—	—	—	2＊	2＊	2＊	2＊
	曹達	—	—	—	—	—	—	—	—	—	—	—	—	—	—	—	—	1＊	1＊
	石鹸	—	—	—	—	—	—	—	—	—	—	—	—	—	—	—	—	1＊	1＊
	人絹	—	—	—	—	—	—	—	—	—	—	—	—	—	1＊	1＊	2＊	3＊	3＊
合計		21	25	28	33	38	42	47	48	49	50	55	55	62	67	68	70	72	73
子会社	綿紡	1	1	1	1	1	1	1	1	1	1	1	1	1	1	1	1	1	1
	絹紡	1	1	—	—	—	—	—	—	—	—	—	—	1	1	1	1	—	—
	養蚕	—	—	—	—	—	—	—	—	—	1	1	2	2	2	1	1	1	1
	パルプ	—	—	—	—	—	—	—	—	—	—	—	—	—	—	—	—	1	1
	毛織	—	—	—	—	—	—	—	—	—	—	—	—	—	—	—	—	1＃	1＃
	硫酸	—	—	—	—	—	—	—	—	—	—	—	—	—	—	—	—	2	2
	採炭	—	—	—	—	—	—	—	—	—	—	—	—	—	—	1	1	3	4
	染色	—	—	—	—	—	—	—	—	—	—	—	—	—	—	—	—	1	1
	その他	—	—	—	—	—	—	—	—	1	1	1	1	2	2	2	2	2	2
合計		2	2	1	1	1	1	1	1	2	3	3	4	6	6	6	6	12	13

（出所）　表3-14に同じ、64頁。
（備考）　＊は複合工場、＃は委託会社を指す。

繊維事業に分けてみたものである。この間に、傘下の子会社は二〇社に増えていた。

さて、非繊維事業への進出の際に、東洋紡のケースとまったく異なっていたのは、それらの事業の位置づけであった。さきに見たように、東洋紡では基本的にそれを同社本体には含まず、すべてを傘下の別会社として扱っていた。鐘紡でも、基本的にはそれは子会社が担当したが、また本体の直営工場でも取り扱っていた。さらに、つぎにみるように、鐘紡は一九三九年には新たに鐘淵実業（鐘実）を設立したのであり、いったん非繊維事業のほとんどを同社に移管集約する形で、「繊維事業の鐘紡と非繊維事業の鐘実」という二極

表3-16 鐘紡コンツエルンの事業分布（1939年上期）（単位：工場・社）

区分	繊維部門							非繊維部門						合計
	綿	絹糸	人織	毛糸	生糸	加工	小計	化学	金属	鉱山	農水産	その他	小計	
直営工場	20 (3)	10	3 (1)	8	28 (8)	1	70 (12)	4	—	3 (3)	—	—	7 (3)	77 (15)
子・関係会社	1 (1)	—	1	＊1	2	2 (1)	7 (2)	6 (2)	1	3 (2)	1	2	13 (4)	20 (6)

（出所） 表3-14に同じ、102頁。
（備考） （ ）は植民地、＊は委託会社を示す。「化学」にはパルプ、フェルト、肥料、「鉱山」には金鉱、採炭、鉄鋼、「その他」には販売、移民拓殖を含む。

的な体制を組むこととなったのである。しかも、一九四三年になると、最終的にはそれら両社を合併することが決定され、新たに「鐘淵工業」を設立するにいたったのである。この間の経緯について追いかけてみることにしよう。

「内外に目まぐるしい事業展開が行なわれる一方で、昭和一二年から一三年にかけて、鐘紡は早急に解決しなければならない増資の問題を抱えていた」(10)。すなわち、一九三〇年代前半の鐘紡は「積極経営」を展開したことにより、三一年から三七年にかけての設備拡張および投資に要した費用は一億四六〇〇万円にも達していた。同社は、その「所要資金の七〇%以上を外部借入に依存」(11)してきたのであり、支払手形の残高は五八〇〇万円、社債残高も四五五〇万円と膨れ上がっていた。同社は、この窮状を新たな増資を断行することによって切り抜けようとしたのである。さらに、「鐘紡にはいくらでもやりたい仕事がある。資金を必要としてゐることは事実だ」。「蕈パルプ事業だけでもいま一、二億の金が必要なのだ。其他化学工業部門の拡充、北支重工業への進出も企図してゐる(12)」。

つまり、同社は借入金整理と事業拡張資金の両面から三倍増資に踏み切らざるをえなくなっていたわけである。しかし、折しも日中戦争の勃発によって、増資は簡単に許されない状況になっていた。一九三七年に施行された臨時資金調整法において紡績業は「不要不急産業」に、つまり「丙種」に分類されたからである。結局は、紆余曲折の末にようやく借入金返済のための二倍増資は認可されたものの、「丙種」企業による事業拡張目的の増資は認められなかった(13)。そこで、同社は、新たに「非繊維（時局関連）」企業としての鐘淵実業（六〇〇〇万円）を設立したのであり、その際、同時に「当時鐘紡が経営していた繊維産業以外の時局事業を順次新会社に移すこと」[14]になったのである。津田は一九三八年の定期株主総会で、新設予定の「鐘実は、親会社鐘淵紡績株式会社の〈姉妹会社〉となし互いに哺育の責を分つ〈別働会社〉になりまして、両社不可分の関係に置くを得策とするものであります」[15]と述べている。

こうして、鐘紡コンツェルンの全体は、一九三九年以降、繊維産業の鐘紡と非繊維産業の鐘実、という二極体制をとることとなったわけである。しかし、鐘紡コンツェルンは、さらにその姿を変えていくことになる。四四年二月には、鐘紡は「同根双生の鐘淵実業」[16]と合併したのであり、最終的に鐘淵工業へと生まれ変わったからである。その背景はつぎのようなものであった。

戦時経済が深化するにつれて、鐘紡の「別働会社」として設立された鐘実は、本体の鐘紡を尻目に急速に膨張を遂げはじめたのである。同社が設立された当初は、鐘実の事業内容はまだ鐘紡本体の繊維事業に関連する原材料部門などが中心であった[17]。しかし、一九四二年以降の経済統制の強化（「重点主義生産体制」への転換）を契機として、同社は化学工業や重工業など直接軍需にかかわる事業部門へと多角化に向かって舵をきり、まさしく様変わりの状況を見せはじめたのである。「鐘紡は……繊維工業から鉱工業へと芋蔓式に発展して行く。その多角経営の総本山が鐘淵実業だ」[18]。たとえば、三九年と四三年とを比較すると、鐘実の資本金は六〇〇〇万円から一億三〇〇〇万円に、また使用総資本は七〇〇〇万円から三億六〇〇〇万円（五倍強）へ、固定資産は三四〇〇万円から三九〇〇万円（一一倍）へ、さらに子会社への投資など有価証券所有額は一七〇〇万円から一億三九〇〇万円（八倍強）へと急増した[19]。わずか五年間における鐘実のこのような驚異的な膨張ぶりは、同社の「時局産業企業」への急傾斜を如実に示しており、他方、親会社の鐘紡を置き去りにするものであった。

さきに東洋紡の事例においてみたように、鐘紡本体の繊維事業も、一九四〇年代に入るやあいつぐ企業整備、紡機

表3-17　鐘淵工業のグループ企業（1944年7月）

区分		社　名	所在地	設立年	資本金 千円	持分率 %	事業内容
直系41社	鉱業	康徳鉱業	奉天	1937	50,000	95.5	マグネサイト・鉛・無煙炭
		鐘実北支鉱業	天津	1940	5,000	100.0	金・輝水鉛鉱
		大石橋マグネシア工業	奉天	1939	450	100.0	マグネサイト・クリンカー
	重工業・金属	キシロ機械	明石	1926	1,000	100.0	発動機
		関西精密機械製作所	兵庫	1939	180	100.0	各種燃料ポンプ
		鐘淵西鮮重工業	朝鮮	1939	1,300	100.0	発動機・諸機械
		出雲和鋼	神戸	1939	195	100.0	王鋼庖丁鉄
		石原製鋼所	東京	1939	1,000	100.0	特殊鋼
		鐘淵金属工業	東京	1943	5,000	95.0	軽金属製品・皮膜加工
		鐘淵通信工業	東京	1943	4,000	100.0	無線通信機部品
		図南造船所	神戸	1943	5,000	69.0	船舶製造・船用諸機械
		鐘淵朝鮮造船	朝鮮	1944	3,000	100.0	船舶製造・船用諸機械
		鐘淵精鋼	東京	1944	190	79.0	製針加工
	機械	鐘淵機械工業	大阪	1943	3,000	79.1	航空機部品
		東宇治航空部品製作所	京都	1943	195	100.0	航空機部品
		名古屋合板	名古屋	1931	300	100.0	航空機用合板
		南越木材工業	福井	1944	190	50.0	航空機用合板
	化学	鐘淵燃料工業	東京	1943	50,000	100.0	航空機燃料
		鐘淵海水利用工業	東京	1941	20,000	100.0	苛性曹達・マグネシウム・臭素
		鐘淵曹達工業	東京	1938	10,000	60.0	苛性曹達・臭素
		鐘淵油脂工業	大阪	1943	1,000	52.2	各種油脂製品・シャンプー
		岩尾ゴム	尼崎	1939	180	100.0	自動車タイヤ・チューブ・合成ゴム
		江原調帯	尼崎	1934	160	100.0	各種ゴムベルト・合成ゴム加工
		ソウルゴム	朝鮮	1944	180	100.0	ゴム靴
		康徳興農化学	奉天	1943	5,000	100.0	大豆油原油・脱脂
	製紙	満洲鐘淵製紙	新京	1944	2,500	99.0	木材パルプ・葦パルプ・洋紙
		江南製紙	上海	1925	3,500	100.0	板紙・支那紙
		朝鮮製紙	朝鮮	1942	3,000	100.0	木材パルプ・クラフト紙・和紙・製袋
		初起造紙廠	北京	1943	—	100.0	包装紙
		利用造紙廠	奉天	1943	—	100.0	包装紙・一般用紙
	繊維	奉天紡績廠	奉天	1935	9,000	60.5	綿糸布
		一達漂色	上海	1938	3,000	100.0	漂白染色・捺染
		康徳染色	奉天	1933	2,000	100.0	綿布・染色・漂白・起毛
		康徳毛織	新京	1937	3,000	100.0	毛糸・毛布
	其の他	昭和産業	神戸	1929	5,200	100.0	養蚕・製茶・農産物加工販売
		鐘淵産業	神戸	1931	500	100.0	卸・小売業・輸入業
		鐘淵朝鮮水産	朝鮮	1941	3,000	100.0	水産物製造加工・販売
		鐘淵朝鮮商社	朝鮮	1941	2,000	100.0	鐘工及関係会社製品の卸売
		鐘淵公大実業	上海	1906	30,000	98.8	綿糸布・毛織・絹糸・皮革・硫酸
		日東硝子綿工業	東京	1939	1,300	98.0	硝子製品・絶縁物
		東亜毛皮革	奉天	1937	2,000	100.0	毛皮
傍系22社	鉱業	満洲黒船鉱業	満洲	1940	5,000	50.0	黒鉛採掘
		湯陰炭鉱	王府	1942	500	50.0	石炭採掘・販売
	重工業	鐘淵ディーゼル工業	山口	1940	60,000	15.0	発動機・諸機械
		アルマイト工業	東京	1934	7,000	10.0	各種アルマイト製品製造
		尼崎製鉄	尼崎	1944	58,050	34.0	製銑・製鋼
	機械	日本国際航空工業	東京	1941	180,000	15.6	航空機製造
		茅ヶ崎製作所	神奈川	1937	1,500	75.0	航空機部品・船舶部品
	化学	神島化学工業	岡山	1936	1,000	100.0	工業用加里・硫酸・二硫化炭素
		神島人造肥料	大阪	1917	1,000	49.8	過燐酸肥料・硫酸
		日本合成化学工業	大阪	1927	35,000	65.0	合成化学製品
		興国化学工業	尼崎	1941	3,000	66.7	純ベンゾール・純トリオール
	繊維・其の他	磁彰軋花	北京	1942	500	50.0	繰綿
		仁豊紡織	山東省	1942	4,000	50.0	繰綿
		大興紡紗	河北省	1942	3,000	50.0	綿糸布・漂白染色
		広益紡紗	河南省	1942	1,500	50.0	綿糸布
		鐘淵莫大小縫	大阪	1944	198	34.0	莫大小縫加工
		泰紡織	バンコク	1944	6,000	100.0	綿紡績・雑繊維の染色・加工
		上毛航空繊維	群馬	1912	1,000	58.2	絹糸・撚糸・軍需品
		埼玉染織	埼玉	1936	250	63.6	毛織物・整理加工
		朝鮮麻紡績	朝鮮	1942	3,000	100.0	麻綿製造・加工
		鐘淵拓殖（南米拓殖）	東京	1933	10,000	22.5	ブラジル移民拓殖
		昭和産業	横浜	1936	22,000	11.3	肥料・飼料・人造絹毛・穀粉

（出所）　表3-14に同じ、138頁。

供出、工場転用などによって急激な縮小を余儀なくされていた。したがって、鐘紡本体もまた時局関連の非繊維事業に手を染めないわけにはいかなかった。その結果、実際にも四三年ころになると、鐘紡と鐘実の事業上の区別はほとんどなくなっており、鐘紡コンツェルン全体としての経営体制の見直しが急務となっていた。また、何よりも「経営資源の有機的融通と戦時統制からの回避のため、組織再編の必要性が高まっていた」[20]のである。四三年六月、鐘紡の株主総会において、津田信吾は次のように述べていた。

「本社は斯くの如く在り剰る実力を有しながら、繊維業界に蟄居して撫し緊急の重大産業面を他の重化学業者の双肩に投げ懸け、自ら退嬰以て小閑を貪り、此を傍観するが如き本社の堪へ得るところでありませぬ。茲に大悟一番すれば、鐘紡と鐘実が合体投合、融通無碍の境地に進むことが最も賢明の対策ではないかと存ずる次第であります[21]」。

両社の合併契約書は四三年九月に調印され、四四年二月に新会社「鐘淵工業」が誕生したのである。表3-17は、同社を中心とするコンツェルンの傘下企業の一覧である。子会社の数は一挙に直系四一社、傍系二三社にまで増大した。また、表3-18は、直営工場をも含めて、それを事業分野別にみたものである。非繊維関連の子会社が大半を占めるように変化したことがわかる。このようにして、一九三〇年代に誕生した鐘紡コンツェルンは、戦時経済の中では様相を一変させ、「鐘紡」の名称を消し去って新たに「鐘工コンツェルン」として組織転換を遂げたのである。

表3-18　「鐘工産業団」の事業分析（1944年7月）

区分	鉱山業	金属	機械	化学	パルプ	繊維	その他	合計
直営工場	7 (4)	17 (6)	9 (1)	10 (1)	3 (1)	47 (12)	15 (10)	108 (35)
直系・傍系子会社	5 (5)	13 (2)	6 (0)	12 (2)	5 (5)	15 (10)	7 (3)	63 (27)

（出所）表3-14に同じ、139頁。
（備考）（　）は所在が植民地を示す。「機械」に航空機と木材、「パルプ」に製紙、「その他」に販売と農牧畜を含む。

(1)　鐘紡を三井財閥の「傍系諸会社」の一つとして挙げたものに、高橋亀吉『日本財閥の解剖』中央公論社、一九三〇年、の「三井系諸会社系統図」（五〇頁）がある。これは、高橋・青山二郎『日本財閥論』春秋社、一九三八年、七五頁、に再掲され、その後の研究内容に影響を与えた。

（2）鐘淵紡績『鐘淵紡績株式会社五拾年史草稿（中）』、一九三七年、七五頁。三井の株式所有比率は、鐘淵紡績「営業報告書」や大阪屋商店『株式年鑑』による。

（3）鄭安基「三井財閥の〈境界〉と鐘淵紡績」『経済論叢』第一八〇巻第一号、二〇〇七年、参照。

（4）以下は、鄭安基「戦前戦時〈鐘紡コンツェルン〉の研究」（京都大学博士学位論文）、二〇〇〇年、による。

（5）同前、五七頁。

（6）和田日出吉『紡績コンツェルン読本』春秋社、一九三八年、二二五頁。

（7）『東洋経済新報』一九三七年二月五日、五四頁。

（8）同前、二二九頁。

（9）同前、二三八頁。

（10）鐘紡『鐘紡百年史』、一九八五年、三三六頁。

（11）前掲、鄭安基、学位論文、七五頁。

（12）西島恭三『事業王・津田信吾』今日の問題社、一九三八年、一五九頁。

（13）「鐘紡の三倍増資は、資金調整当局の容れるところとならず、つひに、別会社鐘淵産業（又は実業）株式会社の新設と、鐘紡自体の倍額増資で満足せざるを得ないこととなつた」。『東洋経済新報』一九三八年七月九日、四三頁。

（14）前掲、『鐘紡百年史』、三三七頁。鐘紡は「昨年鐘淵実業を創設し、繊維部門以外の事業は順次、同社の管轄に移すと発表した。然し、同社は素より当社の仔会社である。其事業は悉く当社の統括するところである。移管すると否は、単に形式の上の区別に止まる」（『ダイヤモンド』一九三九年八月二五日、一一七頁）。

（15）鐘淵紡績「定期株主総会における津田社長の演説」。「巷間伝へられるところによると鐘紡はその関係事業が広汎となり、これから益々種類を増加する必要もあるから持株会社を造つて、名実ともに鐘紡コンツェルンを形成しようとしてゐる……その統帥本部を造つても別に何の不思議もないのである」（沢柳謙治「鐘紡は何処へ行く」『科学主義工業』一九三八年三月号、一七七頁）。

（16）前掲、『鐘紡百年史』、三九七頁。

(17)「営業の範囲は頗る広汎に亘る。然し、それは猶ほ親会社鐘紡の本来営業繊維工業と甚だしく懸け離れるものではない。悉く繊維工業に関連する事業である」(『ダイヤモンド』一九三九年一月一日、二〇五頁)。

(18) 斎藤栄三郎「鐘紡と日本綿業の前途」『科学主義工業』一九四〇年六月号、一八六頁。

(19) 以上は、前掲、鄭安基、学位論文、一〇八頁。

(20) 同前、鄭安基、一一六頁。「鐘紡の現状は……縮小されつつある繊維工業から前途ある重、化学工業に発展の道を求めることは、経営者の当然採るべき方途であり……事実、繊維工業の整備に伴つて、鐘紡と鐘実を総合して見た場合の鐘紡産業団の方向はかゝる趨勢を既に示しつゝあつた」(『東洋経済新報』一九四三年七月一〇日、一五頁)。

(21) 鐘淵紡績「定期株主総会における津田社長の演説」。

第4章　日曹コンツェルンの誕生と展開

――新興コンツェルンの一典型としての生涯――

これまで述べてきたように、一九三〇年代の日本経済を明確に特徴づけるのは、数多くの新興コンツェルンの登場であった。それらはいずれも時代の変化を先取りして、急速に一九三〇年代の日本経済の舞台に踊り出たのである。ここでは、日曹コンツェルンを取り上げて、少しくわしく見ていこう。後述するように、日曹コンツェルンは数多くの新興コンツェルンの内でももっとも「新興コンツェルン」らしい特徴を備えていたからであり、また、いわゆる五つの「新興コンツェルン」の内でももっとも研究が遅れていたからでもある。

電解法ソーダ工業を中心とする日本曹達が創立されたのは一九二〇年のことであった。第一次大戦後の反動恐慌の年にスタートすることになった同社は、不況の波のなかで低迷を余儀なくされた。しかしながら、一九三一年の満洲事変および金輸出再禁止を機に上昇機運に乗り、その後は旺盛な多角的展開によって、ほぼ一九三〇年代の中ごろまでに新興コンツェルンの一つにまで急膨張を遂げたのである。日曹コンツェルンがカバーした産業分野は各種のソーダ類や塩素利用工業はもちろんのこと、非鉄金属、製鋼、染料、人絹パルプ、油脂工業など多岐にわたっていた。

しかし、これまでのところ、この日曹コンツェルンについては大まかな概要しかわかっていなかった。それも、新興コンツェルンとして注目されて以降の一九三〇年代の時代が中心であって、はたしてどのように生成発展してきたかについての立ち入った研究はなかった。日曹コンツェルン形成史の研究の立ち遅れは、そのまま日本曹達という企業史の研究の空白を意味していたのである。
そこで、最初に、日曹コンツェルンの形成前史として、その中核であった日本曹達に焦点を当てて見ることからはじめよう。なぜなら、同社が新興コンツェルンとして成長飛躍する原因は、同社それ自体の形成史のなかに秘められていたからである。

1 第一次大戦までの日本のソーダ工業

第一次大戦後に電解法によって出発することになった日本曹達のソーダ企業としての性格を明らかにするために、ここではごく簡単に、同社を取り巻いたソーダ工業界の状況について、また主要なソーダ企業の動向などについてもふれておこう。(1)

日本のソーダ工業は、まず明治期にルブラン法が導入され、のちの第一次大戦中にアンモニア法（ソルベー法）と電解法とがほとんど同時に開始された。それらの技術は、いずれも先進国からの直接導入かあるいは自主的改良を加えた変種として、世界的趨勢からやや遅れてもたらされたものであった。(2)

そもそも、日本において基礎的な工業薬品であるソーダの製造が開始されたのは一八八一年のことであり、官営事業（大阪の造幣局、東京の印刷局）として出発した。ソーダの製造開始にいたるまでの経緯を述べれば、まず一八六八（明治元）年に大阪に設立された造幣所（のちの造幣局）は、鋳貨用の金銀地金の分析精製用原料として一八七二年に硫酸（鉛室法）の製造を開始した。ようやく近代化の緒についたばかりの日本では、当時、硫酸を必要とする他の化学工業部門は未発達な状況にあった。ところが、この硫酸工場はイギリス技術の導入によって当時の世界的な能力規模で建設されたため、余剰となった硫酸の消化策の一環として、八一年に造幣局内に曹達製造所が設けられたのであり、これこそ日本のソーダ工業の嚆矢であった。(3) 以後、明治期に採用されたソーダ製造法は官営・民営のいずれを問わずルブラン法であった。同法が採用された第一の理由は余剰硫酸の多目的利用に求められる。ルブラン法の主要原料は、工業塩とともに硫酸であった。かくして明治期のソーダ工業は硫酸工業と密接な関係をもって誕生したのである。(4)

他方、印刷局（一八七一年紙幣寮として発足、七七年紙幣局、七八年印刷局）でも、紙幣や公債証書などの用紙抄造用の原料として八一年から同局内にてソーダの製造が開始された。造幣局の余剰硫酸は印刷局へも廻されることになったのである。その後、印刷局は八五年に丸の内から豊島郡王子の新工場へ移転され、その際に独自の硫酸工場を建設したことにより、本格的なソーダ生産の拠点は造幣局から印刷局へと移された。

さて、官営事業としてスタートした硫酸およびソーダ工業は、その後に相次いで民間へと払い下げられていった。まず、大阪の造幣局では八五年に硫酸事業が硫曹製造会社へ払い下げられ、同時に小規模だったソーダ事業の方は廃止された。また、東京の印刷局においても硫酸工場は九五年に陸軍省（板橋火薬製造所）へ移管され、他方のソーダおよび晒粉工場は新設の王子製造所へと払い下げられた。王子製造所は九六年秋には関東酸曹と改称され、翌年には北豊島郡王子村に移転して硫酸工場を新設、続いてソーダ・晒粉の製造も開始した。このように、官営事業としてスタートしたソーダ工業は、結局は関東酸曹へと受け継がれたのである。

他方、民間においてもルブラン法ソーダ企業がいくつか誕生した。その先頭を切ったのが一八八九年設立の日本舎密である。同社は九一年から山口県小野田で硫酸の製造に着手、引き続いて本来の目的たるソーダや晒粉などの生産を開始した。前記の関東酸曹とこの日本舎密の二社こそが第一次大戦までの日本におけるソーダ企業の代表格であり、「東の関東酸曹、西の日本舎密」(5) と謳われたのである。

その後、さらに数社がソーダ工業へ進出したが、そのうち主要なものでは九二年に設立された大阪硫曹があった。

同社は各種のソーダ類のほかにも、九七年からは余剰硫酸の多目的利用の一環として過燐酸石灰肥料の製造を開始した。さきに本書の第2章でも見たように、当時、この過燐酸石灰工業は最大の硫酸利用工業として興隆しつつあった。その後、同社は「肥料の販売高が逐次増加し硫酸に不足を感ずる有様であつたから、自然ソーダ工業を廃し肥料専業となるに至」(6)った。同社が結局、ソーダ工業を廃止することとなったのは、後述するように、旧式のルブラン法が不振に陥ったことが原因であった。

同様の理由から過燐酸石灰工業へと転換した例として大阪アルカリがあった。同社の前身は一八七九年設立の硫酸製造会社であり、造幣局の技術を導入して翌八〇年から操業開始、「民間に於て硫酸を製造する嚆矢」(7)であった。同社は八九年、前出の硫曹製造会社を吸収して硫酸の製造企業としての基盤を固めた。さらに「将来の発展を期するためにはソーダ工業に進むを得策と信じ」(8)、九三年にソーダや塩素酸カリなどの製造を目的として大阪アルカリと改称、九五年には販売を開始したのである。

以上見てきたように、当初の日本のソーダ工業はルブラン法を中心としてスタートした。しかし、当時すでにルブラン法は世界的には旧式の技術となっていた。すなわち、「当時欧米に於ては既にルブラン法によるソーダの製造は、製品の品質に於てもまた製造費に於ても新進のアンモニア・ソーダ法に圧倒せられ……ルブラン法は過去の余勢と塩素製品の価格を調節すること丶によつてその立場を維持するの外なき時勢」となっていたのである。「故に独り我国に於てのみルブラン法によってソーダを大規模に製造しても海外の輸入品に対抗し得べき道理はない」(9)。たとえば、さきの大阪アルカリのソーダ事業はわずか二年で工場閉鎖され、以後はその硫酸のすべてを過燐酸石灰へと振り向けざるをえなかったのである。

明治期にはこれらの主要なルブラン法ソーダ企業のほかに、いわゆる「晒粉専業企業」があったことにも注目すべきである。すなわち、第一次大戦後に電解法が開始されるまでの晒粉製造法としては、いわゆる硫酸法が行われており、したがって、これら晒粉専業企業はルブラン法ソーダ企業とは別個に存在しえたのである。「明治一〇年代のなかば、東京及び大阪に数コの晒粉〔専業〕工場があった」[10]。その主たるものとして、まず大阪晒粉が挙げられる。同社の前身は八二年設立の銀雪館であり、その後、大日本銀雪館を経て九三年に大阪晒粉と改称された。晒粉専業であった同社は一九〇七年に帝国製薬所を買収して硫酸の自給体制を整え、第一次大戦中の一七年にはルブラン法によるソーダ製造を開始し、さらに一八年には電解法ソーダにまで進出したのである[11]。次に南海晒粉の場合。同社は一九〇六年に硫酸・人造肥料・晒粉の製造を目的に南海硫肥として設立されたが挫折、翌年には晒粉の製造に限定し南海晒粉として再建された。一〇年には硫酸の自給体制も整え晒粉専業企業としての地位を固め、一八年からは電解法ソーダの操業をスタートさせて、同社も晒粉専業からソーダ企業へと転進したのである。

以上、こうして見てくると、明治期に開始された日本のソーダ工業の特徴は次のように要約することができよう。まず何よりも、(1)ソーダ工業はそれに先行した硫酸工業の多角化（硫酸の多目的利用）の一環として緒についたこと、その結果がルブラン法の採用であった。(2)しかし、一方の硫酸工業が比較的順調な発達をたどったのに対し、旧式のルブラン法によるソーダ工業は欧米諸国からの圧迫によって低迷し、気息奄々としてその存在を維持しえたにすぎなかったこと。(3)かかるルブラン法の低迷は、硫酸の過燐酸石灰への振り替えによるソーダ企業の肥料兼営（あるいは肥料専業）企業への転換を迫ったこと[12]、などである。当時、ルブラン法に替わってアンモニア法あるいは電解法ソーダの企業化を目指す試みがなかったわけではない。しかし、一八九〇年代からはじまったいくつかの挑戦は機未だ熟さず、いずれも挫折せざるをえなかったのである[13]。

こうして、第一次大戦期を迎えるまでには、ルブラン法ソーダの生産を継続しえたのは、わずかに「東の関東酸曹、西の日本舎密」の二社のみであった[14]。しかも、その生産量は、表4-1に見るように、苛性ソーダは内需の三割足らず、ソーダ灰にいたっては一割足らずを満たすのみという有様であった。残りはすべてを輸入品に依存せざるを得な

表4－1　苛性ソーダ・ソーダ灰・晒粉の生産量・輸出入量　（単位：トン）

	苛性ソーダ			ソーダ灰		晒粉	
	生産量	輸入量	輸出量	生産量	輸入量	生産量	輸出量
1910	3,664	11,644		1,305	18,638		
11	2,850	11,443		1,487	20,499		
12	4,211	10,767		2,106	26,828	9,989	496
13	4,325	12,161		2,158	31,081	10,408	1,013
14	5,204	13,829		1,750	32,961	9,391	765
15	7,297	10,852		1,829	30,642	12,906	1,912
16	6,737	10,083		2,642	38,408	18,795	5,369
17	9,062	21,717	400	3,454	44,480	19,734	6,468
18	10,553	7,416	660	3,048	56,318	21,298	4,946
19	10,776	36,051	498	5,080	53,658	23,391	2,431
1920	8,629	26,349	3,829	7,112	61,718	24,732	2,667
21	9,715	1,304	812	7,112	44,117	20,689	2,859
22	8,776	21,138	150	7,811	90,890	16,128	2,803
23	19,595	20,045	165	7,458	90,606	29,027	2,553
24	21,684	15,701	70	2,002	114,279	33,368	2,646
25	25,423	22,378	218	11,162	131,773	36,890	2,567
26	25,341	36,574	43	17,318	37,004	33,288	2,643
27	24,094	41,361	54	23,130	101,449	37,384	2,613
28	28,700	61,741	33	30,928	79,443	46,325	3,111
29	57,382	42,816	22	43,583	79,915	50,756	3,140
1930	34,738	37,589	18	57,233	65,206	49,471	3,446
31	48,536	41,596	11	77,805	54,332	45,005	3,542
32	75,116	28,193	2,511	84,204	46,425	47,485	2,857
33	110,953	12,447	5,116	110,239	46,444	61,142	3,391
34	177,771	9,928	12,282	132,852	37,139	66,155	4,248
35	233,288	19,936	17,497	197,327	38,264	77,080	6,489
36	284,999	11,597	23,430	244,500	40,817	79,228	8,508
37	353,031	27,429	5,514	245,227	46,267	91,903	6,990

（出所）『改訂増補日本曹達工業史』303、304、307、329、330、375、391頁。

かったのである。このように第一次大戦までの日本のソーダ工業はほとんど見るべき発展を見せなかった[15]。

こうした状況にあったソーダ工業にとって、一九一四年に勃発した第一次大戦の与えた影響は大きかった。海外からの輸入量が減少したことが日本メーカーの息を一挙に吹き返させたからである。それに加えて、ソーダ利用産業（繊維、染料、製紙業など）の興隆による需要の急増は品不足をよび、その結果、たとえば苛性ソーダの市価は戦前に比べ最高七倍にまで暴騰した。

こうして、第一次大戦の勃発による輸入減と需要増との絡み合いの中から、日本にも三〇数年にわたった「ルブラン法の時代」に替わって、新たにアンモニア法あるいは電解法ソーダの企業化の機運が急速に醸成されてきたのである。

（1）曹達晒粉同業会『日本曹達工業史』一九三一年、同『改訂増補日本曹達工業史』一九三八年、日本ソーダ工業会『続日本ソーダ工業史』一九五二年、同『日本ソーダ工業百年史』一九八二年、現代日本産業発達史研究会『現代日本産業発達史XIII化学工業（上）』交詢社、一九六八年、など参照。
（2）たとえば、Nicolas Leblanc によるルブラン法が発明されたのが一七八七年、その本格的工業化の開始が一八二三年であり、また Ernest Solvay によるアンモニア法が発明されたのが一八六一年、その工業的基礎が確立されたのが一八六六年であった。さらに、電解法（直立隔膜法）の工業化は一八九三年であり、その後に各種の技術的改良が加えられた。
（3）「全力を挙げて製造する時は製品（硫酸）は兎角余り勝ちであつた。故に局内で消費した以外に内地及び支那方面にも販売したのであるが、更に其消化策とし、又一方化学工業に関係せる者の興味としてルブラン曹達工業の計画を立てた」（前掲、『日本曹達工業史』四八頁）。
（4）「この期日本で建設されたルブラン法ソーダの製造部門は過剰硫酸処理のための硫酸工場の一加工部門にすぎなかった」（中村忠一『日本化学工業資本の成立と発展』高城書店、一九六一年、六頁）。
（5）「日本ソーダ工業発達略史」日本ソーダ工業会『ソーダと塩素』第三巻第五号、一九五二年、三一頁。
（6）前掲、『改訂増補日本曹達工業史』、一八七頁。なお、硫酸の過燐酸石灰工業への転用については、下谷政弘『日本化学工業史論』御茶の水書房、一九八二年、第一章、参照。
（7）前掲、『日本曹達工業史』、五二頁。
（8）前掲、『改訂増補日本曹達工業史』、一八四頁。
（9）同前、二八一頁。「苛性ソーダは何うかと申しますと晒粉に反して終始輸入品の圧迫を受けまして英国のユーナイテッド・アルカリ社のものを初めとして各輸入品の競争が激しく……そのために内地の方は品質の改良どころではなくなり、常にギュウギュウいはされてをつた」（同上、六〇一頁）。
（10）庄司務・寺田英樹『日本の曹達工業』実業報知新聞社、一九六二年、七頁。
（11）一九一八年上半期の同社の「事業報告書」は次のようにいう。「近来電気化学工業ノ勃興ニ依リ晒粉ノ供給増大シ需要之レニ伴ハサルノ憾ミアルノミナラス苛性曹達ノ暴騰ハ一層電気化学工業ノ発達ヲ助長セルノ観ヲ呈シ本社従来ノ製法ハ茲ニ不利ノ時運ニ際会セリ」。なお、同社は二〇年にラサ島燐礦により吸収された。

(12) ルブラン法企業の最大手であった関東酸曹も一九〇八年には過燐酸石灰工業へと多角化せざるをえなかった。また、日本舎密も一九一九年には同工業へ進出して日本舎密肥料と改称、さらに翌年には二つの過燐酸石灰企業を吸収して日本化学肥料となり急速に過燐酸石灰企業への転身を図った。同社と関東酸曹の二社は、結局、一九二三年には過燐酸石灰の最大手企業、大日本人造肥料と大合同した。

(13) まず、アンモニア法については、ソルベー・シンジケートによる技術独占のほか、大資本の必要性、技術上の複雑さ、原料塩の品質・価格などの阻害要因が多く、その導入はもとより困難視されていた。電解法については、一八九六年に大阪硫曹がイギリスからの導入を図ったが、欧米においても緒についたばかりで不成功。続いて一九〇〇年に梅津製紙所(京都)がエレクトロ・ケミカル社より特許権を買収して〇二年から製造試験を開始、その後日本舎密に移して継続したものの失敗して放棄。また、京都帝大の吉川亀次郎教授らが日本舎密や関東都督府の委嘱を受け試験研究を行ったがいずれも第一次大戦まで工業化にはいたらなかった。

(14) 「日本舎密製造株式会社及関東酸曹株式会社の両社相並んで益々其の事業を拡張したりしも、如何にせん原料食塩の高価と技術の幼稚なるに加へ安価なる外国品の圧迫に逢ひ、其の姉妹工業たる硫酸工業が疾く独立したるに拘らず、欧州戦乱勃発に至るまで数十年の長きに亘り一つの新曹達起業者の現わるゝなく、前二者の産額が同時に国内全産高を示し……」(臨時産業調査局『調査資料』第三二号、一九一九年、九〇頁)。

(15) ただ、ひとり晒粉のみは輸入が困難であったため、早くから自給自足の域に達していた。さきの「晒粉専業企業」が存立しえたのもこの事情による。「輸入品に圧倒された条件のなかで、旧来のルブラン法ソーダが一、二割のシェアながら存続しえたのは、まったく副産物である晒粉が長距離輸送の困難な品目であるため輸入がなかったからである」。前掲、『現代日本産業発達史XIII化学工業(上)』、二二二頁。「戦前に於てはルブラン法に拠り晒粉を副産物として得られたるが故に遣つて行けたのである」(『東洋経済新報』一九一九年一月五日付録、七三頁)。

2　日本曹達の誕生と展開

(1)　日本曹達の誕生

さきにもふれたように、日本曹達が誕生したのは第一次大戦後の一九二〇年であった。同社の誕生の経緯を述べれば、それは同社の創設者たる中野友禮《とものり》（一八八七〜一九六五年）とともにある。

中野友禮[1]は会津中学を卒業後、一高の臨時中等教員養成所へ入学、一九〇八年に卒業すると同時に磯村音介（大日本製糖取締役）から学資その他の支援を受けながら、京都帝国大学の理学部助手となって化学研究室に入った。中野はそこで吉川亀次郎教授の指導のもとにアルカリ電解の研究に没頭することとなり、ついに一九一三年には「中野式電食塩電解法」（水平隔膜式電槽、ビリター・ジーメンス式の変種）を完成し特許を得たのである。そして、この中野式電槽の発明こそが、のちの「日曹コンツェルン」の構築へとつながっていく端緒となる。しかしながら、工業化の資金を持たなかった中野にとっては、当面、自分の技術を採用してくれる出資者に依存しなければならない時代が続いた。

特許獲得の一九一三年、吉川教授の退官とともに研究室を去った中野は、磯村の誘いに応じて早速上京、彼の経営するKY舎（ガス・マントル製造、東京本所）の工場敷地の一隅に研究室を設けて電解法の工業化実験をスタートさせた。折しも、実験継続中に第一次大戦が勃発し経済界が大いに沸騰する中で、一五年三月に磯村は八万円を出資して程ケ谷曹達工場を設立、中野は技術出資の形で技師長に就任した。ソーダ工場は同年九月に完成、ただちに製造を開始したが、同社こそが「我国に於て電解曹達法を工業的に経営して成功した嚆矢」[2]であった。

同社が当初に製品として発売したのは過酸化ソーダや塩素酸ソーダなど、大戦の影響によって品不足が深刻となった特定のソーダ製品であった。(3) したがって、同社は「度々の〔工場〕大爆発」(4)にもかかわらず、当時の好景気に恵まれて幸先よいスタートを切り、その後、苛性ソーダや晒粉なども生産開始し、わずかの間に巨額の利益をあげたのである。(5) 同社は一六年末に株式会社化され、資本金は八〇万円となった。中野はこの功績によって弱冠二八歳で常務取締役に推された。しかしながら、常務とはいえ「雇われ技術者」にすぎなかった中野は、早くも一七年には磯村らとの意見の対立によって追われるようにして同社を辞する羽目となった。まさに彼の得意は「槿花一朝の夢におわった」(6)のである。

しかし、当時は第一次大戦による好景気に沸いていた時期であり、電解法ソーダの企業化ブームを迎えた時期でもあった。表4-2は当時の電解法ソーダ企業の一覧である。(7) 多くの企業が大戦ブームのなかで操業を開始したことがわかる。したがって、程ケ谷曹達を追い出されたものの、中野の技術は即座に他所で採用されることになった。その一つが一八年に渡辺和太郎（渡辺銀行頭取）を社長に据えて設立された横浜化学工業であった。同社の前身は横浜魚油であったが、新たに電解法ソーダの製造を計画、中野を取締役として招き同年五月より操業を開始した。あるいは、黄燐赤燐などを製造していた富士化学（富士水電社長白井新太郎経営）でも電解法ソーダ工業への進出計画があった。そこで中野は同郷の先輩たる鈴木寅彦の援助を受けて、一八年春、同社の建物設備を基礎として新たに日本曹達を創立、中野式電解法によって同年五月から製造開始したのである。この日本曹達はのちに一九二〇年に創立された日本曹達と区別して、「第一次日本曹達」あるいは「旧日本曹達」と呼ばれた。同社は、大戦景気の波に乗るべく、早速に工場の拡張工事に取りかかった。(8)

このようにして中野はここに二つの会社の技術面を掌握することとなり、ようやく彼の労苦も報いられるかに見えたのである。ところが一八年末、生産がいよいよ軌道に乗らんとした矢先に、第一次大戦は休戦を迎えて経済界の様相は一変した。製品の売れ行きが止まったばかりでなく、銀行融資も停止された。（第一次）日本曹達の場合、工場

表4－2　電解法ソーダ企業の登場

企業名	工場所在地	設立年	操業開始年月	
程ヶ谷曹達工場	神奈川程ヶ谷	1915	1915. 9	1923、保土谷曹達に改称
大阪曹達	福岡小倉	1915	16.11	わが国最初の水銀法
日本電気工業	富山下新川		17. 3	＊
東海曹達	愛知名古屋	1916	17. 5	名古屋電灯資本、1937中止
旭電化工業	東京尾久	1917	17. 9	古河、東京電気、桂川電力資本。
大阪アルカリ	長野松本	1893	17.11	＊前身は硫酸製造会社
関東酸曹	東京王子	1896	17.12	前身は印刷局、1923大日本人造肥料に合併
三井鉱山三池染料工業所	福岡大牟田	1918	18. 3	1941、三井化学工業
大阪舎密工業	大阪	1897	18. 4	＊1年で中止、1925大阪瓦斯に合併
横浜化学工業	神奈川横浜	1918	18. 5	＊前身は横浜魚油、関東大震災を機に消滅
(旧) 日本曹達	静岡入江	1918	18. 5	＊前身は富士化学、1918富士水電に吸収
東洋化学工業	福島原		18. 7	福島電灯資本
南海晒粉	和歌山海草	1907	18. 9	
大阪晒粉	大阪稗島	1893	18.10	前身は銀雪館、1920ラサ島燐礦に合併
日本染料	大阪	1916	18.11	＊1921頃中止、1944住友化学に合併
関西電気化学	島根		18.11	＊
日本曹達電解所	北海道余市		18.11	＊
利根軌道	群馬渋川		19. 2	＊1920中止
大東電工	富山上新川		19. 9	＊
北海曹達	富山伏木	1918	19.11	1922より三井鉱山資本
日本曹達	新潟二本木	1920	20. 6	

(出所)『日本曹達工業史』153～154頁をもとに作成。
(備考)＊印は1920年代半ばまでにソーダ事業から撤退したことを示す。

拡張代金すら支払い不能となり、操業開始の早々に富士水電によって買い潰される結末となった。ソーダ工場だけは富士水電の曹達部として命脈を保つこととなったものの、「ここに第一次日本曹達は旦夕にして終りを告げた」(9)のである。これを機に中野・鈴木らは同社との関係を辞することになった。他方、前記の横浜化学工業の方も、戦後不況期はもちこたえたものの二三年の関東大震災によって倒壊全焼し、再起不能のまま自然消滅してしまった。

以上のようないくつかの転変を経たのち、中野のソーダ事業はついに本拠地を定める契機をつかんだのである。それは鈴木寅彦の斡旋により日本電気亜鉛(新潟、二本木工場)の経営再建に参画することによってであった。

そもそも日本電気亜鉛は大戦による亜鉛需要の増大を狙って、関川水系(越後電気）の余剰電力を活用するため、一九一七年に辰沢延次郎ら東京瓦斯の関係者によって創設された企業であった。同社は同年九月、越後電気からの低廉な電力供給を受け亜鉛精製の操業を開始した。しかし、創業間もなくの休戦は同社を直撃し、早くも経営難に陥った。そこで、かねてから経営参画を委嘱されていた中野らは、第一次日本曹達が閉鎖された直後（一八年一二月）に、その従業員の大半を引き連れて二本木工場へと乗り込んだのである。[10]

彼はさっそく、社名を「日本電炉工業」と改称して経営再建に取り組んだ。しかし、亜鉛電解は技術的に障害が多く欠損続きであった。そこで亜鉛精製を一時中止し、塩素酸ソーダの製造に転換した。その結果、わずか一年で八分配当が可能となり、続いて金属ソーダや過酸化ソーダの製造も開始したのである。しかし、これらの製品だけでは需要は限られていた。また、何よりも原料の苛性ソーダを自給する必要があった。一躍、その実力を見込まれていた中野は、「そこを見澄まして、東京瓦斯重役連中に曹達会社を創れ、曹達会社は絶対に儲かる」[11]と説き伏せて、ついに一九二〇年二月、新会社の設立にまで漕ぎつけたのである。これこそ、のちに日曹コンツェルンの中核となるべき日本曹達の誕生であった。

ところで、さきの表4-2に列挙した多くの電解法ソーダ企業は、その進出の仕方によって次の三類型に大別することができよう。[12]第一類型は、その前身が明治期に設立されたルブラン法ソーダ企業や晒粉専業企業であり、たとえば、前に見た関東酸曹や南海晒粉などのように旧法を廃棄して電解法へと進んだ企業である。第二類型は、ソーダ（塩素）利用産業における企業が原料の自給化を目的として進出したものである。電解法ソーダは小規模経営が可能なため付帯工業化されやすく、既存のソーダ（塩素）購入企業が自給企業へと展開したものであった。たとえば、三井鉱山（三池染料工業所）や日本染料などがこれにあたる。[13]最後の第三類型は、新たに電解ソーダ専業企業として設立されたものであり、日本曹達こそはその代表であった。この第三類型に属する企業数は多く、中野が関係した程ケ谷曹達、横浜化学、旧日本曹達などのほかにも、大阪曹達や旭電化などがあった。

また、前に述べたように、明治期に設立されたルブラン法ソーダ企業はいずれも硫酸工業と切り離しては存在しえなかった。それに対して、電解法の登場はソーダ工業を硫酸工業から切り離し、独自の工業として存立させるという意味をもっていた。しかしながら、今度はその企業化の要件として新たに低廉な電力の供給問題が生じたのであり、とくに新設の電解法ソーダ専業企業（第三類型）にとって重要であった。したがって、これらの企業の設立には直接間接に余剰電力の利用問題が絡んでいたことが指摘されるべきである。日本曹達の場合も、中野が日本電気亜鉛の経営再建を引き受ける際、同社が低廉な電力供給を保障されていたことが一つの重要な契機となっていた。(14)

さて、日本曹達の創立総会は一九二〇年二月に開かれ、「創立趣意書」、「起業目論見書」、「定款」などが定められた。資本金は七五万円（払込二二・五万円）、社長に鈴木寅彦、専務に中野が就いた。(15)新工場は二本木の日本電炉工業の工場に隣接して建設されることとなり、「第一着手トシテ苛性曹達及晒粉ヲ製造」するため即座に着工されたのである。使用電力は日本電炉工業と同様に越後電気（二二年末に中央電気となる）と契約し、最大交流３００ＫＷ（１ＫＷ年額八五円）が供給されることになった。(16)

こうして中野は、日本電炉工業および新生の日本曹達の二社の実質的な経営者として、折しも戦後不況の嵐の中へと突き進んでいくことになったのである。当然ながら、その前途には多難が予想された。

（1）中野友禮については、中野友禮伝記刊行会『中野友禮伝』、一九六七年、のほか、中野の自著『これからの事業これからの経営』実業之日本社、一九三八年、『続これからの事業』東洋経済新報社、一九四四年、『東北の旅』ダイヤモンド社、一九五五年、また、山崎一芳『謎の事業家中野友禮』東海出版、一九三八年、下谷政弘「日曹コンツェルンの創始者、中野友禮」『日本の創造力』ＮＨＫ出版、一九九三年、などを参照。

（2）前掲、『日本曹達工業史』、一六二頁。程ケ谷に立地したのは隣接の富士瓦斯紡績から余剰電力供給の便宜が得られたことによる。同、および前掲『ソーダと塩素』第三巻第三号、一九五二年、二七頁。なお、この八万円は日糖事件に連座した磯村が、出獄後、事業家としての再出発の資金として鈴木商店の金子直吉から捻出してきた、とある。小林一三・中野友禮・五島慶太『仕事の世界』春秋社、一九五一年、八六頁。

(3)「初めてやつたのは過酸化曹達である。過酸化曹達はその当時フランスから輸入されて居つて貝ボタン、ブラッシュ等の漂白に使用されて居たが、欧州大戦勃発の為輸入困難になつて一封度七〇銭位であつたものが七円になり、阪神地方の職人が五千人も失業すると云ふ事件が起こつて当業者から是非製造してくれと云つてきた」(前掲、『これからの事業これからの経営』、一二一頁)。

(4)同前、一二一頁。

(5)「保土ヶ谷曹達は此の天才技師を掘り起こしたばつかりに急激に発展を遂げて一年程の間に百万円も儲けたさうだ」(三宅晴輝『新興コンツェルン読本』春秋社、一九三七年、二四〇頁)。

(6)前掲、『中野友禮伝』、五九頁。退社にいたる事情は不明であるが、以下の叙述を参照。「こんな有難い天才技師も……製法はもう会得してしまつたし大金を出して抱えて置くのは惜しいものだ、と保土ヶ谷の重役共が考へたかどうか瞭りしたことは判らぬけれども、大正六年中野技師が兎に角抛り出されたことは事実らしい」(前掲、『新興コンツェルン読本』二四一頁)。「利益金が増大するにしたがって、その分配のことで中野と磯村との間には考え方のちがいがあらわれて来た。創業当初、磯村は利益金の四分を中野に供与するつもりでそのことを口にし、それが暗黙の約束のようになっていた。ところが利益金が増大するにしたがって、それは五〇万円という多額のものになってしまった」(前掲、『中野友禮伝』、五八頁)。「苛性の真空蒸発罐のことで中野さんと磯村社長の弟秀策さんとが意見が合わず、とうとう衝突してしまった。中野さんは自説を通すべく自分の持っている保土ヶ谷の株式三〇余万円を保証に提供して製作をつづけたが、予定通り行かないため預けた株式をまき上げられ、その上一ケ年間洋行して来いということで解職させられてしまった」(同、三一八頁)。

(7)「電解法の斯くも発達せる理由は、その方法が(一)当時最も市価の騰貴せる苛性曹達を直接製造し得る方法なる上、(二)企業単位の小(一日一噸乃至五噸)にして、(三)所要電解槽は容易に米国より供給を受くることが出来たからである」(『東洋経済新報』一九二二年八月二六日、一五頁)。ちなみに、アンモニア法ソーダ企業としては、当時ソーダ灰の最大需要者であった旭硝子がその自給のため一九一七年に操業開始、続いて一八年に台湾肥料(高雄)および日本曹達工業（山口、いわゆるＮＳＫ、三六年に徳山曹達と改称）の二社がスタートした。しかし、ソルベー・シンジケートから独立して設立されたこれら「独立系ア法工場」は技術的困難と輸入品圧力とによってほとんど振るわなかった。以上の詳細については、旭硝子臨時社史編纂室『社史』一九六七年、また、ダイヤモンド『ソーダ（徳山曹達）』一九六七年、鈴木恒夫「戦間期日本化学工業の競争構造」『産業経済研究』第二〇巻第三／四号、一九八〇年、など。

（8）「それを伝え聞いた保土ヶ谷曹達の、技術陣はもちろん旧部下達は大挙して彼の傘下に馳せ参じた……そのため磯村の保土ヶ谷曹達は技術陣ががたがたになり、一時は見るかげもないものになった」（前掲、『中野友禮伝』、六一〜二頁）。

（9）日本曹達『二本木工場三〇年史（稿）』一九五一年、六頁。なお、曹達部も一九二四年には廃止された。

（10）経営引き受けの条件として、中野は経営実務の一切を任せること、および人事の入れ替えを要求して容れられた。社長は辰沢延次郎、中野は専務に就いた。

（11）前掲、『これからの事業これからの経営』、三三三頁。

（12）前掲、『現代日本産業発達史XIII化学工業(上)』、二二二〜二二三頁。

（13）「電解法は比較的小規模で経済的単位となるので……諸工業に於てその原料を供給するため付帯工業として経営される場合が相当に多い」（庄司務『曹達と工業』河出書房、一九四二年、一七三〜七四頁）。

（14）同社の経営再建にあたり「大丈夫計算が立つと睨んだ」理由の「第一は二本木は非常に電力が安いこと」であった（前掲、『これからの事業これからの経営』、三一一頁）。「江尻（第一次日本曹達）の跡始末がすむと中野は日本電気亜鉛の工場を見に行った。契約電力は（第一次）日本曹達が富士水電から買っていた三〇〇ＫＷ、ＫＷＨ八厘に対し、二本木は六〇〇ＫＷ、六厘であって安い」（柴村羊五「日本化学工業を築いた人々（二四）中野友礼と日本曹達」『化学経済』一九七〇年四月号、八四頁）。「休戦と同時に事業界は火の消えたような状態だが六厘の電気が使えるとなれば、なんとか商売になるだろう」（前掲、『中野友禮伝』、六九頁）。

（15）「日本曹達株式会社創立趣意書」一九一九年。

（16）前掲、『二本木工場三〇年史（稿）』、一二〇頁。

(2) 曹達晒粉同業会と晒粉連合会

日本曹達が設立された大戦後の日本経済は日増しに不況の底へと追い込まれていった。同社がスタートした翌月には東西の株式市場におけるパニックを発端として経済界は恐慌状態に陥った。いわゆる戦後反動恐慌である。「戦時中、事業界一方の呼び物となってゐた化学工業界も、休戦と共に一大整理を行ふの止むなきに到り各社共多大の打撃を蒙ったが、更に昨〔二〇〕年来の不況に遭遇するに及んでは、単に各種会社の浮沈が問題となるのみならず之等の事業が大局上我が国に成育するや否やの大問題」(1)となってきたのである。ソーダ工業も例外ではなかった。

第一次大戦中には、前に見たように、価格暴騰した苛性ソーダの生産を狙って多くの電解ソーダ企業が設立された。「開戦以来之(苛性ソーダ)が製造を企画するもの各所に続出し其数は今や一七、八を算し、大正六〔一九一七〕年の産額は戦前の二倍以上に達し、昨年の見込産額の如きは戦前の四倍に垂らんと」(2)する状況であった。加えて、ルブラン法ソーダ企業も戦時中には大いにフル操業した。(3)しかし、一八年一一月に休戦を迎えるや、大量の輸入ソーダの再流入によって国内における需給不一致が一挙に顕在化し、かかる熱狂的なブームも価格暴落とともに消滅したのである。

ここに一九一八年一二月、その対策として、当時の主要製造業者一四社は「曹達晒粉同業会」(幹事、関東酸曹・旭電化・日本舎密)を結成した。同会の結成の目的は、(1)苛性ソーダ・晒粉の経費割当問題、(2)原料塩輸入問題、(3)関税改正問題、(4)電極輸入問題、など同業者間の共通問題を協議することにあった。

しかし、同会がこれらの諸問題に取り組むうちにも事態はますます悪化の一途をたどった。たとえば、一九年には過去最高の生産量を記録したのに加えて大量の思惑輸入も重なって、その供給高は四万六千余トンの巨額にのぼった(前掲表4-1)。これは過去最高であった一七年に比べても一・五倍以上であり、この結果、供給の大過剰を招来し市価は暴落していった。これに、二〇年三月来の戦後反動恐慌が追い討ちをかけたのである。ソーダ・晒粉ともいよいよ「在荷の山積」となり、ここに同会は二〇年六月、別途にカルテルたる「晒粉連合会」を組織し、晒粉の価格協定および生産制限を実施したのである。

晒粉は苛性ソーダ製造の際の副産品であり、通常、苛性ソーダ一トンにつき二・二トンの割合で副産される。当時、塩素の有効利用策としては量的に晒粉が唯一のものであった(4)。同会が苛性ソーダではなく副産品の晒粉だけを協定の対象品目とした理由は、(1)両者の生産比率が一定しているため晒粉を生産制限すれば苛性ソーダも自ずと制限されうること、(2)苛性ソーダが輸入品に圧迫され採算割れの状態であることから、輸入のない晒粉の価格維持を図ることにより窮状を脱しようとしたことに求められる。すなわち、晒粉こそは「苛性曹達製造業者の安全弁(5)」であった。

それはともかく、まず価格協定の内容から見ておくと、晒粉を品質（有効塩素含有量）に応じて五段階に分け、さらに取引数量や契約期間の長短により注文主を甲乙丙の三種に区分し、それぞれの協定価格を取り決めた。当時における晒粉の最大の需要者は製紙業者であった。したがって、「右価格の標準は晒粉の主要消費者である製紙会社が特別の機関を造って其の自給をなすに到らざる程度を採算したもの(6)」であった。

また、生産制限の方をみると、制限率は二〇年後半から二二年一〇月まで五〇％から六五％もの高率操短が継続されたのであり、このことからも、当時の需給不一致がいかに大きかったかがわかる。この生産制限は二二年一一月から突然に撤廃されている。それは、その必要性が消滅したからではなかった。それまでの価格協定および高率操短にもかかわらず、有力企業を除くほとんどの企業が採算割れの状況に苦悶し続けていた。そのなかで生産制限が撤廃された理由とは、カルテル参加企業の足並みの乱れからにほかならなかった。「操短撤廃の背後には晒粉同業会員中二三の有力会社が高率操短の励行、販売値段の協定を引続き厳守する究極策の得たるものに非ずとし此際断然自由競争に任せ小会社をして自然に淘汰せしむるの外なしとし……秘密裡に奔走した結果と伝へられて居る(7)」。「それかあらぬか……〔撤廃後に〕増産を計って居るものは殆ど大会社なのである」[8]。このように、カルテル参加企業間の利害の不一致による操短撤廃は、それによって辛うじて保たれつつあった需給バランスをふたたび大混乱に陥らしめ、またも熾烈な販売競争を惹き起こしたのである。

第一次大戦休戦後の、とくに一九二〇年下期以降の日本のソーダ業界は、以上のように低迷状態に沈潜していた。とくに、二〇年下半期からの落ち込みは歴然たるものであった。そして、わが日本曹達がその操業をいよいよスタートさせたのは、まさしく二〇年下半期からであった。

(1)『東洋経済新報』一九二二年六月一一日、一七頁。
(2) 同前、一九一九年一月五日付録、七二頁。
(3) ルブラン法企業としては関東酸曹や日本舎密に加えて、大戦中に六社がスタートしていた。前掲、『調査と資料』第三二号、九三～九八頁。「ルブラン法隆盛期間は大戦当時の三～四年間」であった。前掲、『ソーダと塩素』第三巻第五号、三三二頁。
(4) 塩素の晒粉以外への有効利用としては、一九一七年に程ケ谷曹達が液化塩素を製造開始したが、当時の用途は化学実験用（のちは上下水殺菌用）に限られていた。また、同社は二一年から合成塩酸を開始、二二年には旭電化も開始したが、これも分析・実験用に少量用いられたにすぎなかった。
(5)『東洋経済新報』一九二二年七月二日、三〇頁。
(6) 以上、『東洋経済新報』一九二〇年七月一〇日、一五頁。
(7)『ダイヤモンド』一九二二年一一月一日、一七頁。
(8) 同前、一九二三年五月一日、六九頁。また、「裏面における販売競争は相当激しかった……すなわち巷間に、××方面に蝶々が舞っているとか、リスが飛び出したとか、また雪兎が現れたとかいう噂が出た。蝶々は大日本人造肥料、リスは旭電化工業、雪兎は日本曹達等それぞれの会社の商標であって、ある会社の製品が他の会社の地盤に喰い込んだことのたとえ話であった……ひどい例としては……値段は協定価格を守っているが晒粉の箱を開けた処五〇銭銀貨が出たと云う事もあり、如何に販路拡張に汲々たるものがあったかが窺われる」（前掲、『日本の曹達工業』、一一八～九頁）。

(3)　一九二〇年代の日本曹達

一九二〇年二月に設立された日本曹達が、二本木工場を完成させ操業開始したのは、不況が深刻の度合いを増した同年六月であった。以下、操業開始後の同社の内容について見ていこう。

まず、表4-3は同社の二本木工場の生産品目および生産量の推移を示している（販売高については不明）。生産品目の中心を占めたのは苛性ソーダおよび晒粉であり、当初の生産能力はそれぞれ月産八〇トンおよび九〇トンであった。これは二五年までにそれぞれ二九〇トンおよび四一〇トンへと急激に増大した。これを先発の同業他社と比べてみると、たとえば主要企業の一つであった旭電化は二〇年にはそれぞれ二〇〇トン、四六〇トン、また二五年には二一〇トン、六二五トンであったから(1)、日本曹達が急速な設備拡大によってほぼ追いついていたことがわかる。実生産量でも創立翌年の二一年でみると、最大手であった関東酸曹の「晒粉曹達類」合計の一七、一四〇トンには遠く及ばなかったものの、旭電化（それぞれ九五七トン、一三九八トン）や大阪曹達（それぞれ八四七トン、一六五三トン）には早くも追いついており(2)、同社が当初から一定の規模を備えたソーダ企業としてスタートしていたことがわかる。

また、同表において一九二六年に生産品目数が一挙に増加しはじめたのは、後述するように、同年に隣接の日本電炉工業を吸収合併した結果、同社の製品が付け加えられたことによる。したがって、当初の日本曹達は苛性ソーダおよび晒粉を中心品目として、若干の塩化物を生産するというきわめて平均的な一個の「ソーダ企業」にすぎなかったのである。当時の同社の状況からは、まだ後年に日曹コンツェルンを築き上げていく兆しなどほとんど看取することはできない。

次に、表4-4は同社の工場（および発電所）の推移を一覧したものである。この表からも明らかなように、同社が

表4－3　日本曹達二本木工場の生産量の推移

製品名	単位	1920	21	22	23	24	25	26	27	28	29	1930	31	32	33
苛性ソーダ	t	245	1,137	1,488	1,942	2,787	3,362	4,075	2,189	2,334	3,210	3,361	4,448	5,830	9,144
晒粉	t	567	2,617	2,871	4,062	6,737	7,166	9,347	4,849	5,307	7,422	6,410	6,781	?	?
四塩化錫	kg	7,798	0	3,624	10,494	575	1,067	2,440	1,000	4,465	9,651	3,100	?	?	?
五塩化燐	kg		9,257	3,113	4,060	4,690	2,138	2,081	1,860	1,240	?	?	500	?	675
水素ガス	m³					10,878	60,282	14,250	145,255	146,883	117,616	113,774	102,182	?	?
三塩化燐	kg							5,315	19,537	55,236	39,775	25,200	25,550	?	31,255
硬化油	kg							66,981	307,692	888,833	246,419	946,822	3,069,180	?	?
金属ソーダ	t							78	151	18	67	55	7		
過酸化ソーダ	t							268	271	270	330	285	282	?	?
塩素酸ソーダ	t							298	284	382	372	265	347	?	?
酸三塩化燐	kg								1,274	2,312	2,094	1,000	682	?	4,400
塩化硫黄	kg								150	888	571	267	10,788	?	38,758
出荷メタル	kg									10,660	20,725				
液化塩素	kg									26,940	51,944	132,834	352,770	470,339	652,283
青化ソーダ	kg										11,283	18,686	77,372	225,563	485,300
黄血ソーダ	kg										2,950	9,600	2,650	?	?
苛性加里	kg										22,035	17,800	?	?	?
満俺鉄	t										1,216	755			
第一塩化錫	kg										5,760				
合成塩酸	t											204	1,019	920	1,486
硅素鉄	t											88			
高度晒粉	kg											55,600	234,265	?	?
塩化亜鉛	kg												59,601	?	77,675
四塩化炭素	kg													68,219	?
硫酸ニッケル	kg													24,946	?
エチレングリコール	t														?
エタン類	t														?

（出所）『二本木工場30年史（稿）』130頁。

矢継ぎ早に多数の工場を設立（あるいは買収）するのはおよそ一九三三年前後からのことであり、少なくとも一九二〇年代の中ごろまでは二本木工場が唯一の工場であった。

この二本木工場は日本電炉工業の工場敷地に隣接して立地し、最初は敷地一万五七二坪、建物棟数一二、建坪九九一坪の規模であった。それが、二五年には、敷地四万九八三九坪、棟数二六、建坪二一七四坪へと増加している。同工場のレイアウト図は見当たらないが、前述の生産能力や実生産量の伸び、およびこれらの数字の推移から見て、同社は、同業他社が停滞を続けた二〇年代前半にもかなりの展開を遂げていることがわかる（ちなみに、一九三七年の同工場をみると、敷地一九万七三七八坪、棟数三九三、建坪二万六九一七坪と、まさしく飛躍的に増大している[3]）。

表4-5は、二本木工場の従業員数の推移を示している。当初の社員一五名の内訳は技術者一〇名、事務五名であった。一九二〇年代の従業員数には顕著な変化はみられず、飛躍的に増大しはじめるのはやはり一九三〇年代に入ってからのことであった。二本木工場の一九二〇年代における組織の詳細についてはよくわからない。ただ判明しているのは、設立当

時の工場長は「工場管理人」と称され、その配下の各製造現場、分析室、事務室に「主任」がおかれたこと、つまり「工場管理人—主任—一般労働者」という体制がとられたことだけである。(4) しかし、より重要なことは、同社（二本木工場）の組織がすべて中野友禮個人への「直結職制」(5) となっていたことにある。すなわち、中野は製造技術面の実際の指揮監督権を直接に掌握していたため、工場管理人—主任などという組織ラインの存在は彼にとっては形式以上の何物でもなかった。いわんや、後述するように、技術優先主義者である中野にとって「事務屋」の組織などさらに軽視されたことは疑いをいれない。

　一般的にいって、このような「直結職制」は規模が小さい企業には珍しくなく、むしろ企業創立時には普通にとられる組

表4－4　日本曹達の工場の推移

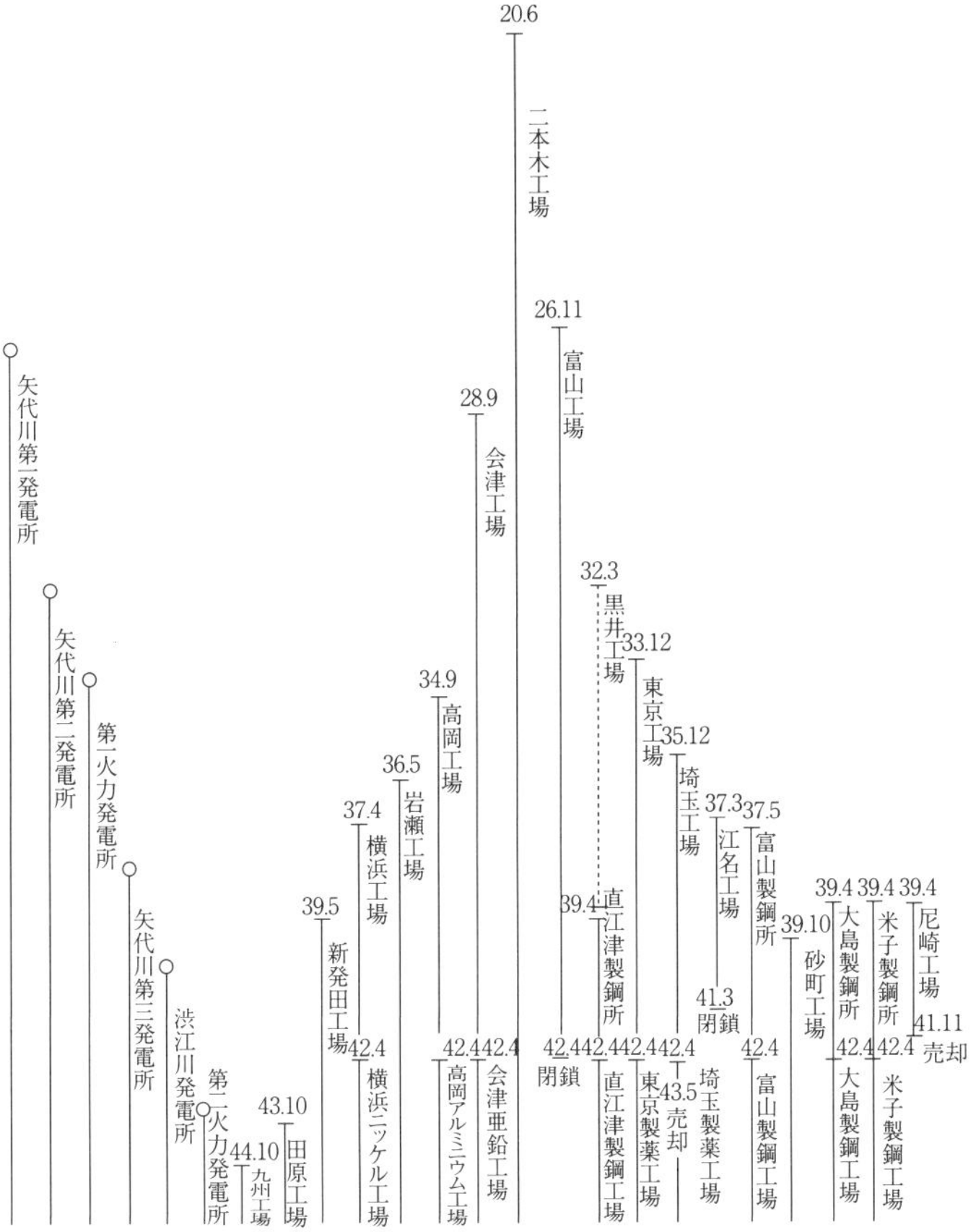

（出所）『日曹事業概観（稿）』、各年版『日本曹達株式会社概況』をもとに作成。

表4－5　日本曹達二本木工場の従業員数の推移

	社員	労務員	休職者	合計
1920	15	129		144
21	14	139		153
22	12	142		154
23	13	167		180
24	17	185		202
25	22	218		240
26	23	258		281
27	24	279		303
28	26	285		311
29	28	273		301
1930	29	282		311
31	35	297		332
32	39	424		463
33	50	655		705
34	56	853		909
35	77	1,355		1,432
36	88	1,493		1,581
37	102	1,848		1,950
38	126	2,168	33	2,321
39	149	2,470	100	2,719
1940	164	2,627	227	3,018
41	174	2,666	506	3,346
42	462	4,450	536	5,448
43	609	5,537	730	6,876
44	981	6,219	1,570	8,770
45	1,077	6,510	2,162	9,749

（出所）『二本木工場30年史（稿）』67頁。
（備考）1920～26年までは「従業員について工場作業面及会社経営の諸事情から日本曹達と日本電炉工業の在籍者を区分することが至難」（同前、65頁）なため両社（両工場）の従業員を一括した。学徒は含まず。休職者は軍事休職および一般休職の合計。

織形態であるかもしれない。しかし、日本曹達の場合に問題とされるのは創立者たる中野個人への「直結職制」が一九三〇年代にコンツェルン体制ができ上がって以降も続いたことである。たとえば、「二本木工場の前半期には生産第一主義の標榜の許に発展時代を迎えても且つ生産部門の拡大にも拘らずmanagement systemということについては余り考慮が加えられなかった」[6]。また、「日本曹達の飛躍時代を迎えて相次ぐ製造業種の増加から従来の直結職制より責任の分担ということが強調され」はじめ、それが実現されたのは、ようやく「昭和一二〔一九三七〕年八月部長制が設けられた」[7]ころのことであったという。

さて、同社は一九二〇年二月に創立されてから二本木工場の竣工までの四ケ月は「化学薬品ノ仲介」を行うにすぎなかったが、その間に反動恐慌が突発し、「現時財界不況ノ為メ直チニ予定ノ成果ヲ挙クルコト容易ノ業ニアラサルヘキ」[8]状勢に直面した。しかし、同年六月、二本木工場は予定通りに操業開始されたのである。操業開始と同時に、「業務上ノ必要ニ拠リ曹達晒粉同業組合ニ加入」[9]した。後発であることに加えてスタートの出鼻を挫かれた同社にとって、当然ながら前途には多難が予想された。操業開始当初は、その努力をもっぱら「日本電炉工業との融通性・合理化」[10]を図ることに注がざるを得ず、また「営業報告書」にも強調されているように経費節約を最高目標として苦闘を強いられたのである。しかし、中野はかかる状況にあっても「積極的経営の方針」を貫き、つぎつぎと同業者が倒産する中でそれらの機械を二束三文で買い集めることも忘れなかった。「次第に世の中は不景気になり曹達会社の多くは破産するものが続出した。不景気で日本曹達も余裕はなかつたが、曹達会社其他の会社で倒れたものがあると出掛けて行つては機械その他の機具を安く購入して工場の拡張をやつた」(11)。

こうして、何とか創業直後の経営困難を乗り切ったころ、晒粉連合会の操短の効果も手伝って、表4-6に見るように、二一年下期には一割配当にまで漕ぎつけたのである。当時、二〇年代中ごろまでに電解法ソーダ企業の半数が相次いで事業中止に追い込まれていった中（前出表4-2参照）で、後発の同社がその後も一割配当を持続しえたのは、中野の経営手腕と技術の優秀さに負うところが大きかった。また、上述したように、不要不急な箇所、すなわち工場事務所はもちろん工場建屋や枢要部以外の機器などをすべて中古品で間に合わせるという徹底した経費節約方針にも負っていた。たとえば、表4-7は、反動恐慌後に残存した二一年当時の各企業の内容を示しているが、注目すべきは、同社が晒粉一単位当たりの固定資産額が最小であったことである。その後、二二年一一月に晒粉の生産制限が「有力企業の策動」によって撤廃され成績は落ち込んだものの、ようやく同社がその基礎を固めるための契機は関東大震災によって与えられたのである。

一九二三年九月の関東大震災は、旭電化、保土谷曹達（一九二三年に改称）、横浜化学工業、そして大日本人造肥料の王子工場（旧関東酸曹、二三年五月に大日本人肥と合併）などに大打撃をもたらした。その結果、ついに横浜化学は再起不能に陥ったのである。反面、大震災は一時的にではあれ、これまでの在庫品および生産能力の一大破壊という結果をもたらした。したがって、「会社に依つては致命的打撃を蒙つたに反し斯界は寧ろ好影響を蒙」(12)った。さきの表4-7によれば、これら四社の破壊された晒粉生産能力の合計は全体のほぼ半分を占めており、「これに依つて前途在来の弊は自然的に調節せらる、」(13)こととなったのである。また、大震災の影響はかかる直接の生産力破壊にとどまる

表4－6　日本曹達の営業成績

（単位：千円、％）

年	期	公称資本金	払込資本金	借入金	興業費	利益金	利益率	配当率	株主数
1920	1	750	225		217	4	3.1	0.0	66人
	2	750	225	10	269	12	10.5	0.0	66
21	3	750	225	120	292	14	12.7	7.0	70
	4	750	225	150	358	30	26.6	10.0	73
22	5	750	299	170	422	27	18.4	10.0	73
	6	750	300	210	466	19	12.5	10.0	73
23	7	750	375	180	489	23	12.2	10.0	73
	8	750	375	200	586	24	12.9	10.0	73
24	9	750	448	180	644	69	31.0	10.0	73
	10	750	450	180	691	71	31.7	10.0	74
25	11	750	450	180	715	83	36.9	10.0	75
	12	750	592	160	837	75	25.2	10.0	78
26	13	1,400	1,120	150	1,792	110	19.7	10.0	329
	14	1,400	1,120	110	2,114	113	20.3	10.0	333
27	15	1,400	1,359	55	2,303	126	18.5	10.0	333
	16	1,400	1,400	47	2,423	132	18.8	10.0	334
28	17	1,400	1,400	47	2,620	140	20.0	10.0	342
	18	1,400	1,400	346	3,096	149	21.3	10.0	401
29	19	3,600	1,950	1,610	3,397	180	18.5	10.0	792
	20	3,600	1,950	1,610	3,410	213	21.9	10.0	782
1930	21	3,600	1,950	1,610	3,662	206	21.1	8.0	760
	22	3,600	1,950	1,610	3,859	181	18.6	8.0	749
31	23	3,600	1,950	1,610	4,020	191	19.6	8.0	765
	24	3,600	1,950	1,610	4,066	186	19.1	8.0	749
32	25	3,600	2,163	1,410	4,062	208	19.2	8.0	741
	26	3,600	2,170	1,410	3,983	310	28.6	8.0	770
33	27	3,600	2,170	1,610	4,030	435	40.1	10.0	790
	28	3,600	2,500	1,800	4,501	703	56.2	12.0	995
34	29	10,000	5,200	1,512	5,569	807	31.0	12.0	2,090
	30	10,000	5,200	1,411	8,036	912	35.1	12.0	2,207
35	31	10,000	5,200	(社債) 5,000	9,673	961	40.0	12.0	2,103
	32	10,000	6,789	5,000	10,996	986	29.0	12.0	1,991

（出所）『二本木工場30年史（稿）』42頁、および各年「営業報告書」。
（備考）34年上期はプレミアム収入を含めると利益金は2,195千円となる。

表4－7　1922年当時の晒粉製造企業

企業名	所在	公称資本金	払込資本金	晒粉月産高	同能力	100ポンドあたり固定資産
		千円	千円	千ポンド	千ポンド	円
関東酸曹	東京	5,000	4,125	832	1,800	138.8
日本化学肥料（旧日本舎密）	山口	13,000	8,200	104	297	1,010.1
南海晒粉	和歌山	1,000	720	225	534	93.6
ラサ島燐礦（旧大阪晒粉）	大阪	15,000	10,500	320	422	82.9
保土谷曹達	神奈川	800	800	175	500	160.0
大阪曹達	福岡	2,000	1,063	162	463	229.5
東海曹達	名古屋	1,250	663	163	466	171.6
旭電化工業	東京	2,000	1,500	454	1,091	105.3
三井鉱山	大牟田	100,000	62,500	80	229	—
横浜化学工業	横浜	150	150	159	454	83.7
富士水電	静岡	33,160	16,148	70	200	214.0
福島電灯（旧東洋化学工業）	福島	8,000	5,720	89	254	137.8
大東電工	富山	400	213	休止	—	—
北海曹達	富山	3,000	1,800	322	888	146.2
日本曹達	新潟	750	225	179	423	75.6

（出所）『東洋経済新報』1922年10月21日、23頁。

ことなく、各種のソーダ利用工業や晒粉利用工業、とくに製紙業の急激な拡張熱を呼び起こし、また新たに晒粉の井水消毒の用途が開拓されるなど、ソーダや晒粉の需要は急速に伸張したのである。日本曹達の成績もこれに乗じて急速に好転した。

しかし、このような好況は一過性のものであった。震災被害の回復と二五年夏からの製紙界の落潮はまたもや需給不一致による滞貨の山積を生み出し、晒粉連合会は同年七月からふたたび生産制限を開始せざるを得なかったのである。そのなかで、一度その基礎を築いた日本曹達はこの間も着々と能力拡大を図る一方、他方では連産品の有効利用の途へと乗り出していった。これまで見てきたように、つねに輸入ソーダの圧迫に苦しめられてきた電解法ソーダ企業にとって、彼らの関心事は苛性ソーダ製造の連産品（塩素や水素）の有効利用策にほかならなかった。これら連産品の商品化による苛性ソーダ生産費の低減こそが、輸入ソーダに対抗するための唯一の武器であった。電解法によるソーダ工業の成否はとくに副産塩素の有効利用の如何にかかっていたのである。

いうまでもなく、その一つが晒粉の製造であった。しかし、これは、既述のように高率操短を余儀なくされることによって、当時、かえって苛性ソーダ製造の桎梏と化していた。ここに、他方の水素の有効利用、あるいは塩素の晒粉以外への多目的利用の途の模索がはじまったのである。たとえば、同社の場合、二四年から水素ガスの製品化を開始して陸軍に納入、翌二五年上半期からは海軍にも納入し、急速に生産量を増大させた（前掲表4-3参照）。また、同じころに水素添加による硬化油の製造もスタートさせている。他方、晒粉以外への塩素の商品化は一九二〇年代の終盤に入ってから実現しはじめた。たとえば、液化塩素（二八年）、合成塩酸（二九年、これは水素の多目的利用でもある）、高度晒粉（三〇年）などの製造であり、同社の苦境乗り切りに大いに貢献したのである。[14]とはいえ、これらの多角的展開はまだ範囲もせまく、限定されたものにすぎなかった。

さて、さきにもふれたように、日本曹達は一九二六年四月に日本電炉工業を吸収合併することとなった。同社の資本金は一四〇万円に増加することとなり、日本電炉工業の工場は二本木工場の一部に組み込まれた。両社の工場は隣接していた上、ともに中野が采配をふるってきたのであり、「その実体は（以前から）一つのものといってよかった」。[15]そして、この合併こそは、中野の事業がのちに「新興コンツェルン」へと大発展する上での重要な意味合いをもっていたのである。

すなわち、何故に同社が数あるソーダ企業のうちから抜きん出ていわゆる「新興コンツェルン」の一つにまで成長しえたか、という問いに関わる問題である。そもそも日曹コンツェルンが上述の電解ソーダ工業の連産品の有効利用を出発点として形成されはじめたことは確かである。とくに、一九二〇年代の終盤に入ってからの塩素の多目的利用はめざましい広がりをみせた。しかしながら、その多角化の出発点がソーダ工業関連に限られていただけでは、後年あれほどの展開を見せた日曹コンツェルンは生まれなかったであろう。実際、同社と同じく連産品の多目的利用に向かったソーダ企業からは「新興コンツェルン」は生まれなかった。その意味で、日曹コンツェルンの誕生には電解法ソーダ工業以外の出発点があったのであり、それこそは日本電炉工業の前身（日本電気亜鉛）にまで遡ることのできる「冶金業」であったと言わねばならない。日本電炉工業は、中野が経営に参画してのち冶金業をしばらく中断していたが、「中野は二本木の日本電気亜鉛以来、亜鉛電解に強い関心をもっていた」[16]。いうまでもなく、電解法ソーダも電気亜鉛もともに電気利用工業（電気化学工業）という共通性をもっていた。日曹コンツェルンは、たんにソーダ工業だけからスタートしたのではなかった。このことは十分に強調されるべきである。

（1）旭電化工業『社史旭電化工業株式会社』一九五八年、四五五頁。
（2）それぞれ、関東酸曹は「（大正一〇年上下期）考課状」、旭電化は同前、大阪曹達は社史編纂委員会「五〇年史原稿」一九六四年、二八五～八六頁、による。
（3）以上の数字は、前掲、『二本木工場三〇年史（稿）』、六三頁。
（4）同前、三三頁。
（5）同前、三四頁。
（6）同前、三三頁。
（7）同前、三四頁。各氏の「中野さんの憶い出」（前掲『中野友禮伝』）によれば、中野は日曜祭日ごとに東京の本社から二本木に出かけ、終日工場を見て歩いて、直接に細々とした指示を下している。
（8）日本曹達「第一期営業報告書」。
（9）同前。
（10）前掲、『二本木工場三〇年史（稿）』、八頁。
（11）前掲、『これからの事業これからの経営』、三三二～四頁。
（12）『東洋経済新報』一九二三年一〇月六日、二九頁。
（13）同前、二八頁。

(14) 以上、日本曹達の各期「営業報告書」。
(15) 前掲、『中野友禮伝』、七七頁。「合併契約書」(一九二六年一月一一日)をみると、契約当事者はともに両社社長の鈴木寅彦であった。彼がいつから日本電炉工業の社長に就いたかは不明。
(16) 同前、八二頁。したがって、次のような表現は日曹コンツェルンの実態を見誤らす文学的表現といわざるをえない。「まことに日曹コンツェルンといふものは中野友禮といふ男が塩を解いては産み出した前古未曾有の結晶と言つてよからう」(前掲、『新興コンツェルン読本』、二三二頁)。

3 日本曹達の工場展開と多角化

(1) 日本曹達の工場展開

たとえば、表4-8は日本曹達の工場の展開を示したものである。そこに見るように、同社は一九二六年に日本電炉工業を吸収したあと、同年一一月に最初の分工場として富山工場を竣工させたが、その製品は合金鉄や粗金属ソーダなどであった。また、二八年九月には高田商会の高田鉱業大寺製錬所を買収し、これを会津工場としてふたたび電気亜鉛の製造を開始している。このような一九二〇年代後半の動きのなかにこそ、日本曹達のソーダ企業としての特異性と、のちの日曹コンツェルン形成のための出発点とを窺い知ることができるように思われる。

さて、同社の多角的展開過程を見ていく場合、ほぼ一九三〇年代中葉までは、それは日本曹達という一企業の内部における工場の展開として行われたことが重要である。同社が急激に子会社を持ちはじめ、いわゆる「コンツェルン」へと転化するのはそれ以降のことに属する。したがって、多角的展開の様相も同時期をはさんで変化したことが予測されるため、最初に一九三〇年代中ごろまでの日本曹達という一企業内部における多角化について見ておくこととしよう。

創立から数年、日本曹達の工場としては二本木工場が唯一のものであった。同工場は戦前期を通して同社の中心的工場の位置を占め続けた。その後には、同表にも見るように、三〇年代中葉にかけて七工場が設立されている。かかる矢継ぎ早の工場の設立展開は、ほぼ三〇年代後半からにわかにスタートする子会社の設立展開（コンツェルン化）に比べると対照的であり、各工場は同社の多角的展開に沿ってそれぞれ個別の役割を担ったのである。以下、この工場展開のあり方の中に同社の多角的展開の特色を、さらにはコンツェルン化への胎動を探ってみよう。

表4－8　日本曹達の工場展開

工場名	所在	設立年月	主要製品
二本木	新潟	1920. 6	苛性ソーダ、晒粉、各種塩化物、染料、硬化油、工業薬品、その他
富山	富山	1926.11	金属ソーダ、合金鉄
会津	福島	1928. 9	亜鉛、合金鉄、カドミウム、その他
黒井	新潟	1932. 3	合金鉄
東京	東京	1933.12	医薬品、染料中間体、その他
高岡	富山	1934. 9	苛性ソーダ、晒粉、発煙硫酸、アルミニウム、その他
埼玉	埼玉	1935.12	硝化綿
岩瀬	富山	1936. 5	合金鉄、金属マグネシウム、研磨剤

（出所）筆者作成。

同社の工場展開は、つぎの二つに分けることができる。一つは苛性ソーダからの副産塩素ほかの有効利用による展開、すなわち「アルカリ展開」であった。また、他の一つは電気亜鉛、合金鉄ほかの展開であり、すなわち「冶金展開」であった。この両展開は、いうまでもなくいずれも電力の活用という点でつながりを有していた。しかも、日本曹達という一企業内部でそれらが結合されることとなった理由は、さきにも述べたように、同社創業時からの日本電炉工業との併行経営およびその後の吸収合併に求められたのである。順に見ていこう。

①　アルカリ展開（二本木工場）

同社創業以来の中心的な工場であった二本木工場は、のちの工場展開や子会社展開のためのいわゆる「実験工場」の役割を果たした。同工場で実験的に取り組まれた事業が、のちに新工場へ、あるいは子会社へと飛び火していったからである。また、同工場はその製品品目数においても他工場を圧倒していた。二本木工場の製品数は一九二〇年に三、二五年に五、三〇年に二〇、そして三五年には七二へと急増していった(1)。もちろん、この品目数の多さはプロセスのいもづる式展開という化学工業に特徴的な現象の結果であり、その大半は中間物・半製品によって占められていた。具体的には、電解ソーダ工業に固有の副産塩素ガスの処理、すなわちその有効利用に端を発していたのである。

ここで、さきの表4-1によって一九二〇年代後半からの日本の苛性ソーダの生産量を見ると、依然として輸入品の攻勢が続いていたことが窺える。しかし、これは必ずしも苛性ソーダの生産能力不足に起因するものというより、むしろ副産塩素の処理能力に制約されてのことであった(2)。当時の最大の塩素の利用先は晒粉であった。さきに述べたように、晒粉連合会は継続的に高率操短を実施しており、晒粉の操短がそのままはね返って苛性ソーダの操短として現れていたのである。したがって、電解ソーダ各社にとって、塩素ガスの晒粉以外への有効利用は焦眉の課題であった。

表4-9は主要な電解ソーダ企業における副産塩素および水素の有効利用先の一端を示している。もちろん、塩素化合物としてはこれら以外にも多数あるものの、当時の主要な利用先としては以上に尽きる。各社は競って苛性ソーダ製造の際の「桎梏」となった塩素の有効利用先の開拓に血道をあげたのであり、そのことがソーダ企業間の競争において機先を制することを意味していた。日本曹達の二本木工場についていえば、これら主要製品への進出はけっして早い方ではなかったが、同社が創業当初からいち早く各種化合物の生産を手がけてきたことはすでに見たとおりであった(3)。

以上のように、塩素の利用範囲はしだいに広がりつつあったものの、実際には唯一の大量消化の方途たる晒粉は高率操短によって制約されていた。いわば塩素の無機利用(無機化合物の需要)には自ずから量的な限界が存在していたのである。その中で、日本曹達が飛躍する一つの転機となったものこそが塩素の新たな大量消化の途、つまり有機

表4－9　主要企業の塩素・水素利用の展開

	保土谷曹達	大阪曹達	旭電化	大日本人造肥料	日本曹達
電解ソーダ開始年	1915	1916	1917	1917	1920
1917	液化塩素				
18					
19	水素（スタンダード油脂へ）		硬化油	水素（合同油脂グリセリンへ）	
1920	水素（海軍へ）				
21	合成塩酸 フォスゲン				
22			合成塩酸		
23					
24		水素（山桝硬化油へ）			水素（陸軍へ）
25		高度晒粉			水素（海軍へ）
26			高度晒粉	高度晒粉	硬化油
27		合成塩酸		合成塩酸	
28		モノクロルベンゾール	液化塩素		液化塩素
29		圧縮水素			合成塩酸
1930					高度晒粉

（出所）『改訂増補日本曹達工業史』その他より作成。
（備考）晒粉については、各社とも電解ソーダ開始年とほぼ同時のため省略した。

的利用への展開であった。

　塩素の有機的利用について見る前に、ここで当時の晒粉業界の動きを大急ぎで見ておこう。さきに述べたように、輸入攻勢に押されてきた苛性ソーダに比べ晒粉はその懸念が小さかった。各ソーダ企業はむしろ晒粉を「苛性曹達製造業者の安全弁」として統制することを得策とし、晒粉連合会のもとで操短を続けてきたのである。同カルテルの性格自体は好不況の波によって微妙に変化したものの、主製品たる苛性ソーダの不振を晒粉の操短によって切り抜けようとしてきたことに変わりはなかった。ところが、一九三一年の金輸出再禁止による為替相場の大幅下落は苛性ソーダの市況を好転させたのに対して、為替安の作用と無関係だった晒粉は「むしろ苛性曹達に逆比例して悪くさへなった」[4]。そこで、翌三二年、より強力な統制手段としての共販会社たる晒粉販売の設立が必要となったのである。[5]

　この共販会社の設立は、もとよりこれまでの

表4-10　電解ソーダ工業への新参入企業（1935年当時）

企業名		苛性ソーダ生産能力（月産）	
旭ベンベルグ	共販加盟	900t　さらに450t 増設	
大阪晒粉	共販加盟	200t	
斎藤硫曹	共販加盟	300t	
日本電工	共販加盟	40t	
東洋人造肥料	共販未加盟	300t	
昭和人絹	共販未加盟	建設中	
錦花人絹	共販未加盟	〃	
帝国人絹	共販未加盟	〃	
東洋レーヨン	共販未加盟	〃	
鐘淵紡績	共販未加盟	〃	（120t）
朝鮮窒素肥料	共販未加盟	〃	（40t/日）
ベルベット石鹸	共販未加盟	計画中	
花王石鹸	共販未加盟	〃	

（出所）『東洋経済新報』1935年4月6日、49頁。

カルテルでは十分な実を上げえなかったことを背景としていたが、さらに、金輸出再禁止による情勢激変に対する電解ソーダ企業の側からの対応策でもあったといえる。すなわち、それは第一に、塩素の有効利用範囲の拡大によって晒粉は「安全弁」としての役割を縮小しつつあったが、依然として最大の有効利用先としての地位を保っていた[6]。その晒粉の金輸出再禁止を契機とする不振の兆しは、電解ソーダ企業にとってこれまでの「安全弁」の喪失という一つの危機を意味していたのである。したがって、この共販会社の設立は、これまでの晒粉連合会が主製品ソーダの不振をカバーするための消極的カルテルであったのに対して、苛性ソーダと晒粉の立場逆転を機に、より積極的なカルテルとして生まれ変わろうという意図が含まれていた[7]。さらに、第二として、金輸出解禁を契機としてこれまで沈滞してきたアンモニア法ソーダ（ソーダ灰の苛性化、「ア法ソーダ」）工業が急速に蘇生台頭してきたこと、あるいは、人絹会社などのソーダ自給化による電解ソーダ工業への新参入という新しい動向などが挙げられる。これらの新動向に直面した既存の電解ソーダ企業が、先制的により強固な組織の結成を迫られたことは容易に理解できるであろう。

たとえば、前掲表4-1にも見たように、「ア法ソーダ」企業である日本曹達工業（＝NSK）や旭硝子などを中心に、塩素を副産することもなく大量生産型工業に属するアンモニア法による苛性ソーダの生産量の伸びは驚異的であった[8]。あるいは、表4-10に示したように、ソーダや晒粉のかつての需要者側からの新参入が相次いだのである。「人絹工業乃至其他の大需要先が自営計画を具体化せる動因としては之を詮じ詰めれば電解曹達工業者の統制力が然らしめたのだと云ふ外ない。……余りにも度を失したる価格のツリ上げがその根因とせらる、だらう。今日、電解曹達工業の強敵とせらる、アンモニア曹達工業の苛性化簇出の如き明かに電解業者の自縄自縛を曝露したものだ」(9)。かかる事態に遭遇して、既存の電解ソーダ企業が晒粉カルテルを強化するとともに、副産塩素の一層の有効利用策に迫られたであろうことはいうまでもなかった(10)。

さて、塩素の有機的利用について話を戻せば、「昭和六（一九三一）年という年は中野にとっては一つの転機をつかんだ年ということができる。というのは、それまでは主として無機化学工業を中心としていたのであるが、この頃から積極的に有機化学の分野にも進出を始めたからである」(11)。二本木工場における最初の塩素の有機的利用は、満洲事変を機に軍部から製造要請された煙幕用の四塩化炭素および六塩化エタンであった。当時、これらの国産品は皆無であり、中野自身もまったく手をつけていなかった。「ところが軍の要請を受けると中野は直ちに四塩化炭素一〇瓩と六塩化エタン二瓩の注文を引受け」、結局は「製造の研究と工場の設計・建設が並行して進められるという強行姿勢」(12)を貫徹して翌三二年には納品開始にまでこぎつけたのである。

次の塩素の有機的利用の中心となったのはエチレングリコールの生産であった。エチレングリコールは「大型有機塩素工業の嚆矢」であり、のちの石油化学工業の芽生えとなった点でも画期的な製品であった(13)。二本木工場におけるエチレングリコールの研究は三一年春から開始され、当初の起業計画は塩素の大量消化そのものを目的とする民需目当てのものであった。その後、陸軍科学研究所においても同様の研究が開始されており、二本木工場での研究は同所とタイアップして行われた(14)。折しも勃発した満洲事変は同品の研究開発に拍車をかけることとなった。エチレングリコールは航空機（当時は水冷式エンジン）用の不凍冷却液として重宝され、にわかに軍部から注目されることになったからである。中野は注文を受けたあと、突貫工事によって三二年九月には新工場を完成させ、試験操業を経て早くも三三年一月には初製品二二缶（一八リットル入り）を軍へ納入した(15)。表4-11は三五年ごろまでの二本木工場における塩素の

表4-11　二本木工場における塩素の有機的利用の展開

製品名	研究開始	生産開始	目的・理由	用　途
四塩化炭素	1931	1932	敵前上陸用煙幕材料として軍からの要請による。	四塩化炭素と亜鉛末を混合し点火することにより無臭・無害の白煙を生ずる。冷媒フレオン原料、耐熱樹脂テフロン原料、溶剤など。
六塩化エタン	1931	1932	同上	煙幕材料として四塩化炭素の代用品
エチレングリコール	1931	1933	塩素の大量消化	飛行機・自動車の不凍冷却液。中間体のエチレンクロルヒドリン、酸化エチレンは合成樹脂、テトロン繊維、香料などの原料。
二塩化エタン	1931	1933	グリコール製造の副産物。のち、二塩化エタンを目的として製造。	チオコールゴム、石油の脱蠟剤
モノクロルベンゾール	1933	1935	染料中間体。主として民需として開始。軍からの要請により爆薬原料に。	染料硫化ブラックの原料　ピクリン酸原料（黄色火薬）
パラヂクロルベンゾール	1933	1935	モノクロルベンゾールの副産物	衣類の防虫剤
オルソヂクロルベンゾール	1933	1935	同上	殺蛆剤
塩化ベンジル	1930	1933	染料中間体	染料中間体
ホスゲン		1934	同上	同上、毒ガス
ヂニトロクロルベンゾール		1936	同上	硫化ブラック中間体、ピクリン酸原料、農薬、催涙剤
クロルピクリン		1933	ヂニトロクロルベンゾールの利用	農薬、催涙剤
クロロホルム		1934		

（出所）　大我勝躬氏（日曹OB）からの聞き取り。

有機的利用製品を一覧したものである。

このようにして、二本木工場におけるアルカリ展開は順調に進められ、無機・有機の双方にまたがる塩素の有効利用は大きな前進を見せたのである。同社は一九三〇年代の中葉には苛性ソーダや晒粉の生産能力では晒粉連合会の加盟企業の中で首位に立つようになり、また、塩素の有効利用先の開発でもトップクラスの地位を占めていた。同工場の製品品目数も、前掲表4-3に見たように増大していった。

表4-12　1937年頃までの二本木工場の製品展開

- 電解（食塩・塩化カリ）
  - 水素
    - 高圧水素ガス
    - 硬化油
      - 脂肪酸――石鹸
      - グリセリン
    - ヘキサリン、テトラリン、デカリン
    - アンモニア――青化ソーダ
    - （以上 水素利用工業製品）
  - 苛性ソーダ
    - 金属ソーダ――青化ソーダ
  - 苛性カリ
    - 炭酸カリ
  - 塩素酸ソーダ
  - （金属ソーダ、炭酸カリ、塩素酸ソーダ：アルカリ利用工業製品）
  - 塩素
    - 晒　粉
    - 液体塩素
    - 合成塩酸
    - 高度晒粉
      - 塩素酸カリ
      - 塩化石灰
    - 塩化亜鉛、塩化バリウム、塩化硫黄
    - 四塩化錫
    - 三塩化燐、五塩化燐、オキシ塩化燐
    - 金属ニッケル（塩素法ニッケル）
    - （以上 無機塩素化学工業製品）
    - エチレングリコール――二塩化エタン
    - 四塩化炭素、六塩化エタン
    - モノクロルベンゾール
      - パラヂクロルベンゾール
      - オルソヂクロルベンゾール
    - ヂニトロクロルベンゾール
    - 塩化ベンジル
      - ベンジルアルコール
      - ベンジルセルローズ
    - 塩化エチル
    - クロロホルム
    - モノクロル醋酸――クマリン
    - ホスゲン
    - クロルピクリン
    - （以上 有機塩素化学工業製品）

（出所）　大我勝躬氏（日曹OB）からの聞き取りにより作成。
（備考）　以上のほかにも、染料工業、医薬品工業、各種工業薬品工業の個別のグループが存在した。

表4-12は、三七年ごろまでの二本木工場における製品展開を図示したものである。見られるように、最初の主製品たる苛性ソーダの生産を開始して以来、副産品の有効利用によるアルカリ展開は、結果的にそれぞれ独自的な塩素工業、水素工業などの集合体としての一つの体系的な広がりをもつまでにいたったのである。このことは、同社がかつてのソーダ専業企業からしだいに電気化学企業へと転身しはじめたこと、さらには、それ以上に「原料工業から精密化学工業へ第一歩を踏み出したものであ

る」ともいえよう。すなわち、一九三〇年代中ごろには、「酸・アルカリに属する自家製の原料を以て薬品、染料、医薬、香料を製造する高級工業に第一歩を踏み出した」(16)とも評価されたのである。まさしく、「その事業内容は複雑多様で宛然化学薬品界のデパートたるの観を有して居(17)」た。同社の二本木工場はアルカリ展開の枠をも超えて、一つの総合的な化学工場へと成長転化しはじめたのである。

しかし、ここで指摘しておくべきことは、塩素の有効利用から精密化学工業への途をたどったソーダ企業は、必ずしも日本曹達だけではなかったことである。したがって、同社だけがのちに巨大な新興コンツェルンにまで昇華しえた理由としては、以上のアルカリ展開の検討だけにとどまることなく、次に見る「冶金展開」をも検討することが重要性をもってくることになる。

(1) 前掲、『二本木工場三〇年史(稿)』、一三〇頁。前出表4-3、参照。
(2) 当時の電解ソーダ企業にとって塩素処理こそ大問題であり、晒粉や塩化石灰にしてから放棄したり、塩素ガス漏洩で被害を与えた隣接地をそのまま工場敷地として買い取る、などのこともあったという。稲葉好造・井上太郎氏(ともに日曹OB)からの聞き取り。
(3) 「この塩素の利用法による色々な研究の結果、非常な利益を得て、苛性曹達はどうでも宜いことになつた。嘗つて苛性曹達の値が下つた時、日本曹達株は売りだ、と云つた人があつたが、焉ぞ苛性曹達で儲けてゐるのではなかつた。名は曹達会社だが、かうなると曹達は副産物だ」(前掲、中野『これからの事業これからの経営』、一一四頁)。中野は別の所で次のようにも言っている。「私の会社は何時でもさうですが、塩素の利用や晒粉で儲けて居る時が大分暫くありました……結局、塩素の方が余計儲かる。さういふ風にして行かないと、所謂、電解曹達会社といふものは旨く行かない」(『化学工業を語る』ダイヤモンド叢書二、一九三六年、一二八頁)。
(4) 『ダイヤモンド』一九三二年一〇月一一日、三四頁。
(5) 参加企業は、大日本人造肥料、日本曹達、旭電化、保土谷曹達、北海曹達、ラサ島燐礦、東海曹達、昭和曹達、南海晒

粉の九社で、大阪曹達、三井鉱山も協調的態度をとった。同共販会社については、前掲、『改訂増補日本曹達工業史』四二五〜二八頁、『東洋経済新報』一九三二年一〇月一五日、一七五頁。

(6) ちなみに、塩素の最大の利用先であった晒粉がその座を合成塩酸に明け渡すのは一九三六年のことであった。庄司務「塩素工業発達の回顧」『ソーダと塩素』第二巻第二号、一九五一年、五〜六頁。

(7) 「電解曹達工業は同業者の自治的協力の最も強固さを思はす例証となるだらう。今日斯業は曹達晒粉同業会、晒粉連合会、晒粉販売株式会社なる三つの統制機関を構へ、晒粉の生産販売を中心に殆んど完全と云ふまでの統制が行はれてをる」(『東洋経済新報』一九三三年七月二二日、二七頁)。

(8) 「将来アムモニア曹達工場に於て大規模に曹達灰が生産せられ、その転化〔苛性化〕に依つて苛性曹達〔価格〕の低落するかも知れない日を想像すると、その結果が必然電解曹達工業の採算を脅かす虞れのあることは否定されまい。この故に曹達晒粉連合会は既にNSK及び旭硝子に対して極力その加盟方を勧誘したが一議なく両社の加盟反対となつて、結局統制強化の問題は行き悩みの状態に陥つてをる」(『東洋経済新報』一九三三年七月二二日、二八頁)。

(9) 『東洋経済新報』一九三五年四月六日、四九頁。

(10) ちなみに、他方の副産品たる水素の有効利用先として硬化油の製造があったが、これもオーストラリアなどからの牛脂の輸入に押されがちであった。そこで三一年末に硬化油各社は需給調節を目的に日本硬化油脂同業会を組織している。『ダイヤモンド』一九三〇年一一月二一日、五一頁、一九三二年一月一日、四四頁。

(11) 前掲、『中野友禮伝』、一〇三頁。「昭和六年有機化学工業転進の第一着手としてエチレン系に進出し、エチレングリコールを工業化し、上海事変を契機として四塩化炭素、六塩化エタンなどを工業化した」(大我勝躬『墨蹟』〔非売品〕一九八二年、一〇一頁)。

(12) 同前、『中野友禮伝』、一〇一〜二頁。

(13) 大我勝躬「胎動期の石油化学工業」『化学経済』一九七一年一一月号、参照。当時の日本にはエチレンは存在しなかったので、まずエチルアルコールの脱水によるエチレンの製造研究から開始した。

(14) 庄山清一・大我勝躬氏(ともに日曹OB)からの聞き取り。なお、エチレングリコールはカーバイド&カーボン・ケミカル社ですでに製造開始されていたものの、有機塩素化合物の研究開発はようやく米国電気化学協会でも新分野としてスタートした段階にすぎず、日本曹達の当分野への進出は日本での先頭を切るものであった。

(15) 戸田忠良氏(日曹OB)からの聞き取り。中野は受注はしたものの、万一期限までに納品できない場合のことを考えて、輸入品の手配を済ませてあったという。

(16) 『ダイヤモンド』一九三五年九月一一日、一〇三〜四頁。

(17) 日本工業新聞社『時代の事業会社』一九三四年、四一頁。

② 冶金展開

繰り返して強調するように、日本曹達がのちに新興コンツェルンを形成するにあたって、その出発点となったのはソーダ工業だけではなかった。すなわち、一九二六年に吸収合併した日本電炉工業の系譜を引いて、上述のアルカリ展開と並んで、いわば「冶金展開」とでもいうべき工場展開が開始されたのである(1)。

たとえば、同社の最初の分工場たる富山工場が金属ソーダのほかに珪素鉄や満俺鉄などの合金鉄を製造したのを皮切りに、その後にも、会津、黒井、高岡、岩瀬などの諸工場の設立が続いた。これまで見てきたように、アルカリ展開がほとんど二本木工場を中心として行われたのに対して、冶金展開はこれらの分工場の展開として進められた。しかも、この冶金展開は、のちの日曹コンツェルンを支えた四本柱(四大子会社)の一つたる日曹製鋼の設立への布石となっている。あるいは、冶金原料の自給化を目的として多くの鉱山が買収されはじめた結果、これものちの四本柱の一つたる日曹鉱業の設立へとつながったのである。このように、冶金展開は日本曹達がのちに新興コンツェルンへと成長するに際して大きな意味を有していたといわねばならない。「当社の成績をたすけたものは曹達製品ばかりではない。電気亜鉛、合金鉄などは与つて力があった。最近の躍進はむしろこの方に帰因する(2)」。以下、簡単にそれぞれの工場設立の経緯について見ておこう。

（1）「この〔日本電炉工業の〕合併は日曹に新しい企業態度を与へたやうである」。日本曹達『日曹事業概観（稿）』、一九四一年、二〇頁。
（2）『ダイヤモンド』一九三四年二月一一日、九〇頁。また、「私は常に鉱山は財閥を作り、財閥は鉱山を作る、と云つてゐる」（前掲、『これからの事業これからの経営』、一三五頁）。

〔1〕富山工場

二本木以外の最初の工場として設立されたのは一九二六年に操業開始した富山工場であった。同工場設立のそもそもの契機は二本木工場でのアルカリ展開にともなう電力不足を改善することにあった(1)。すなわち、かねて中野は二本木工場での自家発電計画を進めながら他所にも低廉な電力を探していたが、たまたま中越水電による発電所計画を知った。そして、電力需要者を求めていた同社との条件の合致をみて、急遽、富山市郊外の山室に工場建設を決定したのである。同工場のスタート時の製品は粗金属ソーダであり、当初これは二本木工場へ送られて精製された。

この金属ソーダは中野が日本曹達の創立前に日本電炉工業の再建策として手掛けた製品であった。そして、前述したように、日本電炉工業の二本木工場は一九二六年に吸収合併され、両社の二本木工場は一体化したのである。つまり、当初、二本木工場の内部にはアルカリ展開と冶金展開の両者が混在していた。したがって、この吸収合併の数ケ月後に行われた富山工場の建設は、結局、二本木工場から旧日本電炉系の製品を分離することを意味したともいえ、おそらく、電力不足気味で手狭になりつつあった二本木工場からそれらを富山工場へ移転することによって、二本木工場をアルカリ展開の方に専念させんとする意図があったものと思われる(2)。この意図は、富山工場が二八年から合金鉄（珪素鉄、満俺鉄）の製造を開始したことによって一層明確となった。いうまでもなく、これら合金鉄の冶金技術一般は日本電炉工業の時代から蓄積されたものであり、また、同年に買収した大寺製錬所からの技術移転も大いに貢献することとなった。こうして、同社の最初の分工場たる富山工場は冶金展開のための工場として動き出したのである。

(1) 同工場設立の経緯については、前掲、『中野友禮伝』、七〇～八〇頁。「中野がそもそも富山進出を考えたのは、そこに水力発電所を建設したい希望を持っていたからでもある」(同、八〇頁)。
(2) 「富山市外山室駅前に富山工場を新設して、従来二本木工場で製造して居つた金属ナトリウムの製造を移しました」(日本曹達『社業概況』一九三四年、一〇頁)。

〔2〕 会津工場

同社の冶金展開を本格的に決定づけることになったのは第二の分工場たる会津工場の誕生であった。一九二八年九月、日本曹達は金融恐慌で破綻した高田商会の高田鉱業所大寺製錬所を買収し、これを会津工場と命名して亜鉛電解を再開した。(1) 亜鉛電解は、さきにふれたように、かつて中野が二本木に本拠を構える機縁を与えた事業であった。さらに同工場が彼の出身地会津での「売り物」であったことも買収を決意させる要因ではあったろう。しかし、なぜこの時期に冶金展開を本格化させたのか、については説明が必要である。

それは、一九二〇年代後半の経済不況、さらに国際的にはマガヂ社との死闘に勝利したブラナモンド社(ア法ソーダ)によるダンピング圧力などによって、当時、日本の苛性ソーダや晒粉は価格低迷を余儀なくされていたからにほかならない。さきに見たように、価格は三一年後半の底値に向けて低落の一途をたどっていた。(2) したがって、日本曹達がこうした「本業」(アルカリ展開)の不振を冶金展開によってカバーしようと意図したであろうことは推測に難くない。ソーダ企業がソーダ専業のままでは展望は開けなかった。それまでにも中野は、「時機に応じて縦横無尽に製品の転換〔各種塩化物の生産〕を行ひ常に最も採算有利な商品のみに目標を集中」(3) することによって急場をしのいできた。しかし、二〇年代後半の苦境に対しては、アルカリ展開の枠をも超えた多角化が必要となってきたのである。

さて、会津工場を手に入れたものの、折からの不況は必ずしも即座に冶金展開の効果を実現させなかった。むしろ、亜鉛業そのものの業績不振を打開するために、同工場では、高田鉱業所時代からの亜鉛鉱滓（いわゆる「赤カス」）の再利用や、鉱石溶解用硫酸を濃硫酸に煮詰めて市販するなどに腐心しなければならなかった。とくに、赤カスの再利用は日本曹達にとって必須の課題であった。というのは、資金不足のため同工場への亜鉛鉱石の供給先であった細倉鉱山を同時に買収することができず、新たに葡萄鉱山からの買鉱に頼らねばならなかったからである。本邦初の試みとなったこの赤カス処理は、三一年以降、ウェルツ炉の導入・操業開始によって試行錯誤を繰り返しながらも続けられた。同炉の購入費は会津工場買収費と同じ三〇万円であり、「ウェルツ炉の購入は当時の日本曹達としてはきわめて大きな投資であり、同時に会津工場の死活にもかかわる仕事であった」(4)。懸命な努力によってそれが順調な連続操業に入ったのは三六年以降のことであった。

また、亜鉛原料の手当てとしては葡萄鉱山からの買鉱のほか、自山鉱の獲得に乗り出した。三三年当時では鈍子岩や奥川（ともに福島県）、唐戸屋（山形県）、船打や雷（ともに青森県）などの鉱山が購入されていた(5)。さらに三四年には葡萄鉱山が傘下に組み込まれ、また飯豊（新潟県）、堀内（秋田県）などの鉱山が付け加えられ、「昭和一〇年頃になると会津工場で必要とする原鉱石はその七〇パーセントが自山鉱で間に合うようになっ(6)」たという。

さらに、以上の亜鉛製錬と並んで会津工場で重要な位置を占めはじめたのは合金鉄の製造であった。というのは、かつて高田商会大寺製錬所では、電力会社（猪苗代水電、東部電力、会津電力など）からの低廉な電力供給による亜鉛製錬のかたわら、余剰電力を利用して各種の合金鉄の製造が続けられてきた。つまり、豊水期と渇水期の需要電力量のアンバランスを合金鉄を製造することによって調整してきたのである(7)。日本曹達の会津工場はこの合金鉄工場をも受け継いだのであり、電気亜鉛と合金鉄の製造、これが会津工場の中心的製品であった。表4-13は一九三三年ごろの同工場の製品一覧である。

表4-13　1933年当時の会津工場の製品

製品名	用途
電気亜鉛	亜鉛華、白粉、鍍金用
満俺鉄	製鋼用
硅素鉄	製鋼用
燐鉄	製鋼用
鏡鉄	製鋼用
金属カドミウム	鍍金、塗料、化学薬品製造用
硫酸	工業用
硫酸亜鉛	人造絹糸、医薬用
過塩素酸アンモニア	爆薬用
過満俺酸加里	サッカリン用、漂白用、消毒用

（出所）　日本曹達『社業概況（1933年）』、4～5頁。

(1) 買収価格は三〇万円。実際は「機械類、屑鉄の残存だけで三五万円の価値があるとか云はれた」(『ダイヤモンド』一九二八年一一月二一日、四八頁)。

(2) 前掲、『改訂増補日本曹達工業史』、三三六～三七頁、参照。「この時代の経営面では昭和二年の英国ブラナーモンド社のマガヂ天然ソーダ(マガヂ灰)の乱売事件が挙げられるのである。ともかく食塩の生産費よりも安く売払われたのだから徹底的に苛性ソーダの生産は打撃を受け」た。前掲、『二本木工場三〇年史(稿)』、一〇頁。

(3) 前掲、三宅『新興コンツェルン読本』、二五二頁。

(4) 前掲、『中野友禮伝』、八九頁。「三〇万円といえば会津工場を買収した価格と同じである。ウェルツ炉に寄せた彼の熱意を想像することができるであろう」(同、八七頁)。

(5) 日本曹達『社業概況』一九三三年、三頁。

(6) 前掲、『中野友禮伝』、九一頁。また、鈍子岩、唐戸屋などの鉱石中に含まれる銅は選鉱して売却され、また船打鉱山では鉛が回収されたという。柏田松三氏(日曹OB)からの聞き取り。

(7) 中野は合金鉄を手掛けた動機を次のように語っている。「電解曹達工業は電気が安くないといかん。所が日本の水力電気は波がある。冬は水が氷つてしまうものですから電気がうんと減る。三割位違ひます。所が今度雪が解けて来ると十倍位出来る。それで何処を標準にするかといふと、最低の所を取つてやると非常に高いんで、その途中を取つてやる……元はそういふ時〔豊水期〕に炉をやりました。それが合金鉄をやつた動機です」(前掲、『化学工業を語る』、一三五～三六頁)。

〔3〕 黒井工場、岩瀬工場

日本曹達の冶金展開はさらに黒井工場(直江津)、あるいは岩瀬工場(富山市郊外)の設立へと拡大していった。

まず、黒井工場は一九三二年に合金鉄の製造を開始したが、実際には信越窒素肥料の直江津工場の一部を借り受けて行われ、公式（役所関係書類）には日本曹達の名前は出なかった。とはいえ、設備の一部および従業員はほとんど日本曹達から出向しており、実質的には日本曹達の分工場の一つに数えてもよいものであった。(1) 黒井工場の三三年当時の製品はいずれも製鋼用の合金鉄（満俺鉄、珪素鉄、燐鉄）で占められ、同工場は合金鉄の専門工場であった。同工場はその後、借用部分が手狭となったために直江津工場にあった合金鉄設備および隣接地を購入して、三九年には新たに日本曹達の直江津製鋼所として発足した。

また、岩瀬工場は三六年に設立され、前記の富山工場から合金鉄の設備を移して、これも合金鉄の専門工場として出発した。したがって、富山工場の方は以後四二年に閉鎖されるまで金属ソーダの生産に専念することになった。岩瀬工場の三七年当時の製品は、製鋼用の合金鉄（満俺鉄、珪素鉄、クローム鉄）のほか、金属マグネシウムや炭酸マグネシウムなどであった。(2)

（1）　井上大郎氏（日曹ＯＢ）からの聞き取り。当時、経営不振にあった信越窒素肥料（直江津工場）は三一年一二月に一切の操業を休止し、翌年二月から同工場の一部を日本曹達、理研マグネシウム、電気化学の三社に「賃貸」することによって急場をしのいでいた。したがって、三七年に「経営委任」が解除されるまで「直江津工場には四つの会社が同居することになった」（ポケット社史『信越化学』一九六六年、三二、一五〇頁）。「この黒井工場は……当時不況だつた信越窒素株式会社から工場を借りてはじめたものであるが、種々の事情から最後まで闇の存在として表向にされなかつた」（前掲、『日曹事業概観（稿）』、一二二頁）。

（2）　以上、井上氏からの聞き取り、および前掲『日本曹達株式会社概況』一九三七年、二頁。

〔4〕 高岡工場

以上のような一九二〇年代後半から三〇年代にかけての日本曹達の冶金展開の発展は、同社の性格に大きな影響を与えることになった。それが端的に現れたのは高岡工場におけるアルミニウムの製造、あるいは横浜工場におけるニッケルの製造など、軽金属工業への進出であった。これらの製品がいわゆる「戦時軽金属」として大いに需要されたことは指摘するまでもない(1)。

三四年九月に新設された高岡工場は、最初、むしろアルカリ展開の工場として出発した。すなわち、当初の製品は苛性ソーダ、晒粉、合成塩酸などであった(2)。ただし、高岡工場における苛性ソーダの製法は二本木工場でのそれとは異なって、同じ電解法でも中野自身の発明になる隔膜法ではなく「水銀法」が採用された(3)。中野がなぜ、高岡工場では水銀法を採用したのか（あるいはさらに、のちの九州曹達でなぜアンモニア法を採用したのか）については必ずしも明らかではないものの、その理由としては、やはり隔膜法のもつ限界（品質の悪さ、食塩残留量約一・五％）の克服にあったと思われる。当時、盛況を迎えていた人絹工業などにはもはや隔膜法は品質的に不向きとされつつあった(4)。

高岡工場では、水銀法苛性ソーダに続いて、三五年一〇月からは接触式硫酸工場（ルルギ式、二五％発煙硫酸、日産一〇トン）もスタートした。これは、先述の二本木工場における塩素の有機的利用とも関連して、とくに染料の中間体などの製造に必須のものであった(5)。

しかし、高岡工場の本格的な発展は、以上の酸・アルカリに次いで着手されたアルミニウムの製造開始によって始まることになったと言わねばならない。アルミニウムの製造研究はすでに二本木工場において三四年頃から開始され、高岡工場で最初の製品が出たのは三七年七月のことであった。同工場で採用された製法はバイヤー法であり、ボーキサイトを原料とするアルミナを電解してアルミニウムが一貫生産された(6)。このアルミニウムの製造がほかならぬ高岡工場で開始されたのは、ボーキサイトからアルミナを作る際に高純度の苛性ソーダ（水銀法）が必要とされたからであった。かくして高岡工場はアルミニウムの生産によって二本木工場に次ぐ日本曹達第二の大工場へと発展し、「昭和一三年頃からはアルミニウムを生産の主体に海軍指定工場、陸軍監督工場となって、最盛時にはその生産高は一万瓩を越え、学徒動員をも含めて四千人から五千人の人員が働いた時代もあった」(7)という。

(1)「昭和七年あたりから中野の考えにはっきりした動きがあらわれてきた。それは会津工場の鉛、亜鉛、カドミウムにつづいて非鉄金属全般にわたる広汎な製造計画が中野の頭の中に組立てられていったからである」(前掲、『中野友禮伝』、一〇五頁)。
(2)「工場めぐり（一三）」『ソーダと塩素』第二巻第一〇号、一九五一年、一九頁。
(3) 高岡工場進出に備えて、二本木工場の隔膜電解工場の一隅に水銀法電解槽一基が設けられ、四〇〇〇A程度の実験が繰り返された。戸田忠良氏（日曹OB）からの聞き取り。また、「日曹外史㈠高岡工場のはじまり」『日曹社報』第一一六号、一九八五年。
(4) 当時の苛性ソーダの主要な需要先は人絹、染料、石鹸工業などであり、たとえば三二、三年には人絹業だけで半分近くが需要された。『ダイヤモンド』一九三四年一月一日、一七七頁。
(5)「高岡工場の新設は染料工業の拡大したあらわれでもあった」。前掲、『中野友禮伝』、一〇六頁。
(6) 一工場内でのアルミニウム一貫生産体制は珍しく、当時、「百科事典的工場」として監督官庁や大学研究者らがよく見学に訪れたという。戸田氏からの聞き取り。高岡工場でのアルミニウム生産について、くわしくは下谷政弘「日本曹達から日曹コンツェルンへ」『経済論叢』第一三四巻第一・二号、一九八四年、参照。
(7) 前掲、『中野友禮伝』、一一二頁。

③　その他の工場

以上のアルカリ展開・冶金展開のほかに、三五年頃までに設けられた工場として東京工場および埼玉工場があった。両工場は独自の性格をもっていた。簡単にふれておけば、まず、東京工場は三三年一二月にスタートし、当初は塩素

表4-14　1937年当時の東京工場の製品

製品名	用途
漂白剤	澱粉精製用
ビクトリアブルー	染色用
Gベース	染色用
パラアニシジン	染料中間体
炭酸グアヤコール	医薬用
アクチバルサンナトリウム	医薬用
ネオアクチバルサン	医薬用
鉛粉	蓄電池、塗料用

（出所）『日本曹達株式会社概況（1937年）』、2頁。

利用製品として小麦粉の漂白剤などが作られた。同工場は東京王子に立地したため、「町の発明家」などからの各種の発明の売り込みもあって、「技術の姥捨て山」の綽名をもっていたという。(1) しかし、表4-14にも見るように、東京工場はしだいにその重点を精密化学工業へと移していった。つまり、「東京工場は工場というより研究所とよぶのがふさわしく、生産量は微々たるものだが優秀な技術者を配属して経費を惜しまず研究業績の向上に努めた」(2)という。また、埼玉工場については、三五年一二月に硝化綿（爆薬、セルロイド、ラッカー用）の専門工場として設立されている。同工場は日本曹達の第七番目の工場であった。

（1）庄山清一氏（日曹OB）からの聞き取り。ちなみに、日本曹達が一九三〇年代の後半からの子会社展開によって「コンツェルン」化していく際、その多角的進出の契機となったのは、これまでの技術的関連性によるものだけではなく、このような技術の「売り込み」を取り上げて企業化したものも含まれていたという。

（2）前掲、『中野友禮伝』、一〇七頁。のちに同工場は東京製薬工場と改称している。

(2) 日本曹達の多角化

これまで見てきたように、日本曹達の各工場はアルカリ展開および冶金展開の両者を中心として発展してきた。両者に共通していたのは、低廉な電力の活用を目的とした電気利用（電気化学）工業であったといえる。しかしながら、さきにみた二本木工場内部での多様な製品への多角化、あるいは東京・埼玉工場のような独自の分野を担った工場の出現は、同社がしだいに電気化学工業（アルカリ展開および冶金展開）という従来の枠を超えて多角化しはじめたことを意味していた(1)。

たとえば、一九三五年当時でみると、同社の「生産設備を有する製品種類は化学工業薬品及金属類に亘りて約百種類」に及んでおり、「主製品たる苛性曹達も全生産高より見れば約二〇%に過ぎず、硬化油と合金鉄とが之れに次ぎ各一〇%前後を占め、其他約六〇%は数十種の製品に分散せり(2)」という具合であった。表4-15は三五年上期の製品販売高を示している。同表中の「工業薬品」の内には、さきに述べたように、両展開から派生してきた各種製品（およびそれらの組み合わせによる製品）など数多くの化学製品が含まれていた。こうして、日本曹達は、一方でソーダ専業企業からしだいに「総合化学企業」へと変貌しながら、しかも他方では旺盛な冶金展開をともなうことによって、しだいに新興のコンツェルンの形成へと向かうこととなる。以上見てきたような産業基盤の広がりは、同社がコンツェルンへと発展するにあたって、その前段階における重要な条件をなしていたのである。

ところで、同社の多角化について述べるには、その独裁的な経営者であった中野友禮を抜きにしては語れないであろう。ここで中野友禮の多角化戦略の進め方についても一言しておこう。

表4-15　日本曹達の製品販売高構成（1935年上期）

製品名	販売高	構成比
	千円	%
苛性ソーダ	1,300	21.3
硬化油製品	1,200	19.7
合金鉄	900	14.8
電気亜鉛	500	8.2
晒粉	200	3.3
工業薬品、染料	2,000	32.8
計	6,100	100.0

（出所）『ダイヤモンド』1935年12月11日、80頁。

同社の多角化について、後年、中野は自ら「リング式経営法」と名付けるようになった。つまり、「原料が製品になり製品が原料になる。またその副産品が原料になる。私はこれをリング式経営法と云つてゐる(3)」。しかし、かかる意識的・合目的的な多角化戦略は当初からのものではなかった。彼はいう。「多角経営は、或は芋蔓式経営とも云はれてゐるが、私のところは本当のことを告白すると、最初から多角経営によつて生きやうと思つたのではないので、仕方なくやつたのがかうした結果を生んだ」。つまり、厄介な副産物の処理がのちの新製品へとつながったのである。たとえば、「塩素が私の会社を大きくしたと云へるのであつて、困難を如何にして打開するか、その打開策に就て死物狂ひになつて研究し実行したところ必然的に多角経営、芋蔓式経営に持つて来たのである」(4)。

彼のいうように、またこれまで見てきたように、一九二〇年代の不況期における日本曹達は副産塩素の処理をめぐって「仕方なく」、「死物狂ひ」での多角化を余儀なくされてきたのである。したがって、そのころまでの同社の多角的展開は、ある意味では結果としての多角化であったといえよう。しかし、三一年の金輸出再禁止や満洲事変勃発を契機とする景気回復期以降についてはどうであったろうか。これについては中野のもとで働いたOB諸氏の間でも意見の分かれるところで、一方では、中野は依然として「飽くなき貪欲さ」、「仕事好きの性格」から「猫の目経営」、「場当り的多角化」とでも表現されるような方法を継続した(たとえば、「売込み技術」の早買い、強引な受注)と評する者がある。他方では、彼はつねに技術発展の先行きをよく見越した上で多角化した、と逆向きに評価する者もある。評価が分かれる理由は、中野個人のもつ二面性、すなわち抜け目のない企業経営者であるとともに卓越した技術者であったという二面性を反映してのことであろう。したがって、その是非を論じることはともかくとして、ここでは、同社の多角的展開の最前線を担った技術者の採用のあり方の点についてだけ述べておこう。すなわち、同社の技術者の採用の仕方には、ほぼ三一、二年ごろを境として一つの変化が見て取れるのである。

同社が初めて大学および高等工業学校などの新卒の技術者を採用したのは創業後四年を経た一九二四年のことであった。しかし、それはまだ少数かつ非体系的な採用にすぎなかった。たとえば、一九二〇年代には大卒は各年〇人から二人、高工・専門学校卒も各年〇人から三人にすぎなかった。同社が一定の方針を掲げて、すなわち同社の多角的展開に沿うべく技術者を体系的に採用しだしたのは三一、二年以降のことである(5)。つまり、同年以降になると、たんに採用人数が増加したにとどまらず、同社独自の多角的展開(たとえば、有機化学、アルミニウム、冶金、など)に必要な人材を採用あるいはスカウトしはじめたのである。このような各分野にわたる技術者の体系的な採用ということは、中野が同社の多角化に一定の方向性を構想したからこそ実現できたことであったろう。同社は、技術者の体系的な採用によってはじめて多角化の裾野を確実に広げることができ、増大しつつあった各種塩化物製品や軽金属製品の需要にも対応することができ、またいち早く「時流」にも乗りえたというべきである。まさに、「中野の事業が大きく伸びたのは、いろいろの理由によるけれど、その一番の根本はすぐれた技術者を傘下に多数集め得たことによると言えよう」(6)。同社が各分野の優れた技術者を擁し、それが一大特徴となっていたことは当時から注目されていた。「当社は此種会社に見られない多くの研究員を使って常に新製品を市場に出してゐる。……当社の製品には他会社の追従を許さぬ特殊製品が数多くあるが、みなその研究の華である」(7)。

ついでながら述べておくと、以上の技術者の体系的な採用とはまったく対照的に、いわゆる「事務屋」の採用については中野は終始なおざりであった(8)。たとえば、日本曹達本社の事務員数（給仕は除く）をみると、一九二六年に日本電炉を合併した当時でわずか三、四人にすぎず、三〇年でも五、六人ですべてがまかなわれていたという。職務内容は庶務・会計・購買・販売などであるが、必ずしも個人ごとに厳密に割り振られていたわけでもなかった。彼らは「出てきた仕事を片付けるだけ」であり、忙しい時には筆耕屋に委ねたり出入りの商人に手伝わせることによってこなしていたという。かかる状態は、同社が一九三〇年代の旺盛な多角的展開を開始して以降も存続したのであり、このことは中野がいかに「事務屋」の役割を軽視していたか、つまり技術者さえおれば企業は成り立つという考えの持ち主であったかを端的に示していた(9)。

このような事務系組織の軽視にとどまらず、技術者の管理方法についても、さきにふれたように、それはあくまで中野個人への「直結職制」であって、組織だったものではなかった(10)。すなわち、中野は技術者を大いに優遇し新卒者にも責任ある仕事を与えたが、彼らはそれぞれ個別に中野個人とのタテのつながりを有していたにすぎなかった。研究者同士のヨコの関係は、中野の与えた同一の研究テーマを競って行うという、基本的には中野を介しての関係であった。かかる「直結職制」によって中野は各技術者を掌握しきっていたため、工場長が彼らについて上申した業績評価や俸給査定にまで中野がいちいち手を加え書き直すことができるほどであったという。したがって、日本曹達の多角化の構想とは、もしあったとしても、それは中野個人の頭の中にしか存在しなかったのである。そして、このように、中野が「直結職制」によって「むしろ技術家独裁の趣きをさえ呈した」(11)ことが、同社が新興コンツェルンへと急成長しえたことの一つの要件であった。しかしながら、反面では、以上のような事務・技術系を問わぬ全社的な管理組織体制の不備と立ち遅れが、のちの同コンツェルンの破綻の原因の一つともなっていったのである。

(1)「当社の社名は曹達会社であるが、実際は電気化学工業会社と云つた方が適切である。それほどに製品は多岐多様に亘つてゐる」(『ダイヤモンド』一九三四年一月一一日、九三頁)。「日本曹達の内容は複雑である。以前は曹達の製造に力を入れてゐたけれども実体は転換されて終つた。そこで関係者の間に会社の呼称から〈曹達〉の二字を削り電気化学にふさはしいものに変更しようとの意見が高まつてゐる」(同上、一九三六年二月二一日、一三〇頁)。
(2) 前掲、『社業概況』一九三五年、四頁。
(3) 前掲、中野『これからの事業これからの経営』、一二七頁。なお、「実際、リング式経営とはうまいことをいつたものだ。恰も日曹を心棒にして輪をまはしてゐるやうなもので、これが理想的にいつたらたいしたものである」(松下伝吉『化学工業財閥の新研究』中外産業調査会、一九三八年、二九四頁)。
(4) 同前、一二八～二九頁。
(5) たとえば、採用人数(大学、高工、専門学校)は、三一年九人、三二年一〇人、三三年一七人、三四年二六人と増え出した(前掲、『中野友禮伝』、九六頁)。
(6) 同前、九三頁。三五年当時で技術者数は一五〇名に達していた(『ダイヤモンド』一九三五年九月一一日、一〇四頁)。
(7)『ダイヤモンド』一九三四年二月一一日、九一頁。
(8) 以下は稲葉好造氏(日曹OB)からの聞き取り。「〔事務系の〕大学新卒の人々を公募によって採用するようになったのは、ようやく昭和一一年になってからのことである」(前掲、『中野友禮伝』、一四四頁)。

（9）「青年化学技師中野が発明を奪はれ路傍に無一文で追拋り出された過去の苦い経験から、彼は所謂事務屋の無能と浮薄を軽蔑してゐる。事務屋などに使はれるのを屑しとせぬばかりか、事務屋を使はうともしない。技師さえあれば事業は成功するものと考へてゐるかもしれぬ」（前掲、『新興コンツェルン読本』、二九八頁）。このような中野の態度は日曹コンツェルンが形成されてのちも続き、取締役会も彼の専決体制によってほとんど形骸化していた。有馬登良夫氏（日曹ＯＢ）からの聞き取り。また、同社が「事業場独立会計制度」を取り入れたのは一九四〇年以降であり、それまでは本社において決算が行われていた（前掲、『二本木工場三〇年史（稿）』、四四頁）。

（10）以下は有馬氏からの聞き取り。

（11）大塚久雄「新興工業としての化学工業」一九三九年（『大塚久雄著作集』岩波書店、第六巻、一九六九年、一七九頁）。

4　日本曹達から日曹コンツェルンへ

(1)　日曹コンツェルンの形成

これまでは、いわば「日曹コンツェルン」の前史について、すなわち同コンツェルンの中核となる日本曹達の形成過程を見てきた。前史の検討にやや手間取りすぎたが、以下、いよいよ日曹コンツェルンそのものの実態に迫っていこう。

まず、表4-16は日曹コンツェルンの傘下企業数の推移を見たものである。一九三〇年代の日本経済に急速に登場しはじめた新興コンツェルンは、ほかならぬ「コンツェルン」という新たな企業結合形態によって既成財閥コンツェルンとのアナロジーを想起させた。このことが、当時のジャーナリストをしてそれらを「新興コンツェルン」あるいは「新興財閥」などと呼ばしめることとなったのである。その意味では、日曹コンツェルンの場合、同表に見るよう

表4-16　日曹コンツェルンの傘下企業数

年	新規子会社数	子会社数累計
1925	1	1
33	1	2
34	0	2
35	3	5
36	11	15
37	14	25
38	12	36
39	5	40
40	1	41

（出所）『日本曹達株式会社概況』、『日曹事業概観』、『日曹事業概観（稿）』などをもとに作成。
（備考）新規子会社数の内には単なる社名変更したものは含まない。子会社の内には合併統合されたものがある。

に一九三〇年代半ばのわずか数年間における急速な企業グループの形成、つまり傘下企業数の増大ぶりは世間の耳目を集めるのに十分であった。とくに、三六年からの三ケ年は連年一〇社以上の子会社が同社の傘下に加わるという急成長ぶりであった。

また、資本金の規模でみても、たとえば一九三三年には同社の資本金は三六〇万円、二子会社の資本金八〇万円を合わせても合計額は四四〇万円にすぎなかった。それが、わずか五年後の三八年末になると、同社の資本金は一億四〇〇万円、また子会社についても三六社に急増し、子会社の資本金合計だけで約二億円という、まさしく驚異的な膨張を示したのである。

このように、日曹コンツェルンは日中戦争の勃発年をはさむわずか両三年という短期間のうちに「神風的スピード」[1]で形成されたのである。他の「新興コンツェルン」と比較してもとくに異彩を放つこの短期集中的なコンツェルン形成こそが日曹コンツェルンの大きな特徴であった。しかも、三七年には同コンツェルンの「四大支柱」といわれた四大子会社のうち、日曹人絹パルプ、日曹鉱業、日曹製鋼の三社（もう一社は三五年設立の九州曹達）が相次いで設立されている。同年が、短命だった戦前期の日曹コンツェルンの生涯での最盛期であったといえよう。

さて、表4-17は具体的にその一九三七年当時における日曹コンツェルンの傘下企業を一覧したものである。同年末において子会社数は二五社、それらの社名からも窺えるように、同コンツェルンがカバーした事業分野は多岐にわたっていた。資本金も親会社の日本曹達（八〇〇〇万円）を含めて総計二億五〇〇〇万円に、翌年には三億円を超えるまでの一大コンツェルンを形成するにいたったのである。

また、この三七年には、さきにもふれたように中野が構想したコンツェルンの「四大支柱」子会社が出揃っており、

表4-17　1937年末の日曹コンツェルン傘下企業

企業名	公称資本金	沿革
	万円	
第一産業	200	25. 5 第一製氷設立、30. 1 第一産業と改称
葡萄鉱山	50	07.設立、15.高田商会と提携、33. 6 日曹の関係会社となる
九州曹達	2,500	35. 5 設立、37.九州炭業、第二九曹合併、38.日ノ出セメント合併
龍凰鉱業	50	35. 7 設立
鮫川電力	200	19.10 設立、35. 8 日曹の関係会社となる
妙高証券	100	36.3設立
日曹製鋼	950	04. 広島鉱山、05. 3 米子製鋼所と改称、36. 4 日曹傘下へ、37. 4 第二米子製鋼所合併、37.11 日曹製鋼と改称、37.12 大島製鋼所合併
小田炭礦	34	19. 3 設立、36.日曹関係会社となる
昭和内燃機	30	34.12 設立、36. 8 日曹傘下へ
東洋商工石油	100	33. 6 設立、36. 9 日曹関係会社となる
日曹火薬	100	26.12 山城火薬設立、36.10 日曹関係会社となる、37. 6 日曹火薬と改称
台湾製塩	250	19. 7 設立、36.11 日曹関係会社となる
磐城海岸軌道	20	15. 6 設立、36.11 日曹傘下へ
米子鉱業	11	36.12 設立
日本鉱山	250	36.12 設立
大日本セロファン	200	31. 6 設立、36.10 第二大日本セロファンと合併、38. 4 日曹に経営委託
中南米開発	200	37. 2 設立
日曹人絹パルプ	3,000	34. 7 福井人絹設立、36.日本人絹紡織と改称、37. 4 日本人絹と改称、日曹傘下へ、37. 3 日曹人絹パルプ設立、37. 8 日本人絹、綾羽紡績を合併
日曹鉱業	5,000	37. 3 設立
恵須取炭礦	150	32.12 設立、37. 4 日曹関係会社となる
東北企業	(350)	32.12 設立、37. 4 日曹関係会社となる
丸三耐火煉瓦	26	34.10 設立、37. 4 日曹傘下へ
荒川電力	104	28. 6 設立、30. 9 信夫電気化学を合併、37. 6 日曹傘下へ
日本人造石綿	30	37. 8 設立
日本水素工業	3,000	37. 8 設立

（出所）『日曹事業概観（稿）』その他より作成。

同コンツェルンは急激に増大した傘下企業を事業分野ごとに再編統括して、いよいよその完成形態へと突き進もうとしていたのである。すなわち、日本曹達を事業持株会社としてその頂点におき、その下にそれぞれ、㈠ソーダ化学工業部門の九州曹達、㈡化学繊維部門の日曹人絹パルプ、㈢鉱業部門の日曹製鋼、㈣製鋼部門の日曹製鋼、という布陣であった。当時、こうした傘下子会社のあまりの急増については、「此等に就いてそれ自体化学工業会社たる大日曹が統制の完全を期する為めには何等かの機関が必要である」とさえいわれていた。「とは云えいまのところ……何でも彼でも中野が手を出さねば埒があかぬ現状にある……そこで早速断行されたのが、コンツェルンに於ける四大支柱の建設であ(2)」った。つまり、「横断的発展から縦断的発展へと整備統制の時期に当面(3)」するようになってきたと評されたのであり、このようなことが指摘されるほどに、同コンツェルンは短期間に傘下企業数を増大させたのである。

このように、コンツェルン化を果たした同社の状況は、これまで見てきた一九二〇年代の状況からみるとまさに隔世の感があった。いや、たとえば三〇年代の当初においてすら、日本曹達はまだ本社職制組織さえ未整備のままの一企業にすぎなかったのである。傘下の子会社についても、三五年に九州曹達が設立される以前には、二五年設立の第一製氷（三〇年に第一産業に改称）と三三年に傘下に取り込んだ葡萄鉱山のわずか二社だけにすぎなかった。しかも、初めての「仔会社らしい仔会社(4)」といわれた九州曹達などに比べると、「これ等は何れも市場性なく、第一産業は主として日曹社員のために作られたものであり葡萄鉱山は規模が小さく会津工場的と云ひたいもので、九曹を以て仔会社の第一とする(5)」程度にすぎなかった。

その日本曹達が、一九三〇年代の半ばに突如として子会社の設立によるコンツェルン化を開始したのである。同時に、さきの表4-6に見たように、資本金や利益金、あるいは株主数なども急激に膨張させはじめることとなる。とくに三六年以降にみられるようになった同社の急激な膨張ぶりは、中野友禮が、同年四月に鈴木寅彦に替わって社長に就任し、名実ともに同社の最高指導者となったことと無縁ではなかったであろう。中野は同社の創業以来、一貫して専務取締役のポストにあった。たしかに、一介のソーダ会社にすぎなかった日本曹達が一九三〇年代中葉になって日曹コンツェルンへと大変身することができた背景には、中野個人の経営手腕と技術的天才とを反映するところが大きかったのである。しかし、それと並んで当時の「時局産業」の活況や、それに即座に対応しえた同社のアルカリ・冶金両展開を主軸とする産業基盤の広がりが大きく貢献した。さらには、当時の株式市場の盛況、すなわち「株式ブーム」なども忘れてはならない要因であったろう。

ここで簡単に当時の株式ブームについてふれておけば、それは三二年六月からのものと三三年以降のものとに分けられる。前者は、いうまでもなく金輸出再禁止による為替相場の下落を好材料とする輸出産業株を中心とした盛況であった。それに対して、三三年からスタートした後者は「軍需インフレ」の本格化にともなう鉱業、あるいは機械、金属、化学などの重化学工業化の進展を中心とした熱狂的な人気相場であった(6)。この後者は、さらに第一期（三三年下期～三四年下期）、第二期（三六年下期～三七年上期）、第三期（日中戦争勃発時）に分けられるという(7)。いずれにもせよ、日本曹達がコンツェルン形成に向けて急膨張を遂げたのはちょうどこの頃の軍需インフレブーム期に合致していた。たとえば、同社はその第一期ブームに便乗することによって莫大な株式プレミアムを獲得したのである。

すなわち、同社は三四年上期に三六〇万円から一〇〇〇万円に増資した。その際に、増資新株（一二万八千株）全体から株主割当分を差し引いた五万六千株のうち四万株をプレミアム付で一般公募したのである。つまり、あらかじめ売出最低価格だけを設定しておいて最高額の応募入札をした者から優先的に順次募入するという方式であった。その結果として、同社は「新株式額面超過益金」として実に一三八万八千円を荒稼ぎしたのである。これは、同期の営業利益八〇万七千円をはるかに超えていた(8)。このプレミアム付募集が成功裡に終ったのは、もちろん当時の日本曹達の将来性が高く評価されてのことであり、同社はその後も主要な傘下子会社の株式公開（いわゆる「親子上場」）によってプレミアム稼ぎを行った。いうまでもなく、プレミアム稼ぎのためには株価を吊り上げておく必要があり、そのためには高配当を維持しなければならなかった。同社は子会社の妙高証券などを通じて傘下子会社株の売買を繰り返し、さかんに株価操作を行ったのである(9)。資本蓄積が乏しく有力な機関銀行を欠いていたにもかかわらず膨張戦略をとった日本曹達は、とくに配当や株価の維持に腐心せねばならなかったことはいうまでもなかった。

たとえば、のちに三八年頃の経済雑誌には次のような記事が見える。「日曹は化学工業会社の範疇を越えて株式売買をやると云はれたことは事実と見られる。事業会社が持株の売買利益をアテにすることは投資家から嫌厭される。日本産業の如き持株会社すらそうした臨時利益を経営収入に加へることを問題にされたのである」[10]。「妙高証券の……株式工作、プレミアムの荒稼ぎ……これについては興銀から忠告されたとも伝へられる」[11]、など。いずれにせよ、三四年の莫大なプレミアムが同社にとっての臨時収入となり、コンツェルン形成に向けての大きな源泉となったことは確かであったろう。

(1) 前掲、三宅『新興コンツェルン読本』、二二七頁。「〔同コンツェルンは〕彗星の如く我邦産業界に台頭し、新興コンツェルンとして人気を独り占めにしてゐる」(『富強日本』第二巻第六号、一九三七年、二一頁)。
(2) 前掲、『新興コンツェルン読本』、二七四頁。
(3) 『東洋経済新報』一九三七年四月一七日、一六三頁。
(4) 前掲、「日曹外史㈤」『日曹社報』一二一号、一九八六年。
(5) 前掲、『日曹事業概観(稿)』、一二五頁。
(6) 野田正穂「満州事変以後におけるわが国株式市場の構造変化について」『経済志林』第三〇巻第二号、一九六二年、一四〇〜四一頁。
(7) 樋口弘『計画経済と日本財閥』味燈書屋、一九四一年、九四〜五頁。
(8) 『ダイヤモンド』一九三四年八月一一日、一五〇頁。「新興財閥の募集売出しは、最低額のプレミアムを決定しこの額以上により高いプレミアムをつけた者から順次募入するという方式をとり……このような方法を採用したのはいうまでもなく最大限のプレミアムを獲得するためで」あった(前掲、野田、一五四頁)。また、向井鹿松『証券市場組織(各論)』丸善、一九二七年、八六五頁、志村嘉一『日本資本市場分析』東京大学出版会、一九七一年、一三五、一三九〜四一頁、参照。
(9) 「此の会社〔妙高証券〕はどちらかと云ふと中野友禮氏の個人会社と云つた方が正しい位のもので中野氏株操作の舞台だつた」(前掲、『日曹事業概観(稿)』、一二六頁)。

（10）『ダイヤモンド』一九三八年二月二一日、一〇〇頁。
（11）『エコノミスト』一九三八年三月二一日、三三頁。

（2）日曹コンツェルンの特色

さて、日曹コンツェルンの形成における特色の一つとしてその短期集中的形成のことにふれたが、他方の特色として、当時のさかんな株式ブームを背景として同社が行った合併買収戦略についても述べておかねばならないであろう。この短期集中的形成と合併買収戦略という日曹コンツェルンの形成過程における二大特色は、もちろん別個のものではなかった。

すなわち、さきの表4-17からもわかるように、日曹コンツェルンの傘下子会社の相当部分は既存の各社の合併買収によるものであった。あるいは、合併企業をテコとして新会社の設立につなげていったものであった。つまり、同コンツェルンの「神風的スピード」での膨張には既存企業の吸収合併は不可欠の要件であったということである。たとえば、「四大支柱」子会社についてみると、三五年に設立された九州曹達は基本的に分社化によって誕生したものとしてもよいが、三七年に相次いで誕生した他の三社は、多かれ少なかれ既存企業の合併吸収をテコとして生まれた子会社であった。

まず日曹鉱業については、さきに日本曹達が多数の鉱山を買収してきたことをみた。同社はこれら買収鉱山のいわば元締めとして、すなわち「この統括管理を行うとともに、将来における鉱山事業拡大の際の中核会社として」設立されている。興味深いのは、同社とさきに傘下に組み込んでいた日本鉱山（旧木戸炭業）との連係プレーであり、新たな「鉱山の開発に当たっては、まず日本鉱山が購入して三年間採掘を試み、成績の良いものを日曹鉱業に繰り入れる仕組みとし、日本鉱山に野球の二軍的な役割をはたさせ」（1）たことであった。つぎに、日曹製鋼については、三六年に買収した米子製鋼所を三七年一一月に改称したものであり、同年一二月にはさらに傘下の大島製鋼所をも合併し、同コンツェルンにおける重工業部門の中核として発展した子会社であった。同社は一般鋼材、大径鋼管などを、さらには軍需景気のなかで大砲弾倉、艦船用大型クランクシャフトなどを製造し軍部との関係を深めた。なお、三九年一月には、当時経営不振に陥っていた日本曹達本体の救済策として同社は吸収合併されている。また、日曹人絹パルプについては、もともとは九州曹達のア法ソーダを原料とする新たな人絹会社として構想されたが、(2)のちにさらにスフ生産をも計画して、日本人絹紡織（旧福井人絹）や綾羽紡績を取り込んで、その後の紆余曲折を経たあと、これらの企業を糾合して装いを新たに設立されたものであった。

このように、日曹コンツェルンとは、主要には既存企業の旺盛な合併買収戦略の結果として成立したのであり、だからこそ「彗星のごとく」に短期間に出現することのできたコンツェルンであったといわねばならない。「日曹コンツェルンと呼ばれるやうになったのはせいぜい最近一両年のことだ。その以前には日本曹達なんて会社の存在すらも大多数の人は知らなかったことであらうと思ふ。それが熊手でガサガサと掻き集めるやうに諸多の事業を掻き集め、現在では日曹系事業といはれるものが二十近くになった」(3)。

このように見てくると、日曹コンツェルンとは事業のいもづる式展開によって生まれたコンツェルンである、というような推測は必ずしも正しくないことになる。しかも、その推測がソーダや化学工業中心という同社のイメージからなされてきたとすればなおさらである。たとえば、前章でみたように、同じ化学工業を中心とした新興コンツェルンたる日窒コンツェルンの場合では、その中核企業たる日本窒素肥料の多角的な事業展開から自生的に子会社が生み落とされ、したがって同コンツェルンの子会社の多くは実質的には日本窒素肥料の一工場的な存在であった。つまり、基本的には分社化によって形成されたコンツェルンであった。その意味では、これら二つの新興コンツェルンの形成過程を対比させてみると、同じ化学工業を中心としていたとはいえ、まさしく対照的であったと言わねばならない。

なるほど、日曹コンツェルンの場合も、傘下の子会社の事業分野は親会社・日本曹達のそれと強い技術的なつながりを有するものが多かった。また、コンツェルン全体としても各社の間で相互に有機的な事業関連（いわゆる、「リング式経営」）が見られた。しかし、それら子会社の多くは少なくとも日本曹達の内部から自生的に生み出されたものではなく、関連諸部門の既存企業を相次いで合併買収することをテコとして形成されたものであった。

以上のことは次のことからもいえよう。すなわち、ほぼ一九三七年前後を境として、同社の膨張戦略の重点はこれまでの企業内部における「工場展開」（二六年から三七年までに一〇工場）から「子会社展開」へと明瞭に移行したことである。たとえば、さきの表4-4でもわかるように、同社の工場展開は三七年上半期に三工場が設置された時点で終了していた。そのあとにもいくつかの工場が組み込まれているものの、それらは三九年一月に日曹製鋼が日本曹達本体へ吸収されたことによる工場再編の経緯のなかでの設立であった。

したがって、いわゆる日本曹達の自生的ないもづる式展開なるものは、三七年上半期までの企業内での工場展開において終っていたというべきである。その後の同社の膨張戦略は、それとは別の次元において、すなわち、「子会社展開＝コンツェルン形成」として新たに開始されたのである。言い換えれば、満洲事変以後の日本経済の急変革、とくに三七年の日中戦争勃発前後における戦時経済への急旋回は、同社の膨張戦略をこれまでのアルカリ・冶金の両展開を主軸とする自生的な企業内工場展開という狭い枠内にはとうてい納めきらず、外部の既存企業の合併買収戦略によって、まさしく「神風的スピード」で一大コンツェルンを出現せしめたのである。

以上見てきたように、日曹コンツェルンの形成過程における二大特色とは、その短期集中的形成および合併買収戦略ということであった。さきにも述べたように、これらは相互に関連するものであったが、このような特色が生み出されることになった背景には、ほかならぬ同コンツェルンの形成時期が五つの「新興コンツェルン」のうちでももっとも遅れた方に属していたということ、すなわち、日中戦争勃発の年と折しも重なり合っていたということを指摘できよう。つまり、同コンツェルンの形成過程は、それが膨張戦略を志向するものであった限り、当時の日本経済の戦争経済化に深刻に巻き込まれた形でしか行われえなかったのである。個別の新興コンツェルン研究の進展にバラつきがある現段階では比較上のことは断言できないが、少なくとも日曹コンツェルンは、同コンツェルンに先立ってスタートしたものに比べてより多く戦争経済の影響を受けて形成されたことは確かであった。そのことは、つぎにみる同コンツェルンの破綻にまでいたる経緯のうちに明らかとなる。

（1）日本曹達『日本曹達七〇年史』一九九二年、五九頁。

（2）「アンモニア法による苛性曹達を最も大量に使うのが人絹であるところから、中野は九州曹達との関連において、ぜひとも自分の手で人絹をやりたいと思っていた」（前掲、『中野友禮伝』、一五八頁）。

（3）岩井良太郎『戦争と財閥』千倉書房、一九三八年、二四八頁。また、「事業の経営方針を見ると次から次へと新規部面に進出しては行くが、併し一度も冒険を侵した事実はない。主業のアルカリ工業を初めとして、近くはアムモニア曹達工業、次ではアルミニウム工業、それからステープル・ファイバー、人絹パルプ工業等、総ては自社で危険負担をした試はない。多くは先進会社の犠牲を見定めてからスタートする……併し一度手を染めたら駆け足だ」（『東洋経済新報』一九三七年二月六日、三九頁）。「日曹が斯くの如く短時日に弘範囲にしかも巨大資本を擁するに至ったのは……原材料の確保及製品の販路確立に主眼を置いたためである……原材料の獲得には当事者間に協定・契約等の手続きが採られるが、日曹はこれを仔会社獲得に於て果し安心したのである」（前掲、『日曹事業概観（稿）』、一一〜一二頁）。

(3) 日曹コンツェルンの破綻

ここでは、同コンツェルンの株主構成や職制についてふれた後、その破綻を迎えることとなった背景を述べて本章を終えよう。

まず、日本曹達の株主構成については不明の部分も多いが、三八年六月現在で株主総数は一四、五五八名であった。(1)

また、大株主としては、妙高証券（四五、七八〇株）を筆頭に、九州曹達（二六、四四〇株）、中野友禮（二二、四五八株）、さらに個人株主などが続いた。このうち、「筆頭の妙高証券は、いわば中野の個人会社といってよい」ものであった(2)。さらに四〇年当時にもなると、「既に日曹の株主は大約三万人に垂んとし、一人当り平均七〇余株の小株主の集団である。即ち日曹は大衆株中の大衆株であるが、これを与る経営当局者が一番の大株主であ(3)」った。また、「親会社は子会社の株式を持ち、子会社はまた親会社の株式を持つ。そればかりでなく、さらに子会社同士で株式を持ち合つてゐ(4)」たことも指摘されていた。いうまでもなく、「株式の持ち合ひは同一資本系統の事業としては全く無意味なことで、左様な手数を掛けずとも同系統の事業であれば連絡、統一は充分つく訳で、徒に事業の外形のみを大きく見せるに過ぎないのである(5)」。

また、同社の職制についていては、当初の未整備だった状況から三〇年代の後半にはしだいに整備されたものとなっていった様子が窺われる。しかし、前述したように、たとえば部制が設けられたのはようやく一九三七年八月のことであった。翌三八年五月現在の「職員名簿」をみると、通常の企業によく見られるように総務部、工務部、経理部、販売部、購買部、統制部、監査部と、表面的な体裁が整えられてきたことがわかる。それらの部の下にはそれぞれの課が置かれた。しかし、問題なのは、それらの部のうち、もっとも枢要を占めるべき総務部長と工務部長のポストを社長の中野友禮自身が兼ねていたことであった。同時に、主要な子会社のほとんどについても中野は社長を兼ねており、依然としてコンツェルンの全体に対して強い統率力を維持していたことが窺われる。その後、四〇年五月現在の「職員名簿」を見てみると、以上の各部に加えて秘書部や製鋼部、電気部、機械部などが新たに加わっているが、中野は総務部長と工務部長を降りていることがわかる。しかしながら、主要子会社についてはやはり社長を兼ねたままであった。

さて、こうして中野友禮が築き上げてきた日本曹達あるいは日曹コンツェルンは、最終的に破綻の日を迎えることとなる。以下、破綻にいたる経緯について、当時の経済雑誌から拾ってみよう。

まず、『エコノミスト』(一九三八年九月一一日)は同社が「世評香しからぬわけ」として、すでにつぎのように述べていた。「第一は、当社のいはゆる積極経営があまりに調子外れであることだ。膨張に次ぐ急膨張で、しかも今後どれだけ広がるのか確信が持てぬ。そのうへ中野社長独裁だ。たとへば当社の事業組織をみるに、社長自ら総務部長および工務部長まで兼任してをり、対社外関係から社内部のコマカシいことまで一々采配を振つてゐる……第二には、相次ぐ膨張で収益期といふものがなく、しかも未働資本が多くて絶えず業績を圧迫してゐる……第三は、配当の維持のためにはどんなことでもする、といつた綱渡り式経営方針に対する警戒である。……第四に、関係子会社の中でも、好成績を挙げてゐるのは四、五社にすぎず、あとはあまり期待がつながれないことだ。子会社総数二十四社中、現在なほ無配をかこつてゐるものが十社もある有様だ」(6)。

あるいは、別の経済雑誌はつぎのようにいっていた。「日本曹達の一大欠陥は何んであつたか。……それは重役団の不健全極まることであつた。この観点からして如何にコンツェルンの外形的整備が示されても、依然日曹の内面的脆弱性に毫末の変りはなかつたのだ」。「けれども、その改善には時を要し、機会が必要とされてゐた。然るに、遂に、その機会は到来した。最近に至り一挙に興銀及日銀系から四人の新重役を迎へたからである」。「これまでの日曹は余りにも拡張増設を急ぐ会社として、多分に投資家を不安がらせた」のである(7)。すなわち、「過去の急膨張には実に驚異に値するものがある……この間企業内容は多角化し、種々なる新規事業を加へたが、また同時に多くの子会社が生み出され、日曹をも加へての所謂コンツェルン全体の総資本金は軈て三億に垂んとするまでに膨張した。日曹首脳者の得意や思ふべしである。だが、しかし、世人はこれに不安を感じたのである」、など(8)。

要するに、日曹コンツェルンのあまりにも急速な膨張振りは、戦時統制経済に入って企業をめぐる環境が激変した日本経済においては、新たな「不安」材料となりはじめたわけである。つまり、「(1)はてしなき膨張の結果を惧れ、

⑵未働資本の圧迫を惧れ、⑶これと因果する減配期の到来を惧れたのである。と同時に、⑷日曹コンツェルンの特色とする親は子の株を、子は親の株を、そして子は子同士に相互親子、姉妹の株を持ち合ふ仕組であることに、また不安を感じたのである」[9]。

以上に加えて、同社をめぐっての陸海軍の間での角逐が深刻さを増大していた[10]。あるいは、戦時統制がしだいに強化されるなかで同社の資金繰りが急速に苦しくなりはじめたことが、日曹を決定的に追い詰めていくこととなる。財閥のように自らの銀行をもたなかった新興コンツェルンの多くは、戦時経済のなかで日本興業銀行への依存をしだいに深めていた。同社もその例外ではなかったのである。「今日の日曹を動かすものは金融業者である。その支配力は中野社長の手から興銀へと移動した。もともと、日曹の行き詰りは金融の行き詰りにあるから、局面打開策として興銀が大きな力で働きかけて来たのは是非もない」[11]。

たとえば、「日本曹達は思ひもよらぬ時に、思ひもかけぬ事から二分の減配を遣らねばならなくなつた（軍部の強制力に余儀なくされたもの）。加へて興銀系の五重役は袂を連ねて総辞職することに決定した。……興銀系重役の総辞職は中野社長が渡米不在中に目論まれ、帰朝後に一挙決行となつたのである。……五氏は共に昭和一二年一二月の就任であるが、爾来、今日まで右の興銀代表重役と中野社長との関係は兎角に円滑を欠き、抗争軋轢が繰返されて来た」。「従来……中野社長は自己が絶対主権者たる位置を欲して来たのであるから、無論形式的にもせよ日曹の主権者たる地位を他人に譲ることは夢想だに出来まい」[12]。

こうしたなかで、一九四〇年、いよいよ金融逼迫の度合いは深刻さを増し、中野は興銀に対して八〇〇〇万円の融資を求めざるをえなくなった。大蔵省から事前に調査官が派遣され内部調査が行われた。その結果、幸いなことに、日本曹達に対する五〇〇〇万円の強制融資が実施されることが決定されたのである。戦時経済が進展するなかで、軍需生産の重要性はますます高まっており、日曹コンツェルンの存在はすでに抜きがたいものとなっていたからである。

しかし、融資には一つの条件がついていた。それは、「中野の退陣」という条件であった。すなわち、「中野社長の第一線隠退と交換に金融の安定が計られる。日曹を生かすためには、金融の安定を先決問題とする」[13]ように事態は進められたのである。中野は、「これによって、ついに二十余年に亘り血涙をもって育て上げた日曹の支配者としての地位を去ることが決定した。昭和一五年一二月二七日のことであ」[14]った。

その後の日曹コンツェルンでは、「整理策」が急ピッチで進められた。その内容とは、(1)職制改革と人事異動、(2)有価証券や同系会社勘定、製品、半製品、貯蔵物品勘定の再評価切り下げ、(3)直営工場および子会社数社の分離身売り、などであった。「何れにせよこれで日曹は整然とした統制機構が完成し、不良資産も整理された代わりに、著しく国策会社に似た性格を作り上げ」[15]ることになったのである。「日曹の傍系会社は、その最も多い時に於いては四〇余の多数に上つた。しかし、其の後整理されて現在では二三に減じて居り……」[16]、ここに、中野友禮が築き上げた日曹コンツェルンはついにその短い生涯を終えたのである。

(1) 前掲、『日曹事業概観』一九三八年、二二頁。
(2) 前掲、『中野友禮伝』、一四二頁。仮に妙高証券と中野の分とを合算すれば、全体の四・三%になる。ちなみに、妙高証券は三八年三月には妙高企業と改称しており、株主数は二九名であった（前掲、『日曹事業概観』、八一頁）。
(3) 『東洋経済新報』一九四〇年八月一七日、三八頁。
(4) 『エコノミスト』一九三八年九月二一日、三六頁。このことは中小規模の企業群からなる理研コンツェルンなどでも指摘されていた。
(5) 『東洋経済新報』一九四〇年四月二七日、一〇九頁。
(6) 『エコノミスト』一九三八年九月二一日、三六頁。
(7) 以上、『東洋経済新報』（会社かゞみ、戦時体制下の会社はどうなる）一九三七年一一月二三日、一一五頁。
(8) 『東洋経済新報』一九三八年五月一四日、五三頁。

(9) 同前。「数社がお互いに株を持ち合つて居れば危険が分散され、利益が均霑する……日曹は未曾有の難局時代に急膨張し、その波の中に事業整理の余儀なきに至り、救け合ひ安全弁とした仔会社の存在が結果としては反対に癌的病苦となつた」(前掲、『日曹事業概観』一九四一年、一四頁)。

(10) 「戦時体制が次第に強化されるなかで、当社は軍需目的の製品を次々と研究開発して生産し、戦争の遂行に当たって大きな力となっていたが、特に、ハイオクタンの航空燃料やアンチノック剤である四エチル鉛などの開発・生産には、社としての名誉をかけ工場挙げて……取り組んできた。しかし、当社の場合、常に海軍が陸軍に一歩先んずるという傾向にあり、これを快く思わなかった陸軍は当社をその支配下に置くことを意図して興銀と手を結ぶ動きを見せ始めた」『日本曹達七〇年史』一九九二年、八〇頁。

(11) 『東洋経済新報』一九四〇年一二月一四日、三六頁。

(12) 同前、一九四〇年一月二〇日、四五頁。

(13) 同前、一九四〇年一二月一四日、三六頁。

(14) 前掲、『中野友禮伝』、一九八頁。「後任社長については大蔵、商工両省、興銀等で種々協議を行つてゐたが……大和田悌二氏(もと逓信次官)……が就任することになつた」(『エコノミスト』一九四一年二月二四日、四一頁)。

(15) 『ダイヤモンド』一九四二年一月一日、一二〇頁。

(16) 同前、一二二頁。

第5章　財閥傘下企業のコンツェルン化

1　財閥コンツェルンと傘下企業のコンツェルン化

これまでの章では一九三〇年代の新興コンツェルン（五つの「新興コンツェルン」およびその他の新興コンツェルン群を含めて）の誕生と展開についてみてきた。この最終章では、さらに、財閥コンツェルンの傘下企業の場合について、それぞれが独自の子会社をもつことによって企業グループ化（コンツェルン化）を進めた状況について説明することとしよう。いわば、財閥コンツェルンという「大宇宙」〔K〕のなかの「小宇宙」〔k〕として、傘下企業はそれぞれ自らを中心とするコンツェルンを形成しはじめたのである。

さきにも述べたように、多くの財閥が一斉にピラミッド型のコンツェルン形態へと組織転換したのは第一次大戦をはさむ一九一〇年代のことであった。その後の一九二〇年代を通じて、財閥コンツェルンは、長引く景気不振の時期（戦後反動恐慌、関東大震災、金融恐慌、など）を利用して外部の不振企業を吸収・再編成しながらピラミッドの裾野を拡大していった。そして、財閥コンツェルンがいよいよ日本経済の舞台にその巨大な姿を浮かび上がらせたのは、昭和恐慌を経た一九三〇年代の初頭のことであった。とくに「総合財閥」と呼ばれた三井、三菱、住友などの巨大財閥は、家族同族に完全所有される財閥本社（持株会社）を頂点として、その傘下には直系・傍系を問わず、さまざまな産業分野にまたがる数多くの事業会社を抱え込んでいたのである。

本章で注目するのは、一九三〇年代になると、それらの傘下の事業会社もまた、それぞれに独自のコンツェルン化をスタートさせたという事実である。(1) すなわち、一九三〇年代の財閥ピラミッドの外延的な拡大は、直系企業の間の共同投資による新会社の設立によっても行われたが、さらに、こうした財閥本社の主導による拡大だけではなく、むしろ中核的な傘下企業によるそれぞれの「企業グループ」化の進展に負うところが大きくなりはじめた。それぞれの傘下企業が自らの子会社をもちはじめたのであり、財閥の組織行動に興味深い変化が現れたわけである。

しかしながら、この財閥傘下企業のコンツェルン化の実態については、これまではほとんど関心が寄せられることはなかった。また、まとまった研究も存在しなかった。あっても一部の断片的な研究を見出すのみである。したがって、ここでは、とりあえず一九三〇年代末の「日本財閥の現勢」を鳥瞰した樋口弘『日本財閥論』(2) のなかから財閥傘下企業の企業グループ化（同書のいう「産業コンツェルン」化）に関する叙述のいくつかを拾い出してみよう。それはつぎのようになる。

まず、総合財閥のうちの三井財閥については、たとえば、「従来は三井合名の直接投資会社であつたが、それ自身既に一個の巨大産業コンツェルン化しつ、あつた東京芝浦電気（芝浦製作所の後身として）、王子製紙、鐘淵紡績の三社」（二一頁）。「これら〔三社〕の他に……台湾製糖、小野田セメント等もそれぞれ業界における王者であり多かれ少なかれ産業コンツェルン化しつ、ある」（二二頁）。「三井鉱山は……傘下に東洋高圧以下の一三個の仔会社と日本・満洲の特殊会社五に投資する大産業コンツェルンである」（二〇頁）。あるいは、三菱財閥についても同様に、「その重要な直系会社は三菱鉱業を最多として、数個、十数個の支配事業を従へて夫々が産業コンツェルン形態をとりつ、ある」（三五頁）、などと述べられていた。

また、いわゆる「二流財閥」については、たとえば浅野財閥では「業界における地位も一流で浅野の支柱をなすものは浅野セメント、鶴見製鉄造船、日本鋼管、小倉製鋼……そしてこれらは夫々が一個の産業コンツェルンを形成してゐる」（七一頁）。あるいは、「古河財閥にあつては、その直系会社に対する投資は第一次的には古河合名が、第二次的には古河石炭鉱業が行つてゐるが、両者の仔会社であり重工業の現業会社たる古河電工が又一個の産業コンツェルンとして……富士電機始め十数個の孫会社を有し」（九五頁）ている、などなど。

以上は財閥の傘下企業のコンツェルン化に関しての断片的な叙述にすぎない。しかし、そうした動きが一九三〇年代に顕著に見られはじめたことは、つぎのような意味合いをもっていたと思われる。

まず、㈠財閥傘下企業のコンツェルン化の進展は、日本経済において「コンツェルン」概念の二義性を作り出した。あるいは、財閥本社である持株会社の下に、独自の子会社をもついくつかの「中間持株会社」が誕生したことを意味していた。すなわち、コンツェルン〔K〕のなかにコンツェルン〔k〕が誕生しはじめたのであって、それまでの財閥内部における財閥本社と傘下企業の結合原理に大きな変質をもたらさざるをえなかった。あるいは、財閥の組織構造の全体が、それまでの一元的なものから、いくつかの「コンツェルン＝〔k〕の集合体」へと変質しはじめたことを意味していた。新たにコンツェルン化をスタートさせた傘下企業は、財閥コンツェルンの枠内で、自らが担当する事業部門の範囲内に関しては財閥本社から独自的な意思決定をするように変化しはじめたのである。

㈡したがって、こうした財閥の組織構造の変化、すなわち傘下企業の独自性の高まりというのは、あくまでも結果的なことではあったものの、第二次大戦の敗戦後に行われた「財閥解体」の動きを先取りする動きであったといえよう。あるいは、のちの財閥解体の遂行がより円滑なものになる準備のプロセスという意味合いをもっていた。

さらには、㈢財閥傘下において誕生しはじめたコンツェルン〔k〕はあくまでも財閥コンツェルン（「大宇宙」）の一構成メンバーであったため、基本的に、財閥の外側で簇生していた新興コンツェルンに比べれば子会社展開の程度

（子会社数など）は大きくなかった、ということが指摘できる。これは、いうまでもなく、財閥とは「重工業、軽工業、金融、商業等凡ゆる主要事業部門に広汎な鶴翼を張つて……傘下の各事業が相互に連絡をとつて活動する際には、驚くべき威力を発揮する」のであり、「何でもかんでも内々で間に合ふコンツェルン組織の強み」(3)を備えていたからにほかならなかった。すなわち、傘下のメンバー企業は、金融はもとより販売、サービス、原材料の確保など多くの面で、他の財閥メンバー企業との内部取引を利用する機会に恵まれていたのである。あるいは、彼らが設立した子会社の中には、財閥本社からの指令によって設立されたものや、財閥本社や他の財閥メンバー企業などとの共同投資によるものも含まれていた。

以下、いくつかの財閥傘下企業のケースを具体的に見ていくことにしよう。

（1）「三井鉱山、三菱造船、住友金属など財閥直系の大会社が垂直統合と多角化によりそれ自身ひとつのコンツェルンを形成していったこと、それは、日窒、日曹、森などの新興コンツェルンの垂直統合と多角化と、基本的に同質のものであった」（安岡重明「生成期財閥の産業構成」同編『財閥史研究』日本経済新聞社、一九七九年、三五頁）。

（2）樋口弘『日本財閥論㊤』味燈書屋、一九四〇年。

（3）高橋亀吉・青山二郎『日本財閥論』春秋社、一九三八年、一一九頁。

2　三井財閥コンツェルンの傘下企業

表5-1は一九三二年一〇月時点での三井財閥の傘下企業を示したものである。同表に掲載されている企業は、「三井系持株率三〇％以上」(1)を一つの基準として機械的に選定されており、通常用いられてきた「曖昧な」選定によるものとは異なっている。また、同表には持株会社の三井合名を含めて合計六二社が掲げられているが、そのなかで、と

表５－１　三井財閥の傘下企業（1932年10月現在）

- 三井合名会社
  - 三井銀行
  - 三井物産
    - 東洋レーヨン
    - 三機工業
      - 三建工業
    - 三昭自動車
    - 東洋棉花
      - 南北棉業
      - 上海紡織
      - 中央紡織
      - 内海紡織
      - 天満紡織
      - サウス・テキサス・コンプレス
      - 合資会社南部綿花
      - 東洋ポダーミル
    - 紡織機械用品
    - 三鱗煉炭原料
    - 東洋製糸
    - 日本配合飼料
    - 日本製粉
    - 三泰油房
    - 湯浅蓄電池製造
    - 若田煉炭原料
    - 安全索道商会
    - 東洋オーチスエレベーター
    - 北海木材防腐
    - 極東煉乳
    - 撫順炭販売
    - 日本樟脳
  - 「関係会社」
  - 三井鉱山
    - 三成鉱業
      - 義州鉱山
      - クロード式窒素工業
    - 三鉱商店
    - 太平洋炭礦
      - 釧路臨港鉄道
    - 三池窒素工業
    - 松島炭鉱
    - 北海曹達
    - 基隆炭礦
    - 釜石鉱山
    - 神岡水電
    - 北海道硫黄
    - 富山鉄道
    - 合成工業
  - 東神倉庫
    - 大正運輸
    - 共進組
    - 三栄組
  - 三井信託
    - 三信建物
  - 三井生命保険
  - 「子会社」
  - 台湾拓殖製茶
  - 芝浦製作所
  - 北海道炭礦汽船
    - 共立汽船
    - 北海道窯業
    - 輪西製鉄
    - 日本製鋼所
    - 夕張鉄道
  - 「傍系会社」
  - 熱帯産業

（出所）　鈴木邦夫「戦時統制と企業」石井・原・武田編『日本経済史(4)』東京大学出版会、2007年、112頁。原資料は、2002年度経営史学会全国大会のパネル「三井財閥における投資・人事・意思決定」での吉川容による配布資料。

くに三井物産と三井鉱山が「中間持株会社」として傘下に多くの企業を擁していることが注目される。そこで、以下では、これら両社をとりあげて、簡単に見てみることにしよう。ちなみに、この「三〇％以上」基準に従えば、三井財閥の企業数は一九四四年には三井本社以下一五八社となっており、「この間に九六社も増加しており、財閥として規模が急速に拡大したことがわかる」(2)。

（1） これまで曖昧にいわゆる「三井系」、「三井傍系」などとされてきた企業は排されている。原資料は三井本社事業部作成（一九四四年）の「三井事業網一覧表」。

（2） 鈴木邦夫「戦時統制と企業」石井寛治・原朗・武田晴人編『日本経済史㈣戦時・戦後期』東京大学出版会、二〇〇七年、一一三頁。

(1) 三井物産

よく知られているように、戦前の日本経済において三井物産こそは最大無比の総合商社であった。また、同社は三井銀行および三井鉱山と並んで、最大無比の総合財閥であった三井財閥の根幹を支える三本柱の一つであった。とりわけ、第一次世界大戦を契機とする三井物産の発展には顕著なものがあった。「欧州大戦は三井物産に取つて、その商権を一層強固に世界各国に確立する機会であつた。海陸全機関を働かして、文字通り全世界の都市に三井の旗を翻へして進出し……大正七〔一九一八〕年に於てはその商売高も戦前の数倍に増加し、同年資本金を一億円に増加した。かくて現在三井物産の巨大な商売の姿は、余りに複雑多岐、容易にその内容を知るを得ない程である」(1)。

同社はもともと「コンミッション・マーチャント」として出発した。しかし、その後には、「単なるコンミッション・マーチャント、即ちブローカー商売の弱性を発見するに及んで、次第にその事業に産業的基礎を与へるやうになつてきた」(2)という。すなわち、第一次大戦後の時期の三井物産の経営方針は、いわゆる「穏健ナル積極主義」(3)として知られているが、その内容には、「同業者との協調、地方市場進出、外国間貿易の積極化、協同組合の利用」などと並んで、たとえば「新発明・新事業計画の注視、生産過程への進出」が含まれていた。三井物産は、商社としての枠組みを超えて直接の事業部門への進出を志向しはじめたのである。こうした経営方針を終始リードしてきたのは安川雄之助であり、かれが正式に同社の筆頭常務取締役に就いたのは一九二四年のことであった。

安川は、一九二六年六月の第九回支店長会議の冒頭における経営方針の説明のなかで、「多少資金ノ固定ヲモ辞セザル考」で「工業並ニ設備事業ニ投資」することを力説していた。そして、まさにこのころから三井物産の社外投資は活発化し、持株会社化が進んだのである。

たとえば、同社の株式保有高をみると、一九二〇年代の中葉以降一貫して増加を続けたことがわかる。その結果として、それは「一貿易商社としては並はずれて巨大なもの」となり、「固定資産勘定をコンスタントに上回」るように変化しはじめた[4]。すなわち、「表面は飽くまで三井物産としてのコンミッション・マーチャントでありながら、自社で製造業を経営し、或は巨大な投資を各方面の事業会社に投資し、或は自ら親会社となつて事業会社を設立し……早い話が自分で作つたものを自分で売るやうなもの」となっていたのである。「而も豊富な財力と、三井財閥の絶対的信用とを以つてこれらの支配会社は何れも優秀な会社となつて、巨大な三井物産コンツェルンを形成してゐる状態は三井鉱山コンツェルンと好個の対照であ[5]」った。

このように、一九二〇、三〇年代における三井物産の経営方針において特徴的だったのは、投資活動の積極化、とりわけ重化学工業企業の育成策であった。すなわち、それは同社が「豊富な金融力を基礎に子会社の新設もしくは既設諸会社の株式取得、子会社等の長期投資に力を入れ、これら子会社と一手販売契約を結ぶなどで営業活動を有利ならしめる一方で、自ら強大なコンツェルン的結合を形成していく過程[6]」でもあったわけである。「株式投資の大部分は子会社、関係会社に向けられ……とくに、昭和一一（一九三六）年以後が顕著であ[7]」った。表5-2は、一九三〇年

表5－2　1930年代に設立した子会社

(1)　子会社として創立した会社

設立年	会社名	資本金	持株比率
1932年	東洋オーチスエレベーター	200万円	40%
	奉天造兵所（日本法人）	200	50
1933年	大洋興業	300	100
1934年	満洲石油	2000	10
	日満製粉	1000	6
	日満亜麻紡織	600	16.7
	関西製絨所	80	25
	日本バルブ製造	500	15
	徳永板硝子製造	225	40
1935年	満洲小野田洋灰	500	20
	朝鮮石油	2000	5
	東洋護謨化学工業	100	50
1936年	奉天造兵所（「満洲国」法人）	460	25
	三吉麺粉廠	銀円70	41.7
	南洋拓殖	2000	5
	Balintawak B.B.Co.	100万ペソ	33.3
	North Mindanao L.T.Co.	5	100
	哈爾賓洋灰	500	24
	東北セメント	500	12.5
	東洋海運	1000	50
	石油合成三池工場組合	2000	33.3
	石油合成特許組合	700	33.3
1937年	東洋精機	400	86.2
	協同企業	1000	16.4
	朝鮮レーヨン	1000	40
	朝鮮協同油脂	500	30
	満洲合成燃料	5000	11.4
	山東塩業	1000	14.9
	営口三泰機	国幣100	100
1938年	北海道人造石油	7000	7.1
	東洋商工（タイ国）	100	100
	満洲豚毛輸出工業	国幣200	47.5
	満洲協同セメント	国幣130	7.7
1940年	三井工作機		

(2)　子会社として系列化した会社

会社名	資本金	持株比率
ウシオ製作所	20万円	40%（1933年）
宇津鋼材	500	32.8
富永鋼業	700	35.7
津上製作所	500	85（1937年に東洋精機と改称）
東洋バブコック	300	33.3
東京計器製作所	300	5
高速機関工業	100	218万円（融資）
萱場製作所	180	55.5
那須アルミ	300	33.3
日本空気機器	45	55.5
太平セメント	450	28.3（1936年）
三新プライウッド	12	70.8
沼津毛織	500	100
奉天製麻	200	12.5（1933年）
南満維業		

（出所）『稿本三井物産株式会社100年史（上）』1985年、616～618頁。

代に設立された子会社の一覧である。

こうした三井物産のコンツェルン形成の背景としては、いくつかのものが挙げられる。

たとえば、その一つは、世界経済のブロック化が進展したことによる貿易商事活動の収縮傾向であり、それへの対応策であった。一九三三年の同社取締役会の議事録は、「世界ニ於ケル貿易ノ大勢ト各国ノ輸出入統制政策ニ鑑ミ商業方面ニ於ケル当社将来ノ発展ハ余リ多クヲ期待スル能ハズ、従ッテ当社ノ活動力ヲ工業的投資方面ニ拡充スルノ極メテ喫緊要事ナルヲ痛感スル」[8]、と述べていたのである。

第二は、他の商社との競争の熾烈化、あるいは三〇年代後半からの戦時統制の強化や軍需増大などの影響であり、重化学工業企業との連携の重視、系列化を進めることが必須の課題となりはじめた。「当社モ到底晏如タリ得ザル状態」に追い込まれはじめたのである。

さらに、第三として、この時期における朝鮮、満洲、中国、東南アジアなどへの進出が各地に数多くの「現地子会社」群を経営させることとなったことも重要であった[9]。

こうした時代の背景のもとで、日本最大の総合商社、三井物産も傘下に数多くの子会社を擁するようになった。いわゆる「三井物産コンツェルン」の形成である。しかしながら、ここで指摘しておく必要があるのは、さきの表からも明白なように、同社の傘下子会社の事業範囲がきわめて多岐にわたっていたということである。というより、むしろそれは、前章までに見てきたような有機的な事業関連性にもとづく企業集合体といえる内容のものではなかった。すなわち、これまでのコンツェルン〔k〕と同じ範疇に含めることを躊躇させるような、まったく異質の企業グループが誕生したのである。

いうまでもなく、そのことは、同社が日本を代表する超巨大な商社であり、また多様な事業分野と関係を取り結ぶ総合商社であったことを反映していたのである。これまでみてきた新興コンツェルンというものが親会社の事業（「本業」）との関連性からつむぎ出されてきたものとするならば、三井物産コンツェルンの場合もまた、一つの特異なケースではあったものの、総合商社としての親会社の性格をそのままに反映する企業グループを形成したともいえるのである。

いずれにせよ、「三井物産の支配する事業会社は……その支配網の大、資本力の大は三井鉱山と共に三井財閥中の二大コンツェルンであ(10)った。そこで、つぎに続けて三井鉱山のケースを見てみよう。

（1） 和田日出吉『三井コンツェルン読本』春秋社、一九三七年、二四〇頁。
（2） 同前、二四七頁。また、栂井義雄『三井物産会社の経営史的研究』東洋経済新報社、一九七四年、参照。
（3） 以下の叙述は、『稿本　三井物産株式会社一〇〇年史㊤』日本経営史研究所、一九八五年、四一九頁以下による。
（4） 同前、五〇八頁。
（5） 前掲、『三井コンツェルン読本』二四七～四八頁。
（6） 前掲、『稿本　三井物産株式会社一〇〇年史㊤』、五五七頁。
（7） 同前、六一五～一六頁。
（8） 以下は、同前、五五七頁。
（9） 一九三〇年代および戦時期における同社の満洲・中国などでの状況については、坂本雅子『財閥と帝国主義』ミネルヴァ書房、二〇〇三年、第七章、を参照。
（10） 前掲、『三井コンツェルン読本』二六三頁。

(2) 三井鉱山

三井鉱山の企業グループ化については、すでに見たように、「通常のコンツェルン論からは除かれてゐるが、例へば鐘紡、三井鉱山、王子製紙などは何れも数十の子会社をもつ大コンツェルンなのである」(1)、といわれていた。三井鉱山は、いうまでもなく「我国第一の大石炭会社であると、もに、其他産金、亜鉛製錬、染料製作等にも夫々卓越せる地位を占め、更に子会社を通じて窒素、曹達、硫安等の諸工業にまで巨大な触手を伸してをる」(2)。

表5‐3は、三井鉱山が創設（一八九二年合資、九三年合名、一九一一年株式会社化）されて以降に設立した傘下企業を並べたものである。すでに早くからいくつかの鉱業会社などを傘下においていたことがわかるが、傘下企業数が顕

著に増大しはじめたのは、同社の場合もやはり一九三〇年代からであった。

それ以前の同社の状況をみておくと、同社は、株式会社としてスタートしてすぐに第一次大戦のブームを迎えて大膨張をとげている。たとえば、資本金でみると当初（一九一一年）の二〇〇〇万円から二〇年までに一億円へと急増し、また、年間収入も一五〇〇万円から八七〇〇万円へと飛躍的な成長を経験したことがわかる。

この第一次大戦ブームの事業拡張の内容をみると、まず鉱山事業についてはこれまでの三池や筑豊地区からそれ以外の「新天地」へと展開させている。また、積極的に事業の多角化を進めていた。たとえば、これまでの「石炭、鉛、亜鉛、硫黄から一歩踏み出して」金鉱山や鉄鉱山を取得しはじめたほかに、日露戦後から手掛けていた亜鉛製錬、亜鉛加工、石炭乾溜、石炭化学など、「鉱山業の外縁につながる諸事業」(3)への投資を急速に拡大させたことが注目される。また、他社との提携による各種の共同事業にも積極的に乗り出していた。

その結果、一九一八年にはこれらの輻輳しはじめた事業を整理する必要に迫られ、新たに「事業所制」を採り入れたのである。たとえば、三池、

表5－3　三井鉱山の傘下企業の設立

1913	松島炭坑、富山軽便鉄道設立
16	石狩石炭に経営参加
17	北海道製鉄の輪西製鉄所を承継操業
	大島炭礦設立
18	基隆炭礦設立
22	北海曹達および太平洋炭礦の経営権取得
	神岡水電設立
24	田中鉱山の経営権取得（32釜石鉱山と改称）
28	第一窒素工業彦島工場の経営受託
	彦島精錬所設立（32三成鉱業に改称）
	三鉱商店設立
29	三成鉱山（朝鮮）を取得
1931	三池窒素工業設立（37東洋高圧に合併）
	輪西製鉄設立（34輪西鉱山に改称）
32	合成工業設立（38東洋高圧に合併）
	義州鉱山（朝鮮）の経営権取得
33	東洋高圧工業設立
35	九州共同火力発電設立
37	南洋アルミニウム鉱業設立
	熱河鉱山および満洲合成燃料設立
	山門炭礦設立
38	東洋アルミニウム設立
	中興炭礦（山東省）の経営受託
39	准南煤礦（安徽省）および三宝鉱業（満洲）設立
40	日本亜鉛鉱業の経営権取得
41	三井化学工業設立
	天宝山鉱業（満洲）の経営権取得
	東洋軽金属設立（44三井軽金属に改称）
43	三池石油合成設立
44	日本人造石油設立

（出所）　三井鉱山『男たちの世紀』1990年、の巻末年表より作成。

田川、神岡など全国一四箇所にわたる鉱山事業を管轄するために「鉱業所」(4)を設置したほか、三池港務所、三池製作所、三池製錬所、三池染料工業所などを設置している。このようにして、三井鉱山は三池地区に各種の事業所を設置することによって、たんなる鉱山会社からしだいに変貌しはじめた。また、この時期には、さきの表のように、傘下にいくつかの企業を設立しはじめたのであり、「三井コンツェルンの一員であった当社も、この時期には多くの系列会社を抱え、三井物産と並んで、コンツェルン内のコンツェルンとか、持株会社化と呼ばれるようになった」(5)。

ここで、日本全国の出炭量の変化についてみておくと、一九二〇年代にはほぼ二～三〇〇〇万トン程度であったが、三五年には三八〇〇万トンへと増大し、さらに四〇年には五六〇〇万トンと戦前戦後を通じての最高記録を達成している。一九三〇年代には日本の石炭需要は急増したのであり、これを機に、三井鉱山もまた人員増や採炭機器および切羽の増設などによって、三三年四六〇万トン、三四年四九七万トンと増産に努めた。このなかで、当時、三池鉱業所は同社全体のほぼ半分を出炭する位置を占めていたのである。しかしながら、ようやく「既存設備による生産力はすでに限界に達し」はじめていた。その限界を突破させることになったのは三池の三川坑の開坑であり、難工事の末に四〇年一〇月から出炭したことによって、一九四四年の「三池の出炭量は四〇三万トンとなり、終戦前の最高を記録した」(6)という。

さて、第一次大戦前後から三〇年代にかけての三井鉱山の変化のなかでとくに興味深いのは、同社のコークス炉ガスやコールタールを利用した石炭化学工業への本格的な進出であった。それはコンビナートの形をとって出現しはじめた。「大正期に入って三池に現れた当社の石炭化学コンビナートは、わが国最古のコンビナートであり……三池炭を有効利用するための創意工夫がそれぞれに実って事業化され、炭鉱を要に渾然一体となった工場群ができ上がった」(7)のである。とくに、第一次大戦の勃発がもたらした欧州からの化学製品（染料や医薬品など）の輸入杜絶は同社の石炭化学工業の発展に好機を与え、一五年には三池焦煤工場内に染料工場が竣工、これが一八年の三池染料工業所

の設置へとつながったのである。(8)

さらに、合成アンモニア工業への進出についても、金融恐慌で破綻した鈴木商店の事業を引き継いで、クロード法特許実施権とともに第一窒素工業（彦島窒素工場）を傘下に収めることとなった。そして、本格的には、三一年の三池窒素工業、三三年の東洋高圧工業の両社を相次いで設立することによって「三井硫安」（デュポン法）の製造を開始したのである。(9) また、石炭を原料とするメタノール合成を目的として、三二年には合成工業を設立している。よく知られているように、さきに第三章でみた日本窒素肥料、あるいは森コンツェルンの昭和肥料など「新興コンツェルン」の場合には、合成アンモニア工業は電気化学からの進出であった。それに対して、三井や三菱などの財閥コンツェルンにおいては、このように鉱山会社の石炭化学からの展開であった。三井財閥の場合には、「この石炭化学コンビナートが量的にも質的にも発展し、三井鉱山コンツェルンを担う一大拠点となるのが昭和一〇年代であ」(10)った。そのなかでも、東洋高圧工業は、三七年に三池窒素工業を、また三八年には合成工業を吸収し、同社の合成アンモニア工業の主軸の役割を担ったのである。

このように、三井財閥の化学事業は一九三〇年代を通じていわば「鉱山会社のなかの化学事業」として発展を遂げ、三井鉱山の三池染料工業所および子会社の東洋高圧工業を二大中心に展開していった。(11) 前者の三池染料工業所は三井鉱山内部の一事業所であったが、その後もさらに順調に成長を続けて、一九四〇年には三井鉱山の純益金の三〇％をあげるまでになっている。また、一九二七年から四〇年までの三井鉱山の起業費注入高合計（一億三八一四万円）のうちの二七％を占める存在にまで成長していったのである。(12) しかし、一九三〇年代の後半にもなると、「三井鉱山三池染料工業所および東洋高圧は……軍需品の生産比率が高まってきており、政府の進めている経済新体制の業種別再編成をも考慮し、これに対応する経営形態が求められていた」(13)。四一年四月、ここに三池染料工業所は三井化学工業として独立し、翌月には三井鉱山から資産、従業員などを引き継いで本格的に営業を開始したのである。

(1) 岩井良太郎「事変で伸びた小型コンツェルン」『科学主義工業』一九三九年七月号、一六六頁。
(2)『東洋経済新報』一九三五年五月一八日、四九頁。
(3) 三井鉱山『男たちの世紀—三井鉱山の百年—』一九九〇年、七七〜八頁。
(4)「それまで当社の鉱山事業は、石炭山を〈炭砿〉、金属山を〈鉱山〉、硫黄山を〈砿山〉と呼び分けていたが、これを〈鉱業所〉という名称で統一した」(同前、一〇二頁)。
(5) 同前、七八頁。とはいえ、当時、それらの大半はまだ炭礦会社で占められていた。
(6) 以上、同前、一四六頁。
(7) 同前、七八〜九頁。「三井鉱山がコンツェルンを形成し、これを強化する過程できわめて重要な意味を持っていたのが三池地区における石炭化学コンビナートの成立である」(三井東圧化学『三井東圧化学社史』一九九四年、一〇七頁)。
(8) 政府は一九一五年に「染料医薬品製造奨励法」を制定、一六年には国策会社として「日本染料製造」が設立されたほか、多数の民間企業が化学染料の製造を開始した。くわしくは、下谷政弘『日本化学工業史論』御茶の水書房、一九八二年、参照。
(9) 合成アンモニア事業の拡大にあたり三池窒素の増設でなく新会社・東洋高圧を設立したのは、「原料、生産工程などの問題からではなく、産業奨励の見地から新規工業に与えられていた四年間の所得税、営業税の免除を受けるためであった。三池窒素はすでにこの恩恵を受けていたが、同社で設備を増設しても残り一年間しか恩恵を受けられなかった……税務上の恩典が消滅する昭和一二年(一九三七)に両社は合併する」(前掲、『三井東圧化学社史』、一一七頁)。
(10) 同前、一〇七頁。
(11)「石炭は燃料である以外に化学工業の母胎である。肥料、工業薬品、火薬、染料、化学兵器、写真薬品等々その副産物は数へるに遑なく……」(和田日出吉『三井コンツェルン読本』春秋社、一九三七年、二一九頁)。
(12) 前掲、『三井東圧化学社史』、一〇八頁。
(13) 同前、一五一頁。

(3) 王子製紙

「製紙業は各事業中にあつて、比較的企業集中の著しい事業である。例へば大正九年まで増加する一方だつた製紙会社も……昭和三年末現在では百十三社を数ふるに過ぎぬ」(1)。表5-4は一九一〇年代から二〇年代にかけての製紙会社数の推移を示している。製紙業のこのような企業数の動向は、さきに本書の第2章でみた東京電気のマツダ・ブロックや大日本人造肥料の歴史を想起させる。つまり、同業企業による水平的な集中史であった。この背景には、一九二〇年代を通じての慢性的な不況、そして、それまでの製紙業が「製紙及パルプ製造の二つの段階的工程が多くは全然別個の経営に分属」していたものが「製紙パルプ一貫経営に転換せる」プロセスとして進められたことがあった。こうして、一九三〇年代初めの昭和恐慌の前後には、「整理淘汰の結果、現在比較的有力会社として存在せるものに富士製紙、王子製紙、樺太工業……〔など〕の九社」となり、「之等の会社は日本製紙聯合会を組織し市場の統制に当つてゐ」(2)た。

表5－4　製紙会社の参入と退出

	社数	払込資本金	一社当払込金
1912	70	22,151千円	317千円
14	71	27,043	380
16	83	35,634	429
18	143	61,085	427
19	186	87,396	470
1920	202	131,788	652
21	203	121,392	597
23	197	135,812	689
28	113	158,587	1,403

（出所）『東洋経済新報』1931年新年特輯号、131頁。

さて、明治の初期、一八七三年に澁澤栄一らの提唱で抄紙会社として発足した同社は、その後の七六年に製紙会社に、さらに九三年には王子製紙と改称した。同社が金融面などから三井財閥との関係を深めたのはこの当時からのことであった。また、工場建設、設備増大、自家発電所の建設などで基礎を固めてきた同社は、第一次大戦の前後から二〇年代にかけて内外に製紙関連の子会社を設立し、あるいは同業他社をつぎつぎと買収して自社の工場に取り込みはじめた。また、いくつかの水力発電会社や鉄道会社を傘下に系列化している。こうして、一九三〇年代初になると、「明治以来の当社、〔および〕富士製紙株式会社による大手二

表5－5　王子製紙の子会社

1916	帝国製紙の事業引継ぎ	35	北鮮製紙化学工業設立
17	朝鮮製紙および富寧造紙設立		鴨緑江製紙の経営受託
18	樺太産業、華森製材、黄川採木設立		多獅島鉄道設立
	朝鮮製紙設立（21本体に合併）	36	日本金網、東京金網を合併し日東金網設立
20	沙流軌道設立		六合成造紙廠の経営受託
	北海工業の経営権取得（24買収）		安東造紙設立
23	日高拓殖鉄道および樺太鉄道設立	37	樺太酒精工業設立
24	小倉製紙所を合併		山陽パルプ工業、日満パルプ製造設立
25	南樺鉄道設立		王子造林設立
	東洋製紙合併	38	東北振興パルプ設立
26	札幌水力電気合併	39	日本パルプ工業の経営権取得
	北海水力電気設立		錦州パルプ設立
	北海道鉄道に経営参加	40	恵須取鉄道設立
28	雨龍電力設立	43	東日本造船設立（栗林商船と提携）
32	日本人絹パルプ設立		満洲造紙設立
33	富士製紙および樺太工業を合併		王子鋳造設立
	王子証券設立（43日本人絹パルプと合併）		興亜航空機材設立
34	樺太鉱業設立	44	王子航空機設立

（出所）『王子製紙社史（本編）』の巻末年表により作成。

社の並立共存の時代から、大正時代初期に新規参入し急速に業容を拡大した樺太工業株式会社が加わって……三大勢力がしのぎを削る時代[3]」へと移行したのである。

しかし、当時は、ほかの業界とまったく同様に、紙パルプ業界もまた昭和恐慌の打撃によって大不況に陥っていた。すなわち、多くの企業が撤退を余儀なくされ、また生産設備の整理縮小を迫られる状況にあった。上記の三社についても例外ではなく、それぞれ巨額の負債を抱えるようになっていたのである[4]。ここに、一九三三年五月、紆余曲折を経たのち、これら上位三社は「大合同」することとなり、資本金一億五〇〇〇万円、洋紙分野では国内生産の実に八四％を占める新たな王子製紙の誕生をみることとなったのである。合併比率は、王子製紙（存続会社）一〇〇に対して富士製紙一四〇、樺太工業二四五であった。「業界で群を抜いた存在となった当社は、社名に〈大〉を冠され、一般に〈大王子〉と称されるようになった[5]」。

表5－5は、王子製紙の主要な子会社の設立状況を一覧したものである。一九三〇年代以前には同業の製紙会社を相次いで買収しており、とくに外地に多数の製紙子会社を設立し

ていた。三〇年代に入っても子会社設立の動きを強めながら、しかも同業の製紙業関連の子会社だけでなく、製紙業以外の子会社も傘下に加わりはじめたことがわかる。いわゆる「王子製紙コンツェルン」の誕生であった。

ここで一言すれば、さきに本書の第1章で、「コンツェルン〔k〕」は独占概念そのものではないことを述べた。つまり、コンツェルンとは「新たな企業結合形態」の出現を意味したのであって、本来的には「独占」とは別の概念であることを指摘しておいた。なるほど、一九二〇年代までの王子製紙がそうであったように、いくつもの同業の製紙会社を傘下に掻き集めた場合には、それも一つの企業の集合体の誕生には違いはなかったろう。また、それは市場独占の問題とまったく無関係ともいえなかったであろう。同業企業の水平的な集中は市場での（独占的）支配力を高めることを主要な目的としていたからである。しかしながら、三〇年代に入って以降の王子製紙の動きをみると、同表に示したように、それまでとは異なる一つの変化を見せはじめたのである。すなわち、「新たな企業結合形態」の形成に、言い換えれば有機的な「コンツェルン〔k〕」の形成に向かいはじめたように思われる[6]。それは、さきに見た東京電気のマツダ・ブロックが三〇年代に入って以降、「マツダ・コンツェルン」へと変化しはじめたケースとよく似た動きであった。こうして、一九三〇年代の王子製紙は、「その傘下には、森林、電燈、電力、電気、製紙、パルプ、新聞、製紙加工、紙販売、フェルト加工等の支会社を有し、これまた一個のコンツェルンを形成し」はじめたのである[7]。

（1）『東洋経済新報』一九三二年新年特輯号、一三二頁。
（2）以上、同前。
（3）王子製紙『王子製紙社史』（本編）二〇〇一年、五五頁。
（4）「合併の検討過程で……三井合名も難色を示したのが樺太工業と富士製紙が抱えていた負債の処理であった。当社にも数千万円の負債があったが、富士製紙は約一億四千万円、樺太工業は約一億円、三社合わせると実に約三億円という膨大な額であった」（同前、五九頁）。

（5）　同前、六〇～六一頁。三社合併の経緯について、くわしくは、成田潔英『王子製紙社史』第三巻、王子製紙社史編纂所、一九五八年、四宮俊之『近代日本製紙業の競争と協調』日本経済評論社、一九九七年、など。また、水谷啓二『藤原銀次郎伝』東洋書館、一九五四年、参照。

（6）　三社大合同は、王子製紙の藤原銀次郎と、樺太工業にも影響力をもつ富士製紙の大川平三郎との個性の対立構図として知られている。藤原は「細心緻密、一人一業」、大川は「大胆不敵、一人多業」であった。「三社合併後、〔藤原の王子製紙は〕多角化せざるを得なくなるが、そのすべては製紙事業に関連するものであり、一人一業を守り通したことに変わりはな」かった、という見解もある。前掲、『王子製紙社史』（本編）、五六頁。

（7）　和田日出吉『三井コンツェルン読本』春秋社、一九三七年、二七四頁。

3　三菱財閥コンツェルンの傘下企業

つぎに、三菱財閥コンツェルンの傘下企業のケースについても簡単に見ておくことにしよう。すなわち、三菱財閥の「分系会社」の企業グループ化についてである。

なお、住友財閥のいわゆる「連系会社」についてもほとんど同様の状況であって、つぎのような指摘がある。すなわち、住友合資は「直営事業を住友特有の〈斬新主義〉の方針に沿ってしだいに株式会社化していき、これに応じて本社自体は持株会社として純化し、コンツェルン形態を整えていった」[1]。その「直系会社は、大部分住友本社の事業が発展的分離を行つて出来たものである。二、三他から買収したものもあるが、これも現在では完全に住友色に染められてゐる。準直系会社は他人資本を加へるが、資本、経営とも住友が中心をなす会社である」。そして重要なのは、「住友の関連会社はこれに止まらない。右の各社がそれ〳〵不可分の仔会社を持ち、又、多数の会社に投資してゐる」、

ということであった。(2)

（1）畠山秀樹『住友財閥成立史の研究』同文館、一九八八年、三一六頁。
（2）『ダイヤモンド』一九四〇年一一月一日、四六頁。

(1) 三菱重工業

当時、日本最大の造船企業であった三菱造船がその名を「三菱重工業」と改めたのは、一九三四年四月のことであった。同社はその二ケ月後には、同じ財閥内の分系会社であった三菱航空機を合併して、新たに航空機や戦車製造などの事業を加えることとなった。三菱造船は、それまでにも造船業だけでなく、すでに発電機用電気機器、鉄道車両、各種機械、特殊鋼、金属製品などの各分野に多角化していたのであり(1)、「合併に先だって同社が重工業という名前を社名に冠した理由がここにあった(2)」。

前にも述べたように、明治期以降に三菱合資会社の内部で展開してきた一連の事業（たとえば、造船、製鉄、商事、鉱業、銀行、など）は第一次大戦後につぎつぎと株式会社の形態をとって分社化されはじめた。いわゆるピラミッド型の三菱財閥コンツェルンの形成であった。三菱では、持株会社のもとに新たに誕生したこれらの企業を「分系会社」と呼んだ。たとえば、三菱合資の内部で成長してきた造船事業（造船部）が三菱造船として分離されたのは一九一七年のことであった。また、その後、それらの分系会社からもさらに多くの企業が枝分かれしたのである。たとえば、同社が三四年に合併することとなった三菱航空機とは、そもそもが三菱造船の神戸内燃機製作所から枝分かれした企業であった。すなわち、同製作所は一九二〇年に三菱内燃機製造として三菱造船から分離独立し、二八年に三菱航空機と改称したのであった(3)。同様に、二一年には三菱造船の神戸電機製作所が独立して三菱電機が誕生している(4)。

ところで、三菱航空機を合併して誕生した新会社・三菱重工業は、その総資産額は一億四〇〇〇万円を超える巨大な規模となり、当時の製造会社の中では、日本製鉄、王子製紙、日本窒素肥料について第四位の位置を占めた。しかし、ここで興味深いのは、「この巨大な企業は、この時点ではほとんど傘下に子会社をもっていなかった」ということである。すなわち、「同社の生産は、六つの製作所によって行われていたが、それを補完するような子会社は作られていなかったし、また同社はこれまで外部の企業を支配できるだけの株式を購入して、それらを支配下に置くということもあまりしていなかった(5)」という。

それについては次の二つの理由が指摘されてきた。

一つは、当時の日本の造船業企業における一般的な特質であって、「生産基盤と市場の両面で大きな困難に直面した日本の造船業」は「必要な機関や補機及び様々な機械・部品の生産を自らの手で行うという形でそれを解決しなければならなかった(6)」。すなわち、当時の主要な造船企業は、機械、機関、金属などの分野における最優良かつ先進の企業であったため、かれらは「必要なものは内部で製作し得たし、もし内部で製作できなければ、それは国内では調達できないことを意味するから、外国から輸入しなければならなかった」。つまり、基本的に、必要な資材・中間製品に関しては自給自営の能力を備えていた。したがって、一般に造船企業が「関連機械工業部門の他企業の株式を所有するということはあまり見られなかった(7)」、というわけである。

もう一つは、さきに述べたように、同社が財閥コンツェルンの傘下メンバーであったということによる事情であった。すなわち、分系会社の重要な意思決定はあくまでコンツェルンという枠内において行われ、財閥本社（持株会社）である三菱合資の承認が必要とされた。さきに第2章でみたように、一九二〇年代から三〇年代にかけ、財閥の傘下企業はしだいに分権化の方向をたどっていたが、独自の裁量権が拡大されたのは基本的に人事案件や資金の調達・運用などの面であって、直系傘下企業の再編問題などは別であった(8)。すなわち、「三菱財閥全体についての構想とは無関係に三菱造船は自らの組織や行動を決定することができなかった」[9]。実際、さきの航空機（内燃機）や電機部門の三菱造船からの分離（あるいは合併）問題に関しては「別の次元の意思」が、つまり、三菱合資の意思が働いていた。三菱造船（三菱重工業）が三菱航空機を合併する前には、同社は日本光学および日本電池の株式をそれぞれ四五％、三一％所有し、それらの経営に影響力をもっていた。しかし、三菱造船が両社の株式を所有したのは、やはり三菱合資の意思によるものであって、「三菱造船の事業からの直接的な必要性はそれほど大きくはなかった」という。あるいは別に、これもさきに指摘したように、コンツェルン内のメンバー企業は内部取引を利用できたことが重要であって、「三菱造船は三菱財閥の傘下企業であり、金融や販売、さらに不動産管理などの機能を同社自体が分離・育成しなければならない必要もなかったし、また、そうした機能については三菱財閥全体の問題として処理されて」きたのである。

こうした状況に変化が現れてくるのは、一九三四年の三菱航空機との合併以降のことであった。すなわち、同社を合併した結果、三菱重工業はこれまでの造船業に加えて、航空機や戦車などを重要品目とすることになったが、いうまでもなく、それらの事業は膨大かつ多様な部品調達を必要とする事業であった。また、三菱航空機との合併は折しも日中戦争が本格化する三年前のことであった。航空機や戦車などの増産要請に機敏に応えるためには外部の下請企業を活用せざるを得なくなり、三菱重工業はこれを契機に外部の諸企業との関係を急速に深め、同社自体の子会社数を増大させることとなったのである。

こうして、「一九三〇年代半ばに三菱重工業が所有する他企業の株式数が増加し」はじめた。同社が三四年から四一年にかけて「その所有株式のリストに加えた企業の数は判明しているだけでも二五社あった」[10]という。この株式所有はまだ同社にとって必ずしも積極的なものとはいえなかったものの、四〇年代に入ると、さらに「従来の受身の形での部品メーカーの株式所有から、意図的、積極的にそれらの株式を購入する方向に重点を移していったのである」[11]。

たとえば、持株会社整理委員会『日本財閥とその解体』によって同社の「持株会社としての活動」について見てみると、「三菱〔重工業〕は八九の他会社の株式を所有していた。この内、五六は三菱の持分が一〇％以下である。一〇％以上のもの三三の内、二、三を除いていずれも弱小会社であり、主として戦時中の下請工場であった」[12]、と述べられていた。あるいは別に、同社の投資は「造船、車輌、機械部門にほぼ限られ、三菱重工業の投資の特徴をうかがう事ができる」。「ほとんど、部品等の原材料の確保の為に取引先に対してなされている」[13]という指摘もある。ちなみに、敗戦直後の持株会社指定の時点で、同社が所有していた財閥外の企業の株式は七八社であり、そのうち三六社は機械工業に属しており、それに造船および金属業の企業も加えると過半の四五社を占めていた[14]。

このように、三菱重工業もまた、一九三〇年代後半以降にはその傘下に子会社を擁するようになった。しかし、「同社の株式所有は、例えば所有株式を増やしてコンツェルン化した三菱鉱業などと比べると、はるかに所有率が少なく、しかもその中心が小規模企業であったことは事実である」[15]、とされてきたのである。そこで、つぎに三菱鉱業のケースについて見ることにしよう。

（1）新生の三菱重工業の定款（第三条）は「本会社ハ左ノ事業ヲ営ムヲ以テ目的トス」として、つぎの事業を列挙していた。「一、船舶、艦艇、航空機、機関車、車輌及自動車ノ製造及修理　二、電機、内燃機、汽機、汽罐、其ノ他一般機械、機器ノ製造、据付、販売及修理　三、橋梁、鉄塔、鉄構其ノ他一般鉄工品ノ製作　四、計量器ノ販売及修覆　五、水雷其ノ他兵器ノ製造　六、製鉄業　七、前各号ニ掲ケタルモノ、附帯事業」。『三菱重工業株式会社史』、一九五六年、九〇頁。

（2）柴孝夫「日本における重工業企業による子会社形成の歴史的特質についての一考察」『経済経営論集』第三三巻第四号、一九九九年、一二三頁。

（3）三菱の航空機事業については、藤田誠久「航空機部門の経営」三島康雄他『第二次大戦と三菱財閥』日本経済新聞社、一九八七年、参照。

（4）「当初の計画は三菱造船、三菱航空機、三菱電機三社を合併して三菱重工業を設立するというものであったが、三菱電機には外資（米ウエスチングハウス社）が入っているため、軍事機密保護の観点から軍部より強い反対が生じ」た（長沢康昭「本社部門の役割」前掲『第二次大戦と三菱財閥』、二四〇頁）。
（5）以上、前掲、柴論文、一二三頁。
（6）同前、一二四頁。なお、三菱の造船事業の展開については、柴孝夫「戦時下の造船部門」前掲『第二次大戦と三菱財閥』、を参照。
（7）同前、一二五頁。したがって、前掲、『三菱重工業株式会社史』には、関係会社や子会社についての叙述はほとんど見られない。
（8）長沢康昭「三菱財閥の経営組織」三島康雄編『三菱財閥』日本経済新聞社、一九八一年、九四頁以下。
（9）以下は、前掲、柴「日本における重工業企業による子会社形成の歴史的特質についての一考察」、一一六〜一一八頁。
（10）同前、一二九頁。
（11）同前、一三一頁。
（12）持株会社整理委員会『日本財閥とその解体』、一九五一年、三八六頁。
（13）浜渕久志「太平洋戦争期における三菱財閥の再編過程㈡」北大『経済学研究』第三一巻第四号、一九八一年、一〇三〜一〇六頁。
（14）柴孝夫「戦時体制期における財閥系重工業企業の株式所有の構造」『大阪大学経済学』第三五巻第四号、一九八六年、一八八頁。
（15）同前、一七四頁。

(2)　三菱鉱業

『東洋経済新報』（一九三七年一〇月三〇日）の記事はつぎのようにいっている。「三菱鉱業を事業別に分類しやうとすると、炭礦会社の部に入れるべきか、或は金属工業会社と見るべきか、一寸迷ふ位ゐである。更に近年に於いては……新興化学工業にも進出し、事業内容は一層複雑となった」[1]。

三菱鉱業が、「三菱合資会社の鉱山部、炭坑部、鉱業研究所の業務一切を継承して」[2]分社化され、分系会社の一つとして設立されたのは、一九一八年のことであった。しかし、スタート早々の大戦終結とともに炭価は暴落、全国出炭高も一九一九年に三一二七万トンであったものが二一年には最低の二六二二万トンに下落した。「失業坑夫四万人」[3]とも伝えられるなかでカルテル活動もさかんとなり、二一年には石炭鉱業連合会が形成され、また三二年には昭和石炭が設立されている[4]。三菱鉱業もまた経営合理化の推進とともに不採算炭坑の閉鎖や人員整理に取り組み、これによって人員は一九年の四万人余から三三年の一万人余へと四分の一にまで減少させた[5]。

しかし、同社はこのような一九二〇年代の慢性的不況下においても鉱山会社として積極的に鉱区の拡大を進めていた。たとえば、一九年から大規模に開始した南樺太炭田の試掘調査については、三菱合資の支援も受けて二九年に内幌鉄道（三五年に南樺太炭礦鉄道に改称）を設立して採掘をスタートさせた。その際、「注目すべきことは……〔南樺太炭田の事業を〕三菱鉱業の直営とせず、子会社を設立して経営させたことである」[6]。この時期には、また同業の鉱山会社をつぎつぎと傘下に買収している。すなわち、同社は同業企業の水平的統合を進めたが、「慢性的不況期にあって、危険分散のためか、三菱鉱業はこの時期に買収した炭坑はすべて別会社のままにおいていた」。たとえば、二四年に株式の過半を買収し子会社とした北海道炭礦鉄道については、二七年に完全子会社としたのちも別会社のままにおかれた。同様に、二九年に全株式を買収した中島鉱業も飯塚鉱業と改称させて子会社に据え置いた。同じ二九年に三菱製鉄から株式譲渡を受け大株主となった朝鮮無煙炭についても、吸収合併はしなかった。「こうして、この時期にはいちじるしく子会社が増加したのである」[7]。

一九三〇年代の前半に入ると、日本経済は一挙に景気回復の時期を迎えた。景気回復につれて石炭需要は各種の工業部門だけでなく電力や運輸部門なども含めて急増しはじめた。全国出炭高は一九三一年を底に急速に回復したのである。

ところで、三菱鉱業の事業はそれまでは石炭が中心であり、いくつかの非鉄金属が加わるのみであった。すなわち、「たゞ今の処、三井鉱山が化学工業界に進出してをるのに対して、三菱鉱業の子会社が鉱山関係の事業にとゞまつてをる点に両者の相違が見出される」(8)。しかし、一九三〇年代に入るとようやくこれらの伝統的な事業分野からの多角化が見出されるように変化しはじめた。つまり、さきにみた三井鉱山のケースと比較すると遅れがちではあったものの、コークス生産からタール工業へ、また合成アンモニア工業へ、あるいは石炭低温乾溜による人造石油の生産など、石炭化学工業への進出がはじまった(9)。また、金属の素材生産から加工業への進出や、さらにアルミニウムなどの軽金属産業への展開もみられるようになったのである。

三菱がコークス事業を開始したのは古く一八九八年のことであり、「このコークス事業は、旭硝子の板ガラス・ソーダ製造とともに、三菱における化学事業の二大源流となる」(10)。しかし、当初の三菱は石炭化学工業への展開には必ずしも積極的でなく、コークス炉ガスやアンモニア液などの副産物は「未加工のまま外部へ供給する方向が採られた」(11)、という。

しかし、一九三〇年代における変化は急ピッチで進められた。「最近当社もまた硫酸製造、石炭液化等の化学工業に進出を企図しつゝあるから、遠からずこの方面に於てもまた三井鉱山と対立的位置を占めることになるだらう」(12)。こうして一九三〇年代には、子会社の「日本タール工業、三菱石炭油化工業などが多角化の第一陣として出現」することとなった(13)。

一九三四年八月一日、三菱鉱業の牧山骸炭製造所などの資産を引き継いで、日本タール工業の創立総会が三菱鉱業で開かれた。当初の株主は旭硝子四九・二％、三菱鉱業四八・八％であった。同社は「東洋のＩＧ」を目指して、同年には黒崎に広大な工場用地を獲得し、まず各種の染料や中間薬品の製造を開始した。ついで、同社は合成アンモニ

表5－6　三菱鉱業の子会社

1924	北海炭礦鉄道（のち雄別炭礦鉄道）に経営参加
	中島鉱業の経営受託（29買収、飯塚鉱業に改称）
27	雄別炭礦鉄道の全株式を取得
28	出石鉱山を買収
29	佑益鉱山（朝鮮）、淺川鉱山を買収
	内幌鉄道設立（31内幌炭礦鉄道、35南樺太炭礦鉄道に改称）
32	青岩、花田里山、宝生鉱山（いずれも朝鮮）買収
33	天祐、三光、月田鉱山（いずれも朝鮮）買収
34	細倉鉱山、鉄嶺鉱山（朝鮮）買収
	日本タール工業設立（36日本化成工業に改称）
35	日本アルミニウム設立
	尾平鉱山、手稲鉱山を買収
36	堺化学工業に経営参加
	甘徳鉱山（朝鮮）買収
37	昭和炭礦買収
	三菱石炭油化設立（三菱合資と折半出資）
	日本アルミニューム製造所に経営参加
38	釧路埠頭倉庫設立
39	大同鉱山（朝鮮）買収
	准南炭礦設立
	日本製鉄などと茂山鉄鉱開発設立
40	満洲採金と昭徳鉱業設立
	九州炭礦汽船合併
42	東京金属工業所設立
	新下川鉱山買収
44	日東美唄炭坑、鞍手炭坑を買収

（出所）『三菱鉱業社史』の巻末年表により作成。

ア工業への進出をも企図して、三六年一〇月には日本化成工業と改称したのである（さらに、一九四四年には旭硝子を吸収して三菱化成工業となる）。

また、石炭液化事業については、さきにふれた南樺太炭礦鉄道において低温乾溜事業が開始され、「これが三菱鉱業の人造石油工業に乗出した第一歩であった」[14]という。しかし、この事業は技術および設備に多大の改良が必要とされ、三〇年代に同事業へ乗り出した他企業の場合と同様に、三菱鉱業もまた多額の損失を余儀なくされた。結局、三菱鉱業は三七年八月には三菱合資との折半出資によって別会社の三菱石炭油化工業を設立し、同事業を切り離している（同社は四四年に帝国燃料興業に統合された）。

表5-6は、三菱鉱業が発足して以降の主要な子会社の設立について一覧したものである。これまで見てきた事例と同様に、同社の場合も一九三〇年代以降にその数を増加させている。三菱鉱業は「三井鉱山と同じく我国鉱山業の代表的会社であるが、その傘下に多数の子会社関係会社を擁して、種々な事業に手を出してをることもまた同様であ」[15]った。まさに、鉱山業を基盤としながらも、「事業別に分類しやうとすると、一寸迷ふ位ゐ」のコンツェルンが

形成されたのである。

(1)『東洋経済新報』一九三七年一〇月三〇日、九四頁。
(2) 三菱鉱業セメント『三菱鉱業社史』一九七六年、二六七頁。
(3) 長沢康昭「鉱業部門の経営戦略」三島康雄編『三菱財閥』日本経済新聞社、一九八一年、二七七頁。
(4) 石炭鉱業連合会と昭和石炭の設立については、松尾純広「石炭鉱業連合会と昭和石炭株式会社」前掲『両大戦間期日本のカルテル』、参照。
(5) 同前、二七八頁。
(6) 同前、二七九頁。
(7) 以上、同前。
(8)『東洋経済新報』一九三四年三月一七日、三一頁。
(9)「化学工業では特に後れをとっていた三菱は、昭和六年金輸出再禁止以後の化学工業の趨勢から見て、石炭を原料とするタール化学工業への進出を図った」。前掲、『三菱鉱業社史』、三五四頁。「三菱財閥は、新しい産業分野である化学工業への進出に対して保守的対応を示し、その本格的展開は昭和九年まで実現しなかった」(三島康雄「化学工業部門の急展開」同他『第二次大戦と三菱財閥』日本経済新聞社、一九八七年、一九二頁)。
(10) 三菱化成工業『三菱化成社史』一九八一年、二一頁。
(11) 前掲、『三菱鉱業社史』、一六七頁。
(12)『東洋経済新報』一九三四年三月一七日、三一頁。
(13) 前掲、『三菱鉱業社史』、三五四頁。
(14) 同前、三五六頁。
(15)『東洋経済新報』一九三四年三月一七日、三一頁。

4　東芝コンツェルンの成立と軍需

以上は、ごく簡単に財閥コンツェルンの傘下企業における企業グループ化の動きについてみてきた。以下では、三井財閥コンツェルンと深い関係にあった「東芝コンツェルン」をとくに取り上げてみよう。同コンツェルンは、軍需生産をめぐるコンツェルン内の親会社と子会社の位置づけなどの点で興味深い事例を示してくれるからである。

さて、戦時下の一九四四年二月二一日号の雑誌『ダイヤモンド』誌上に一つの興味深い記事が掲載された。「東京芝浦の責務」と題された記事である。その内容を抜粋すると、以下のようになる。

まず、「当社が今日〔資産〕九億六千五百万円の巨大会社になり、……その上多数の仔関係会社を併せ、全投資額は二億円を超える芝浦事業集団を形成してゐる」[1]ことに注目する。つまり、東京芝浦電気がもはや単独で存在する企業ではなく、傘下に多数の子会社を擁する巨大な企業グループ、すなわち「事業集団＝コンツェルン」を形成していることにふれている。そのあと、「当社と略ぼ同業の立場にあり、事業集団の形成に於ても類似する立場にある」日立製作所との比較を行いながら、その戦時下における「責務」について次のように厳しく指摘していたのである。記事はいう。「当社の実力は大きく責務は一段高まった。発展力も至大である。だが当社は実力を十二分に発揮せず、余裕を多分に残してゐる様に窺へる……過去の残滓があるのか、大きく成り過ぎて身動きが不自由なのか、底力を出し切らずにゐる」。

当時は戦局ようやく思わしくなく、戦力増強（とくに航空機生産）にとって超重点企業である同社へかける期待は大きかった。それだけに、苛立ちがそのまま伝わってくるような内容である[2]。記事は続く。「〔同社は〕強電部門に遊びがあるに拘らず鍛造機製作、○○《ママ》用発電機、小型発電機の製作しか行つてゐない。当社の強電設備は優秀な設備として屈指である。過去に於ては高級発動機を作つた経験もある筈である」。そして、記事はつぎのように言い切るのである。「仔会社で作つてゐるからい、といふのでは策が無さ過ぎる」、と。

この記事は、東京芝浦電気が軍需生産に必ずしも尽力し切っていないこと、とくに子会社にそれを任せて親会社本体は知らぬ顔をしていること、について不満をぶつけている。つまり、戦時下企業の軍需生産における子会社の役割の一端にふれた興味深い内容であると思われる。

そこで、以下では戦時体制下における東京芝浦電気の状況について、とくに子会社を含めた「東芝グループ」全体の視点から検討してみることとしたい。まず、新興の「企業グループ」として一九三〇年代末に出現した東芝コンツェルンの全容を簡単にスケッチしたあと、いくつかの子会社を取り上げながら上記の記事内容と関連させて、同社の軍需生産について述べていくこととしよう。

（1）『ダイヤモンド』一九四四年二月二一日、一二〇頁。
（2）同社の社史資料「芝浦支社と軍需」には、同記事を紹介した箇所に「これは陸軍が書かしたものではなかろうか」という手書きの書き込みが見出せる。

(1) 戦時下の東京芝浦電気と東芝コンツェルン

東京電気と芝浦製作所とが合併して「東京芝浦電気」が誕生したのは一九三九年七月のことであった。新会社の資本金は八七〇〇万円（払込六九五二万円）、従業員二万四千人、強電・弱電の両部門を擁する巨大な総合電機メーカーとして発足したのである。合併の内容やその経緯については後述することとして、まず、新生の東京芝浦電気そのもの、および同社を中心とする「東芝コンツェルン」について見ていくことにしよう。(1)

表5－7　東京芝浦電気の組織（1939年7月）

- 本社
  - 秘書役
  - 検査役
  - 第一部
    - 総務課
    - 文書課
  - 第二部
    - 芝浦特許課
  - 第三部
    - マツダ特許課
  - 第四部
    - 財務課
    - 芝浦財務課
    - マツダ財務課
  - 第五部
    - 芝浦購買課
    - マツダ購買課
    - 芝浦資材課
    - マツダ資材課
    - 調査課
    - 計算課
  - 第六部（重工業企画）
- **芝浦支社**
  - 鶴見工場
  - 三重工場
  - 仁川工場
- **マツダ支社**
  - 川崎本工場
  - 川崎柳町工場
  - 川口工場
  - 大阪工場
  - 小倉工場
  - 小倉純鉄工場

（出所）　東京芝浦電気『東芝百年史』、42頁。

①　東京芝浦電気の組織

表5-7は両社が合併して誕生した新生の東京芝浦電気㈱の組織図である。同表に見るように、新会社は本社機構として第一部から第六部にいたる各職能部門を配していた。ここで注目すべきなのは、旧芝浦製作所を「芝浦支社」、また旧東京電気を「マツダ支社」として、それぞれの支社のもとに旧製造工場を管轄させていたことである。合併後にもこうした二分的な体制をとらざるを得なかったのには、いうまでもなく、それぞれ長い伝統を誇る両社の合併であっただけに慎重かつ過渡的な措置が求められたことがある。また、強電と弱電の両製造企業の合併という技術上の特殊性という理由もあったろう。本社機構の内でも第二部と第三部がそれぞれ芝浦特許課とマツダ特許課とに分かれていたのも両者に技術上の差異があったことを物語る。したがって、市場を異にする両者の事業は、工場や特許だけでなく、財務、購買、資材など、あるいは同表に現れないが研究所なども含めて、「芝浦」と「マツダ」の双方に截然と分かれて管理されていたのである。さらに、人事についても両支社はそれぞれ人事権を保留していた。たとえば、合併とともに施行された「本社分課規定」をみると、第二条「秘書役ハ左ノ事務ヲ掌ル」のうち、その（五）には「両支社ニ属セザル人事」とある。[2] このことは、両支社に属する人事は本社機構の秘書役ではなく、それぞれの支社が支社内の人事を掌握していたことを意味していた。

このように、合併によって一体化したはずの両社が、合併後も「本社機構は必要最小限の組織にとどめ、他はすべ

表5-8 組織の変遷

(1) 三支社制（1943年12月1日現在）

- 本社
  - 社長室
  - 技師長
  - 総務部
  - 人事部
  - 調査部
  - 特許協約部
  - 経理本部
  - 査業本部
  - 営業本部
  - 資材部
  - 播磨地方事務所
  - 朝鮮業務部
  - 台湾業務部
  - 北支業務部
  - 南方事業部
- 綜合研究所
- 電子工業研究所
- **鶴見支社**
  - 足立製鋼所
- **川崎支社**
  - 化学製造所
  - 耐火物製造所
- **通信工業支社**

(2) 製造所制（1944年4月1日現在）

- 本社事務機構
  - 総務部
  - 勤労部
  - 軍需企画部
  - 特許部
  - 経理本部
  - 査業本部
  - 事業本部
  - 外地事業本部
  - 地方事務所
  - 金属本部
- 製造所研究所
  - 重電機製造所
  - 軽電機製造所
    - 特殊合金工具製造所
  - 通信機製造所
  - 足立製鋼所
  - 化学製造所
  - 耐火物製造所
  - 車輌製造所
  - 電子工業研究所
  - 綜合研究所

（出所）『東京芝浦電気株式会社85年史』、192～193頁。

て両支社にまかせ[3]」るような形をとった結果、両支社はいわば、それぞれを半自律的な「事業部制」に似せた運営形態をとることになったのである。

ちなみに合併後の同社が「組織的にも一つの企業としての統一性を実現した[4]」のはようやく一九四三年半ばのことであった。すでに前年四二年には両研究所（鶴見研究所およびマツダ研究所）の統合による総合研究所の設置や、あるいは、これまで両支社に分かれていた営業部門の本社統合が行われていた。四三年七月には、芝浦・マツダの両支社はそれぞれ「鶴見支社」、「川崎支社」と立地名に改称されて旧会社の母斑を消し去ったのである。さらに、同年には、子会社の東京電気（旧東京電気無線―後述）を吸収合併して新たに「通信工業支社」も設置され、表5-8(1)に見るように、三支社体制から成る東京芝浦電気の組織的一体化は完成したのである。

さらに戦時統制が強化されていくなかで、同社は四四年一月に軍需会社に指定された。これを機に同年三月には、表5-8(2)のように、七製造所・一研究所を中心とした「いわゆる〈指導者原理〉を実現するための製造所制度を採用」[5]したのである。こうした製造所制度を確立するためには、のちに見るように子会社の本社への再吸収が必要であった。

さて、表5-9は東京芝浦電気の誕生から敗戦時にいたるまでの資本金・売上高・利益金・従業員数などの推移を示したものである。同社は軍需生産における超重点企業として、毎年相当量の註文未消化分を出さざるを得ないほどの繁忙に追いまくられていたのであり、この間、資本金および売上高は実に六〜七倍、利益金は九倍、従業員数は三・四倍に急増したことがわかる。なお、同表の第七九期に数字のギャップがあるが、これは同期に子会社・東京電気（旧東京電気無線）を吸収して、先述のように「通信工業支社」として取り込んだことの結果である。

しかし、合併後の同社の急膨張ぶりは工場数の増大にもっとも端的に現れた。表5-10に見るように、合併時における芝浦製作所の工場は鶴見工場ほか三工場、[6]東京電気のそれは川崎工場ほか六工場で、合計九工場であった。それが、四四年六月時点では実に五九工場を数えるまでにいたっている。それ以降、敗戦までに設立された工場（同社ではそれらを「疎開工場」と分類する）も五六工場にのぼっており、これらも併せれば敗戦時点での同社の工場数は一一五にもなるのである。

さらに、表5-11は、合併前の五年間における両社それぞれの資産額について、土地建物・機械器具および有価証券の推移を見たものである。東京電気の場合、前者はこの間一・八倍の増加にすぎなかったが有価証券の伸びは四・四倍に、また芝浦製作所の場合も、前者は約二倍の増加であったのに対して有価証券の伸びは実に二八・六倍という急増ぶりであった。また、三九年の両社合併直前の数字でみると、総資産中にこの有価証券が占める割合は、東京電気の場合五三・一％と過半を占めており、芝浦製作所も二三・七％であったが急速に伸びており、ともに両社がそれ

表5－9　東京芝浦電気の成績

期	期末	公称資本金	払込資本金	売上高	利益	配当率	従業員数
71	1939.10	9,418万円	7,955万円	55百万円	8百万円	10%	24,862名
72	40.4	8,700	8,700	69	9	10	28,162
73	40.10	17,400	10,875	78	10	10	28,496
74	41.4	17,400	13,050	83	11	10	33,115
75	41.10	17,650	13,300	93	12	10	33,344
76	42.4	28,240	15,948	104	12	10	40,157
77	42.10	29,600	16,858	118	14	10	45,489
78	43.4	29,600	16,858	119	14	10	50,701
79	43.10	31,100	20,568	181	31	10	65,323
80	44.3	31,100	25,555	181	39	10	67,537
81	44.9	31,100	25,555	308	71	10	76,400
82	45.3	62,200	38,875	369	73	9	83,382
83	45.9	62,000	46,650	119	△66	0	45,075

（出所）『東京芝浦電気株式会社85年史』。

表5－10　東京芝浦電気の工場増設

	1939.7まで	39	40	41	42	43	44.6まで
芝浦支社（鶴見）	鶴　見(25. 9) 三　重(38. 3) 仁　川(39. 1)		京　町(2) 府　中(9)	足立製鋼所(8) 網　干(11)	天　津(5) 金　杉(10)	台　北(1) 五反田(8) 亀　戸(8) 車両製造所(11)	電刷子製造所(2) 益　子(2) 矢　口(2)
マツダ支社（川崎）	川　崎(08.11) 小　倉(20. 6) 大　阪(30.12) 川　口(35.11) 柳　町(37.12) 小倉純鉄(38. 5)	上　海(8) 大崎体温計(12) (44.1廃止)	木　仁(1) 富士見町(5) 大森第一(6) 大森第二・第三(12)	長　井(11)	小田栄町(1) 砂　町(1) 塚　越(5) 天　津(5) 大井川(6) 甲　府(6) 加　茂(8) 大　井(8) 特殊台金工具(8) 富　平(8)	富田林(1) 湘　南(2) 鳥居松(6) 上海計器(7) 刈　谷(7) 深　川(7) 今　治(8) 川崎分(10) 五　泉(10) 押　切(11) 川　岸(12) 新　竹(12)	
通信工業支社						柳　町(12) 小　向(7) 天　津(7) 神　戸(7) 上　海(7) 播磨余部(7) 富　士(10)	仁川万石(2) 横　浜(5)

（出所）『東京芝浦電気株式会社85年史』、115～118頁、943頁より作成。

表5-11　資産の推移　（単位：千円）

	東京電気			芝浦製作所		
	土地建物機械	有価証券	総資産	土地建物機械	有価証券	総資産
1935上	11,696	16,479	48,412	12,738	1,149	29,622
下	11,607	18,191	51,178	12,546	1,195	30,542
36上	11,277	20,366	60,986	12,167	2,142	33,987
下	12,068	26,838	60,236	12,065	4,805	38,524
37上	12,109	33,340	66,359	13,901	5,873	45,527
下	14,958	41,484	86,926	15,424	8,248	64,551
38上	17,824	64,294	108,184	18,906	9,794	83,731
下	19,057	65,908	121,232	22,054	10,677	102,957
39上	21,073	72,239	136,055	24,737	32,856	138,615
下	56,764	118,793(36.9)	322,191			
40上	65,319	122,297(35.0)	349,097			
下	71,607	139,377(33.6)	414,761			
41上	86,576	152,112(32.3)	470,763			
下	104,939	167,001(30.8)	542,858			
42上	113,474	175,778(29.8)	589,974			
下	136,856	178,647(26.9)	665,038			
43上	146,672	199,315(27.4)	728,148			
下	195,140	203,381(21.1)	965,877			
44上	227,884	210,285(18.7)	1,126,277			

（出所）『営業報告書』より作成。（　）内は%。

ぞれのグループの中核企業として、すなわち自らの持株会社化とグループ形成とを急速に進めていたことがわかる。

しかし、合併直後から四四年上期までの推移を同表でみると、新会社における土地建物・機械器具の伸びが四倍にも達したの[7]に対して、有価証券のそれは一・八倍にとどまり、合併前とは逆の事態が進行していた。とくに有価証券が総資産の内に占める割合は、合併時の三六・九%から四四年上期の一八・七%へと半減していることが注目を引く。これは、一方ではさきにみた親会社内部での急激な工場建設ラッシュの直接的反映であり、また他方では、戦時統制が強化されていくなか、東芝コンツェルン内部での子会社の親会社への再吸収が進行したことの結果でもあった。

そこで、次に「東芝コンツェルン」そのものについて見ることにしよう。

②　東芝コンツェルンの概要

以上見てきた東京芝浦電気の誕生とは、新たに同社を中心とした企業グループ、東芝コンツェルンの誕生をも意味していた。表5-12は東京電気および芝浦製作所の傘下子会社数の推移を示したものである。

東京電気の場合、すでに早くも一九一〇年代から子会社を擁していたことがわかる。しかし、本書の第2章でも見たように、当時の傘下子会社のほとんどはその前身が同業の電球製造会社であり、電球市場の完全支配を目論んだいわゆる「東京電気《マツダ》ブロック」形成の一環として取り込まれたものであった。「本邦電灯事業の発展に伴って従来各地に設立された電球製造会社は大体当社によって統制せられ、大正八年末に至って鞏固なる東京電気《マツダ》ブロックの形成を遂げ」(8)たのである。その同社が、電球製造という「単一事業に依存することによる危険性を脱却すべく、業務範囲を拡大して多角的経営に推移する工作を進め」(9)出したのはようやく一九二〇年代の終盤からのことであった。あるいは、同社が無線通信機、特殊合金工具、耐火物、電気化学工業などへと事業の多角化を本格化させ、いわゆる「マツダ・コンツェルン」の建設に向かいはじめるのは一九三〇年代に入ってからのことであった。したがって、それまで一〇社内外であった傘下子会社数が急速に増大しはじめたのも三〇年代以降のことであった。他方、芝浦製作所の場合に

表５-12　傘下子会社数の推移

	東京電気		芝浦製作所	
1912	1	1		
13	2	3		
14	2	5		
15	0	5		
16	1	6		
17	0	$^{-1}$5		
18	2	$^{-1}$6		
19	4	10		
1920	0	$^{-2}$8		
21	0	8		
22	0	8		
23	0	8		
24	0	8	1	1
25	0	8	0	1
26	0	$^{-1}$7	0	1
27	1	8	0	1
28	2	10	0	1
29	1	11	0	1
1930	6	$^{-5}$12	0	$^{-1}$0
31	3	15	0	0
32	3	18	0	0
33	5	$^{-1}$22	0	0
34	3	$^{-4}$21	1	1
35	2	23	0	1
36	5	$^{-2}$26	4	5
37	9	$^{-3}$32	3	$^{-1}$7
38	1	$^{-1}$32	1	8
39上	1	33	2	10
	33＋10－（共通３）＝40			
39下	5	45		
1940	1	$^{-1}$45		
41	2	$^{-1}$46		
42	0	$^{-2}$44		
43	0	$^{-3}$41		
44	0	41		
45	4	45		

（出所）『65年史』『50年史』『85年史』その他、より作成。
（備考）それぞれ左側の数字は当年の設立数、右側の数字は当年の子会社数を示す。

ついても、同表にみるように、傘下子会社数が増えはじめたのはやはり三〇年代後半のことであった。

それはともかく、こうして両社は三九年に合併する直前において、東京電気は三三社（いわゆる「マツダ・コンツェルン」）、また芝浦製作所も一〇社の傘下子会社を擁しており、すでに両社ともそれぞれ「企業グループ化」を開始していたのである。したがって、両社の合併とは、たんに親会社だけの合併にとどまらなかった。それは、二つの企業グループの合併再編による新たな企業グループ「東芝コンツェルン」の誕生を、すなわち合計四〇社（四三社のうち、三社は両社の共同出資）の子会社を擁する新たな「企業グループ」の誕生を意味していたのである。

この東芝コンツェルンの誕生について、当時の経済雑誌は次のように述べていた。「両社が合併して一つの牙城を築いたことは事業と経営の新たなる発足と見做してもよい。即ち両社並その各々の傘下の諸子会社が有機的に結びついてこの時局に活躍し易くなったのは合併が齎した経営の合理化に外ならず、新会社が一段と飛躍出来る基礎ともなる。此の意味に於て当社は新興の名に値ひし、而も新しく形成されたコンツェルンと称しても過りないであらう……当社は所謂、新興コンツェルンの範疇に入れるべく……」[10]、云々。

普通、これまで「新興コンツェルン」といえばいわゆる五つのグループだけを特定的に指すことが多かった。しかし、繰り返し述べてきたように、事実はけっしてそうではなかった。この東芝コンツェルンの例も示しているように、一九三〇年代の大企業は一斉に子会社を持つように変化したのであり、つまり、企業グループ化をスタートさせることによって「新興コンツェルン」の仲間入りをはじめたのである。

さて、表5–13は合併時点でのそれぞれの傘下子会社の内容を一覧したものである。見られるように、それらの子会社の業務内容は機械製造関係（とりわけ電気機械関係）が圧倒的に多く、またその原材料や販売関係の子会社も多かった。これら多数の子会社群は親会社との関連から二つに大別できるのであり、すなわち、親会社の本業から多角的に新たな製品製造の分業関係に展開したもの、および、親会社の本業に対して垂直的に補完支援（原材料・部品の供

表5-13　合併時における傘下子会社

企業名	本社所在地	公称資本金千円	傘下年月	沿革	事業内容
日本電気工事	東京市麹町区	250	19. 4	日本電気装飾、36.9改称	工事設計請負
東京電気商事	東京市大森区	200	27.10	川北物産と共同出資、40.5吸収	乾電池、配線器具
大同電気	東京市京橋区	100	28. 8	もと関東電気（設立19.9）	各種電球、電気器具
日本電興	東京市京橋区	5,500	28. 9	電気金融、29.12改称	電気事業融資、債券買入、合金、電気化学品
大同信号	東京市大森区	600	29.10	もと大同電気鉄工部	各種信号機、転轍器、電気連動機
日本医療電気	東京市京橋区	500	30.10	42.8吸収	X線管、整流管、太陽灯
大阪電球	大阪市西淀川区	300	31. 4		各種電球、電気機械器具
名古屋マツダ販売	名古屋市東区	45	31. 9	愛京電気、37.10改称、43.8中部電気事業	各種電気製品の販売
日本タングステン	福岡市		32. 9	もと日本タングステン㈴（設立31.4）	タングステン・モリブデンの精錬
共同建物	東京市京橋区	500	32.12		不動産の賃貸
東洋耐火煉瓦	東京市麹町区	300	33. 1	設立18.5、43.7吸収	耐火煉瓦、装飾煉瓦
東京コンジット製造	川崎市	150	33. 2	43.8東芝鋼管	電線管、金属管、引抜鋼管
大阪マツダ販売	大阪市西区	130	33. 7	阪神共同電気、37.8改称、43.8関西電気実業	各種電気製品の販売
東京飯田製作所	東京市品川区		34. 4	もと飯田製作所（設立16.10）	電球口金
東京マツダ販売	東京市神田区	260	34. 7	43.8関東電気実業	卸販売、融資
福岡マツダ販売	小倉市	105	35. 4	43.8九州電気実業	各種電気製品の販売
東京電気無線	川崎市	12,000	35.10	39.9東京電気、43.7吸収	各種無線機、真空管、機器測定器
芝浦マツダ工業	東京市品川区	3,000	36. 4	大井電気、36.12改称、42.8吸収	家庭用電気機器、各種合金、工具
昭和電線電纜	川崎市	7,500	36. 5		各種電線、電線電纜
安倍川工業	静岡市	600	36.10	設立35.9	電気絶縁材料紙、高級用紙
聯合紙器	大阪市北区	6,000	36.12	設立20.5	各種パッキングケース、硬質ダンボール
特殊合金	東京市王子区	4,000	36.12	設立26.1	各種合金材料
東京輸出電球	東京市品川区		37. 1		輸出向電球
満洲東京電気	奉天市	1,000	37. 6	東京電気股份有限公司、38.3改称、44.1満洲東京芝浦電気	各種電球、照明器具、配線器具
高千穂製紙	東京市麹町区	2,000	37. 6		製紙、パルプ
北陸マツダ販売	金沢市	30	37. 8	43.8北陸電気実業	各種電気製品の販売
中国マツダ販売	岡山市	50	37. 8	43.8中国電気実業	各種電気製品の販売
杉林黒鉛満俺	東京市品川区	500	37. 8	もと杉林黒鉛満俺精錬所（設立02）	黒鉛満俺礦石の採掘
竹本電機計器製作所	大阪市東淀川区	500	37. 9	もと竹本電機計器製作所（設立16）	電気計器、測定器具
日本ビクター蓄音器	横浜市神奈川区	10,000	37.12	設立27.9	録音・増幅・拡声装置、ラジオ、蓄音器
日本蓄音器商会	川崎市	11,200	37.12	設立10.10	レコード、ラジオ、蓄音器
名古屋パルプ製造	東京市芝区	1,100	38.10	43.4安倍川工業に吸収	製紙用パルプ、黄版紙
朝鮮マツダ販売	京城府	50	39. 3	43.8朝鮮電気実業	各種電気製品の販売

芝浦マツダ工業	東京電気との共同投資				
石川島芝浦タービン		6,000	36. 6	東京石川島造船と共同出資	各種タービン、諸機械
京三製作所	横浜市鶴見区	1,500	36. 6	設立17	鉄道用電気信号機
特殊合金	東京電気との共同投資				
竹本電機計器製作所	東京電気との共同投資				
奉天製作所	奉天市	2,000	37.10	股份有限公司奉天製作所、38.4改称、東京石川島造船と共同出資	電気機械器具、鉄鋼構造物
関口製作所	川口市	450	37.10		鋳物
芝浦工作機械	東京市麹町区	10,000	38.12		大型工作機械
玉川製造所	東京市蒲田区	190	39. 2		電気絶縁材料、耐熱材料
芝浦共同工業		16,000	39. 3	44.10東京電機製造	圧延機

（出所）　各『社史』その他より作成。上段は東京電気の、下段は芝浦製作所の傘下子会社。

給、製品の販売、サービス提供、など）するもの、であった。そのどちらであれ、いずれの子会社も親会社の本業を中心として有機的に結びついていたのであり、全体として一つのグループとして「傍系会社も亦参加せしめ、相寄り相助けて総合経営の妙味を発揮する」[11]ことが求められていたのである。

ここで、東芝コンツェルンにおける一つの子会社、日本電興について簡単にふれておこう。親会社からの子会社に対する投資、貸付、金融保障などは、主としてこの日本電興をパイプとして行われたからである。同社は旧称を電気金融といい、一九二八年、「本邦電気事業界一般の金融状態が逼迫してゐた際……之に対する融資、投資並に電気器具の貸付、月賦販売或は債権の買入取立等を目的」に、東京電気の子会社として設立された。翌年末には日本電興と改称し、当時しだいに「月賦によるイージーペイメントを歓迎する向が多く」なるなかで成績向上し、また三六年には自ら小国製造所（山形）を建設するなど、たんなる「東京電気の社外投融資のパイプの役割」にとどまらず、自家発電設備をもって合金鉄ほか電気化学工業分野へも進出したのである。[12]しかし、親会社の東京電気が芝浦製作所と合併して以降は、ふたたび「社外投融資のパイプの役割」に重点が置かれることになった。

表5-14　日本電興の主要勘定（単位：百万円）

	公称資本金	借入金	有価証券および投資	貸付金
1939下	5.5	34.8	15.5	3.7
40上	5.5	43.4	22.1	3.8
下	5.5	55.4	31.8	4.0
41上	5.5	60.0	34.4	4.1
下	5.5	63.7	35.6	4.0
42上	5.5	72.4	44.0	3.7
下	5.5	72.4	45.4	3.8
43上	5.5	95.2	68.5	3.9
下	5.5	105.7	78.5	3.8
臨	5.5	126.1	97.5	3.9
44上	5.5	132.2	103.4	4.2
下	5.5	167.1	138.4	5.7
45上	5.5	186.8	156.7	6.5

（出所）『85年史』187頁、および同社『営業報告書』。

表5-14は、合併以降の日本電興の主要勘定を示している。資本金は不変のままであったが、驚くべきは親会社からの借入金はこの間に五・四倍に、有価証券および投資は一〇倍強に急増し、貸付金もほぼ倍増させたのである。さらに、同社の「営業報告書」によって資産全体に占める固定資産および有価証券及投資の比率をみると、たとえば四

〇年下期と四三年臨時決算期を比較しても、前者はこの間に二五・五％から一三・一％へと半減したのに対し、後者は五一・七％から七二・五％へと圧倒的な比率を示すようになっている。

こうして同社は、東芝コンツェルン内部の投融資の「パイプ」として、また「証券保有会社的役割を担[13]」う企業として、同コンツェルンの「多角経営の枢要なる一翼をなしてゐ[14]」たのである。

（1）以下は、『芝浦製作所六五年史』一九四〇年、『東京電気株式会社五〇年史』一九四〇年、『東京芝浦電気株式会社八五年史』一九六三年、『東芝百年史』一九七七年、などを参照した。また、長島修「戦時経済研究と企業統制」下谷・長島編『戦時日本経済の研究』晃洋書房、一九九二年、参照。

（2）同前、『八五年史』、八八九頁。

（3）同前、一八八頁。

（4）同前、一一〇頁。

（5）同前、一九三頁。

（6）鶴見工場は芝浦製作所の中心工場であり、第一期（一九二三～二五年）、第二期（三〇～三一年）工事で基礎が固められ、その後、三〇年代後半に大型機械組立仕上工場、軍需品工場、大型鋳物工場などが増設された。また、三重工場は小型電動機、仁川工場は中小型電動機、変圧器、配電盤などを中心としていた。

（7）「本年上期末の総資産は一一億二千六百万円となり、一五年上期の四倍近い膨張となつた。同業日立製作所も積極会社の代表的なものであるが、この期間に於ける膨張率は当社の方がやゝ優る状態である」（『ダイヤモンド』一九四四年九月一一日、一五頁）。

（8）前掲、『五〇年史』、一六三頁。

（9）同前、一〇二頁。

（10）『東洋経済新報』一九四〇年四月二七日、一一二頁。

（11）同前。

(12) 以上、前掲、『五〇年史』、六二六～二七頁。
(13) 『東洋経済新報』一九四二年一月三一日、三一頁。
(14) 前掲、『五〇年史』、一〇三頁。

(2) 東京電気と芝浦製作所の合併と傘下子会社

さて、東京電気と芝浦製作所とが合併し、「日本におけるＧＥ」、すなわち一大総合電機メーカーたる東京芝浦電気が誕生したのは一九三九年七月のことであった。両社の合併の経緯についてみておこう[(1)]。

まず、表5-15は合併直前における両社の概況を示している。公称資本金は東京電気が芝浦製作所の二倍近くであり、また利益金、従業員数、資産合計などでも、東京電気の方が優位を占めていた。また、注目すべきは両社の株主構成である。両社ともにＩＧＥ（International General Electric）社の占める比率が大きく（東京電気三二・五％、芝浦製作所二一・五％）、とくに東京電気においては筆頭株主であった。合併直後の新会社の大株主をみても、ＩＧＥ社は三〇・三％を占めて依然第一位であり、第二位の三井合名（一一・五％）を大きく引き離していた[(2)]。

この外資系企業が筆頭株主であったという事情、したがってまた、外人重役が取締役会に席を占めたという事情は、戦時下における子会社の設立にも影響を与えることになった。たとえば、軍需品の製造企業の「取締役に外人がいて、ぐあいがわるい。それで、軍需品を作るための別会社をこさえることになった[(3)]」。すなわち、一九三〇年代後半以降だけをみても、合併前の東京電気の場合、Ｈ・Ｕ・ピアースが専務取締役副社長（三六年一二月より取締役副社長）、Ｏ・プルスマンおよびＷ・Ｋ・ファウラーが取締役として在勤し、他方、芝浦製作所でもピアースやプルスマンが取締役に就いていた。また、合併後の新会社においても、ピアースは取締役副社長（四二年六月まで）に、プルスマン（四〇年九月まで）やＣ・Ｃ・グリンネル（四〇年一二月～四二年六月）が取締役に就いていた。こうして、「ＧＥ社から派遣された外人重役が在勤していた関係もあって、純軍需はなるべく子会社を設立して、これを通じて生産する方針[4]」をとることになったのである。具体的には、たとえば、東京電気無線（三五年設立）や（新）芝浦製作所（旧芝浦京町製作所、三九年設立）、あるいは東京中島電気（三九年、中島飛行機と合弁）などの子会社がそうであった。なお、日米開戦時の際のＩＧＥ社による東京芝浦電気の持ち株は同社総株数の二四・一％にあたる八五万株余であったが、これは四一年一二月公布の「敵産管理法」（法律第九九号）によって管理処分されている。

つぎに第二に指摘すべきは、両社のいずれにも三井の資本が入っていたことである。東京電気には五％足らずであったが、芝浦製作所では三六％と筆頭株主の位置を占め、周知のように、同社は三井系企業の一つと見做されていた。表5-16は両社合併後における三井系企業の持株率を示しており、つねに一〇数％という比率が維持されていたことがわかる。ＩＧＥの株式が処分された後は、三井系資本が実質的に筆頭株主となり、

表5-15　合併直前の両社の状況

	芝浦製作所	東京電気
	(1939年４月末)	(1939年５月末)
固定資産		
有形固定資産	2,474万円	2,107万円
有価証券及投資	3,286	7,249
流動資産	8,102	4,250
未払込資本金	375	1,500
資産合計	14,237	15,106
負債		
固定負債	2,034	3,524
流動負債	7,550	4,206
資本		
資本金	3,000	5,950
基金、積立金その他	1,300	993
当期純益金	353	432
負債合計	14,237	15,106
従業員数(39年上期末)	10,532名	12,408名
職員	2,293	1,544
工員	8,239	10,864
	(1939年４月30日)	(1938年11月30日)
ＩＧＥ社	129,114株	398,400株
外人株主	238	58,338
三井合名	186,226	45,000
三井物産	19,900	0
三井生命	10,000	10,400
芝浦製作所	—	35,300
東京電気	143,500	—
その他	111,022	642,562
合計	600,000	1,190,000

(出所)『85年史』、93頁、その他より作成。

表5-16　合併後の三井系持株数の推移

	三井系持株数			発行株数	持株率
	旧	新	計		
1939	135,938	120,088	256,026	1,883,500	13.6%
40	255,126	256,226	511,352	3,480,000	14.7
41	255,126	256,226	511,352	3,530,000	14.4
42	256,566	565,977	822,543	5,920,000	13.9
43	331,246	640,757	972,003	6,220,000	15.6
44	665,132	306,871	972,003	6,220,000	15.6
45	972,003	932,003	1,904,006	12,440,000	15.3

（出所）　同社「社史資料」。

同社は三井財閥コンツェルンの傍系企業の一つとして敗戦を迎えた。

また、第三には、両社間には株式の相互持ち合い関係があったことである。とくに東京電気は芝浦製作所の二三・九%を取得していた。東京電気が芝浦製作所の株主となったのは一九一六年であり、逆に芝浦製作所が東京電気の株主となったのは二二年であった。

さて、両社は合併の実現に向けて種々の準備を積み重ねてきたが、その一環として両者の共同投資による子会社を設立していた。合併時点における共同子会社は三社（前掲表5-12参照）であったが、ここではその一例として、芝浦マツダ工業について簡単にふれておこう。

両社が最初に共同で設立した子会社は、三四年一二月の特殊合金工具と三六年四月の大井電気とであった。そして、これら二社がさらに合併して誕生したのが芝浦マツダ工業であった。前者の特殊合金工具は超硬質（タングステン）合金を用いた特殊機械工具に関する両親会社の技術を糾合して設立され、その品質の優秀さによって好成績を続けた。また、大井電気の方は家庭用電気機械器具に関する両親会社の特許権・製造設備の一切を譲り受けて設立され、さらにGE社製品の輸入販売にも携わって業務を拡大し、三六年末には芝浦マツダ工業と改称した上で、翌三七年三月に前者の特殊機械工具を合併したのである。

合併後の日中戦争の本格化は、とくにタングステン合金工具の需要を増大させた。同製品は「軍需工業方面から異常の需要がある。畢竟するに性能が優秀で工作機械の切削用刃物として又兵器用高硬度鋼材料加工に於いて必要欠くべからざるものであるからだ」[5]。芝浦マツダ工業は「軍需景気の昂揚と相俟って製作内容を時局向に転換したから繁

表5-17　東京芝浦電気の吸収子会社

被吸収子会社	吸収合併年月	公称資本金	東芝持株率	吸収後の東芝内部での位置
東邦鋼業	41. 8. 1	1,100万円	54.5%	足立製鋼所
日本医療電気	42. 8.15	50	60.0	
芝浦マツダ工業	42. 8.15	1,500	?	特殊合金工具製造所
東洋耐火煉瓦	43. 7. 1	30	28.0	耐火物製造所
東京電気（旧東京電気無線）	43. 7. 1	3,600	46.3	通信工業支社

（出所）　同社「社史資料」、その他より作成。

忙が一段と加重した」[6]。たとえば、三七年から四〇年までの特殊合金工具部門の生産状況をみると、受注高は八倍強に、生産高も七倍強という盛況であった。その結果、「元々当社は旧大井電気の事業が本体で旧特殊合金工具の事業が支体と云ふ建前にあった。けれども今次事変後は主客転倒し、売上高に就て見ても前者三割、後者七割の振合」[7]になったのである。

芝浦マツダ工業は最終的には四二年八月に親会社によって吸収合併されて消滅した。「之は経営の合理化と直営形態に引直しての事業拡充とを意味し、当社〔東京芝浦電気〕の時局的発展を示す一例として注目に値ひする」。「〔芝浦マツダ工業は〕技術、研究、経営、金融、販売等、東芝とは元来異体同心と云った密接な関係にあり、之を別会社として置くよりも合併して名実共に直営たらしめ、以て時局の要望する拡充に応ぜんとするのが東芝の狙いだ」[8]。

このように、戦時統制が強化された一九四〇年代になると、三〇年代の動向とはまったく逆に、親会社による子会社の吸収合併の事例が多くなってくる。表5-17は、東京芝浦電気が四〇年代前半に吸収合併した子会社の一覧である。

さて、以上見てきたように、両社は一九三九年に合併する以前から相互に密接な関係を保ちながら周到な準備を整えてきた。そして、その中でも注目すべきは、両社合併において主導的な役割を果たした東京電気社長の山口喜三郎の存在であった。そもそも両社合併による「日本のＧＥ」設立とは彼の構想にほかならなかった。したがって、両社合併の日程は、彼が三五年に東京電気社長のまま芝浦製作所の取締役を兼務し、さらに

三七年には同社の取締役会長にまで就任したことによって、いよいよ具体的に動きはじめるのである。(9)

ここで、両社の定款（事業目的）の推移を追いかけることによっても、両社合併にいたる経緯の一端を窺い知ることができる。(10) たとえば、かつての旧田中製造所（一八八二年設立、九三年に芝浦製作所と改称）を継いで一九〇四年に創立された芝浦製作所の定款は、「会社ノ目的ハ各種機械類ノ製作業ヲ営ムニアリ」と、いたって簡潔なものであった。他方、東京電気の前身である白熱舎（一八九〇年設立、九六年に東京白熱電燈球製造と改称）については、九五年に定められた事業目的をみると、「当社ノ営業ハ白熱電燈球ヲ製造シ且ツ販売スルヲ以テ目的トス」と、これも単純なものにすぎなかった。同社はその後の一八九九年に東京電気と社名変更した。事業目的も「白熱電燈球及電気事業ニ要スル機械器具ノ製造販売並電気工事ノ設計受負ヲナスヲ以テ目的トス」と、しだいに拡張したことを窺わせるが、さらに一九三二年には次のように変更された。すなわち、「一、白熱電燈球及電気事業ニ要スル機械器具其他硝子製品及温度計ノ製造販売、電気工事ノ設計請負並之ニ関係アル事業ニ対スル投資、二、前号ノ附帯事業」(11)。ここで特徴的なのは「関係アル事業ニ対スル投資」が加えられたことであり、これはさきに述べた「マツダ・コンツェルン」の形成という事態を反映したものであったことはいうまでもない。そして、いよいよ合併の前年三八年には「本会社ノ営業ノ目的左ノ如シ」と次のように列挙されたのである。

一、電気機械器具製造業

二、化学工業、金属工業、窯業、鉱業、土石採取業、前号以外ノ機械器具製造業

三、前各号ノ附帯又ハ関連事業

四、前各号ノ営業ヲ為ス者ニ対スル投資

見られるように、東京電気の事業内容は一挙に拡大して具体的に並べられるようになった。そして、その第二号に列挙された諸事業のほとんどは、親会社（東京電気）によるよりもむしろ子会社が分担した事業であって、第一号の

事業と併せてそのまま「マツダ・コンツェルン」全体の事業内容を表現するものとなっていた。

他方、芝浦製作所の方についても、一九二五年には事業目的を変更して、「一、各種機械器具類並ニ其部分品ノ製作販売、二、前号ノ事業ニ関連スル事業、三、前各号ノ業務ヲ営ム関係事業ニ対スル出資」と改めた。「関係事業ニ対スル出資」が新たに加えられたが、これは前年に同社初の子会社たる内外電熱器を傘下に収めたことが背景にあった。しかし、さきに見た東京電気の場合とは異なって、同社の場合、それ以降一九二〇年代を通じて子会社はこの内外電熱器一社だけであり、それも三〇年には解散してしまったのである。出資による子会社の設立（企業グループの形成）ということは芝浦製作所の場合、前述したように三〇年代後半まで待たなければならなかった。

そして、合併に先立つ半年前、芝浦製作所は三九年一月に最後の定款変更を行った。その中の事業目的についてみると、実にそれはさきに見た東京電気の三八年の内容と一字一句倣ったまったく同一のものに改められたのである。これは来るべき合併に備えた措置であったが、このことからも東京電気の方が合併の主導権を確保していたことを窺うことができよう。実際、両社の合併条件を見ても、旧株では東京電気一〇〇株に対して芝浦製作所一一三株、また新株（一二円五〇銭払込済）では東京電気五〇株に対して芝浦製作所の方は五〇株プラス全額払込済株三株、という比率で行われたのである。

しかしながら、ここで興味深いのは、あくまでも表向きは、種々の理由から芝浦製作所が主体となって東京電気を「対等合併」するという体裁が追求されたことである。すなわち、合併に先立つ二ケ月前、まず芝浦製作所の方が「東京芝浦電気」と自ら社名変更したのち、東京電気を合併するという形式が選ばれたのである。こうして、「便宜上芝浦が主体となったのであるが、形式はとまれ実質は東京電気が芝浦を合併したものと見てもい丶」(12)。

この形式と実質の違いについての詮索よりもさらに興味深いことがある。それは、両社の合併には戦時体制が求めた技術的な理由、つまり強電（重電）および弱電技術の統合という時代的な要請が背景にあったが、このことと関連しての、両社合併の「前評判」の内容についてである。当時の経済雑誌から拾ってみよう。

つまり、戦時統制経済がますます進展していく中で、当時の一般的な世評は、一方の重電中心の芝浦製作所の発展可能性と、他方の「民需」中心である東京電気[13]の側の衰退、という図式に現れていた。たとえば、「東京電気が民需、平和商品を主とするのに対して芝浦は軍需品を中心としてゐる。従つて現下の情勢では芝浦の発展力の方が高く買はれる」。あるいは、「将来のことを考へると、軍需中心の芝浦はいつか昭和七年以前のような反動期に面することも当然予想しなければならぬ。この場合、民需中心の東京電気を包摂してゐることは経営の安定といふ点からも絶大な強味となるわけだ。反対に東京電気の立場としては、今後当分の間続くであらうと思はれる軍需景気の利益を、芝浦と合体することによつて単独の場合よりも遥かに多量に吸収することが出来る[14]」、と。

以上のように、合併前の両社は、一方の「東京電気＝弱電＝民需中心」と、他方の「芝浦＝重電＝軍需中心」、という対立的な図式で一般に受け取られていたのである。しかも、時局はますます厳しさを増していたから、重電中心の芝浦製作所の事業の方に大きな期待が寄せられた反面、東京電気の事業の方は多少の不安をもって眺められていた。だからこそ、両社合併の実質的な主導権を東京電気の方が握っていたことについて、当時、「東京電気は平和向製品が多いため時局乗切の一手段として合併を選んだ、と解する論が根強[15]」かったのである。

両社合併に関するこうした「前評判」の是非について、あるいは合併後における実際の進展については節を改めて考察することにしよう。

(1) 両社合併の経緯については、前掲、『八五年史』のほか、長谷川信「電気機械工の形成と発展」『神奈川県史・各論編(二) 産業・経済』一九八三年、など参照。GE社については、坂本和一『GEの組織革新』法律文化社、一九八九年、また、同コンツェルンの下請組織については、植田浩史「戦時統制経済と下請制の展開」近代日本研究会『戦時経済』山川出版社、一九八七年、二一一～二二〇頁。

（2）前掲、『八五年史』、九三〇頁。
（3）同前、一三五頁。
（4）同前、一〇八頁。
（5）『ダイヤモンド』一九四〇年一二月一一日、六四頁。
（6）同前、一九四一年七月一日、一五六頁。
（7）『東洋経済新報』一九四一年三月一五日、四〇頁。
（8）同前、一九四二年五月二日、二五～六頁。
（9）芝浦製作所の取締役社長のポストは、一九三五年五月の定時株主総会における定款変更によって「取締役会長」と改められた。なお、山口喜三郎については、同編集委員会編『山口喜三郎伝』、一九五〇年、参照。
（10）以下は、それぞれ前掲『六五年史』および『五〇年史』による。
（11）同社第六九回『営業報告書』。
（12）『東洋経済新報』一九三九年二月一一日、五二頁。なお、両社合併に対する三井（物産）の態度などについては、前掲、長谷川論文、参照。
（13）「合併時における主要製品は、電球・積算電力計・真空管の三つであった。これら三大製品はいずれも平和産業であったので、戦時色濃厚となった合併時には、軍需品がほとんどないということで先ゆきをあやぶむ向きもあった」（前掲、『八五年史』、一六一頁）。
（14）以上、『エコノミスト』一九三九年二月二一日、三九頁。
（15）『東洋経済新報』一九三九年七月一五日、一三三頁。

(3)　東芝コンツェルンと軍需

①　電気機械工業と統制経済

一般に一九三七年夏からの日中戦争の本格化以降、日本経済は急速に戦時統制経済へと移行し、種々の統制政策が矢継ぎ早に実施されはじめた。また、軍需生産が日本経済において占める比重もこの時期から日増しに増大し、急速に戦争経済の性格を帯びるようになっていった。

電機産業における統制を見ても、まず三八年三月に基礎資材たる鉄鋼の配給統制機関として機械工業鉄鋼配給会が設立されたのを皮切りに、三八年九月に日本電気機器工業組合、同年一〇月に電気通信機工業組合、三九年八月に日本電気計測器製造工業統制組合などが相次いで設立された。(1) また、当時、数多くの電気機器製造企業が存在していたが、四一年八月の「重要産業団体令」公布にもとづいて電気機械関係の統制会会員企業として二四五社の指定が行われ(同年一一月)、翌四二年一月には電気機械統制会が発足したのである。

本書の第2章でもみたように、この統制会とは戦時経済における民間企業の産業別統制組織であり、「軍需を除く官需、民需、輸出等に関する生産、受注、配給、資材、労務等の需給、統制、技術の向上、能率の増進、製品の検査等の事務」(2)を取り扱った。その会長は「指導者原理」によって会員企業に対する広範な権限を与えられる形をとっていた。しかし、実際には政府(軍部)の側が、会長の任免権、定款変更の許認可権、調査命令権、事業施行命令権などの強力な統制権限を掌握していたことはよく知られており、したがって、統制会は政府による会員企業(当該産業)統制のための中間者としての役割を演ずることを期待されていたのである。

さて、その一つたる電気機械統制会(会長・安川電機社長)は設立と同時に上記の三工業組合を吸収し、そのほかにも一〇〇余の団体を統合して誕生した。東京芝浦電気は理事長を出すなど、同統制会の主力メンバーであった。また、同社は、その事業範囲の広さから、別に鉄鋼統制会、車輌統制会、精密機械統制会、鉄道軌道統制会などにも加入していた。さらに、同社は産業界に占めるその枢要の位置から、これら民間企業の諸統制会のほかにも、「軍関係の統制団体への参加を積極的に要請された」(3)。たとえば、海軍電気工業会、海軍造船工業会、海軍造機工業会、海軍光学工業会、海軍工作機械工業会、海軍工具工業会、航空工業会、陸軍兵器工業会、などなどであった。

以上の軍関係の統制団体名からも明らかなように、同社が主要に密接な関係を持ち続けたのは海軍であり、なかでも海軍電気工業会であった。同会にはその会長として山口喜三郎が就き、また理事二名をも送り出すなど中心的メンバーであった。

また、戦時における統制法としてはさらに重要産業ごとに制定された「事業法」があった。電気機械工業に関しては、四一年五月に重要機械製造事業法が公布されている。

一般に事業法は、産業別にその内容を異にするものの、事業経営の許可制、監督および保護措置、事業計画の事前届出制、軍事上・公益上の諸規定および罰則、などをその主内容としていた。全四三ケ条からなる重要機械製造事業法もまた、いわゆる「〈統制〉と〈保護〉のメカニズム」(4)によって生産力拡充に資することを目的としていた。同事業法における「統制」とは、たとえば、その一六条に「政府ハ重要機械製造事業者ニ対シ業務及財産ノ状況ニ関シ報告ヲ為サシムルコトヲ得」、あるいはまた、「業務及会計ニ関シ監督上必要ナル命令ヲ発シ又ハ処分ヲ為スコトヲ得」、とあり、その手段として「当該官吏ヲシテ重要機械製造事業者、事務所、工場、倉庫其ノ他ノ場所ニ臨検シ業務若ハ財産ノ状況又ハ帳簿書類其ノ他ノ物件ヲ検査セシムルコトヲ得」と定めていた。他方、「保護」とは、たとえば、各種課税の免除特典、土地収用権、社債募集特典、輸入制限措置、命令事業の損失補償、研究試作奨励金、など多岐にわたっていた。

以上のように、当時の電気機械工業は戦時における重要産業の一つとして、電気機械統制会や重要機械製造事業法などによって政府（軍部）による実質的統制の大きな網をかぶせられていたのである。

また、この時期の産業や企業に対する軍部の直接的管理の施策として忘れてならないものに「工場事業場管理令」があった。同令は軍需工業動員法（三八年に国家総動員法に吸収）にもとづくもので、民間軍需品工場を軍管理工場として指定し、監理官を直接に派遣して「当該工場事業場ノ業務ニ付事業主ヲ指揮監督」させたのであり、また、その

表5-18　主要電気機械企業の軍管理工場指定

次	発令年月日	工場事業場名	管理範囲	陸海	陸軍管理受任官庁
1	1938. 1.17	安立電気	工場全部	共	兵器本廠
		東京電気無線	工場全部、但シ器材工場ヲ除ク	共	兵器本廠
		富士電機川崎工場	兵器工場、探照灯	共	兵器本廠
3	38.(4.?)	日立製作所安来工場	全工場	共	航空本部
4	38. 4.29	日本電気芝浦工場	兵器工場全部	陸	造兵廠
		沖電気高浜工場	兵器工場全部	共	造兵廠
		日立製作所亀戸工場	特機工場・兵器工場	陸	造兵廠
		沖電気芝浦工場	全工場	共	兵器本廠
5	38. 9.16	三菱電機神戸製作所	小物工場	共	航空本部
			海軍兵器関係工場	海	
		日本電気玉川向工場	工場全部	共	兵器本廠
		芝浦製作所鶴見工場	第10号館(海軍秘密工場)	海	
8	39. 6.28	東洋通信機東京工場		共→海	
		東洋通信機川崎工場	陸軍工場	陸	兵器本廠
			海軍工場	海	
9(其の1)	40. 3.16	日立製作所			
		日立工場山手工場	全工場	海	
		日立工場会瀬工場	特金工場・特機工場	海	
		戸塚工場	特殊気化器工場他	海	
		芝浦製作所川崎工場	全工場	海	
10	40. 7.27	東京電気小向工場	部品工場	共	兵器本部
			部材工場	陸	兵器本部
		沖電気芝浦分工場	全工場	共	兵器本部
		三菱電機長崎製作所	全工場	海	
		東洋通信機長原工場	水晶工場	共	兵器本部
			検査工場	海	
		東洋通信機長原研究所	全工場	海	

(出所)　各次「支那事変陸軍管理軍需品工場名簿」「海軍管理工場名簿」などにより作成。工場事業場名、管理範囲、管理区分、は指定時現在。(共)は陸海軍共同管理を示す。

製造する「品目、数量、規格、完成期日ヲ指定シ軍需品ノ生産ニ関シ命令」するものであった[5]。

実際に同令によって軍管理工場としての指定が開始されだしたのは三八年一月からであった。表5-18は、主要な電気機械製造企業について、その工場指定状況を見たものである。軍管理工場についてはまだ不明な部分も多く、同表も第一次から第十次までをカバーしているにすぎない。しかし、その範囲内で東京芝浦電気関係についてみると、合併前では第一次指定で東京電気無線(東京電気の子会社)

が、また第五次指定で芝浦製作所の鶴見工場の名前が見られる。また、合併後では、第九次指定で子会社・芝浦製作所川崎工場が、第十次指定で同じく子会社・東京電気小向工場が挙げられている。

つまり、東京芝浦電気の場合、本体の工場の指定については第五次指定の芝浦製作所鶴見工場だけ（しかも、その一〇号館だけ）にすぎなかった。その他の指定された工場はすべて子会社の工場であった。このことは、当時の業界における同社の比重の大きさから考えて、また他社が本体工場を次々と指定されている状況と比べてみても、いささか奇異な感じを与えざるを得ない。いくつかの資料から、東京芝浦電気本体のマツダ支社管轄下の諸工場が管理工場に指定されたのは、ようやく第一一〜第一三次（四二年三月）の間のことと推定される。[6] また、同社『八五年史』によれば、遅れて「一八（一九四三）年一〇月には鶴見、京町、富士見町（絶縁線工場）、三重、網干の各工場が陸・海軍の管理工場とな[7]」ったという。

このように、本体たるマツダ支社管轄下の諸工場の指定が、あるいは本体工場の中心的位置を占めてきた（一〇号館以外の）鶴見工場などの指定が大幅に遅れたということは、本章の冒頭に掲げた経済雑誌の「記事」内容と関連付けて考えるならば、実に興味深いものがあろう。

（1）戦時における電機産業については、前掲、長谷川論文のほか、以下の吉田秀明論文を参照。「戦時重電機企業における製品の〈軍需化〉と軍需生産における多角化」『大阪経大論集』第一五九〜一六一号、一九八四年、「戦時重電機企業の資本蓄積」同、第一七二号、一九八六年。また、同「通信機器企業の無線兵器部門進出」下谷政弘編『戦時経済と日本企業』昭和堂、一九九〇年。

（2）東洋経済新報社『昭和産業史』第一巻、一九五〇年、三八一頁。また、通産省編『商工政策史』第一一巻、一九六四年、参照。

（3）前掲、『八五年史』、一七八頁。

（4） 本間重紀「戦時国家独占資本主義の法体系」東京大学社会科学研究所編『戦時日本の法体制』東京大学出版会、一九七九年、二四一頁。
（5） 工場事業場管理令については、下谷政弘「一九三〇年代の軍需と重化学工業」前掲『戦時経済と日本企業』。また、防衛庁研修所戦史室『戦史叢書・陸軍軍需動員(二)実施編』一九七〇年。
（6） 陸軍省整備局工政課「陸軍管理工場代表者並事業管理人名簿」（一九四二年三月）にはマツダ支社（山口喜三郎）が記載されている。第一三次（其二）指定は四二年三月二〇日であり、また一四次指定は同年五月一六日であった。
（7） 前掲、『八五年史』、一五九頁。なお、同社「社史資料」には「管理工場の件」として次の興味深い記述がある。「戦争の進展に伴いあらゆる方面に於て行きづまりの状勢に立ち至り、軍をbackに即ち管理工場となりて軍直接援助を得てゆかねば到底工場の運営は困難なる事情に迫られたるを以て、艦本三部艦本総務三課等に陳情、鶴見・京町・富士見町・三重・網干の海軍管理を切望す。一八年七月一五日付第一七次として富士見町が陸海管理工場となる。その他の工場については猛烈に陳情……第一八次には必ず管理せらる、見透しを得たり。問題は陸軍との共同管理となることにて、海軍専属となる様陳情中なり」。

② 軍需増大と子会社の設立

さて、次に戦時経済の本格化にともなう軍需の増大に対して、同コンツェルンが具体的にどのように対応したのかについてみてみよう。

さきに本書の第2章でもみたように、この軍需について考える場合、重要なのは軍部へ直接的に納入する「直接軍需」だけに限定すべきではない、ということであった。すなわち、とりわけ重化学工業製品の場合に多く見られたが、迂回的にあるいは間接的に最終軍需品の一部となって軍部へ納入されることになる軍需品も多かったのである。そして、そのような場合、軍部（軍工廠）は資材統制や配給上の必要性から、軍需品製造に関わる材料・部品・諸設備などの生産について、軍部へ直接に納入されない物資にはとくに証明書を発行するなどしていたのである。したがって、一企業の軍需生産への依存度を議論しようとする場合、これらのいわば「間接軍需（≒充足軍需）」、あるいは「民証付き」製品をもそれに含めて検討しなければならないことはいうまでもない。

以下では、日増しに増大する軍需註文に対応する施策として、まず同社の本社組織の内部に軍需（軍部）に対する窓口が形成されていく過程、および軍需専門の子会社が設立されていく過程を追いかけてみよう。

〔1〕　軍需に対する窓口

合併前の芝浦製作所と東京電気を比べてみると、軍需増大にまず積極的に応じたのは芝浦製作所の方であった。同社は早々に三七年九月、軍部に対する窓口としてとくに臨時軍需品部を新設、これは翌年五月には軍需品部となって「独立部門としての体形をととのへ」[1]た。また、同年八月、商務部内にも別途に軍需課が新設されている。これらの分掌内容をみると、前者の軍需品部は「軍ノ要求ニ適応スル為軍需品製作ノ促進、軍需品ト一般註文品トノ工程調整」を行い、また後者の軍需課はより具体的に「軍需品ノ営業ニ関スル事務、軍需品調達ニ関スル軍ノ計画ニ対シ資料ノ提供其他軍関係官公署トノ連絡事務」を行うことになっていた[2]。表5-19は旧芝浦製作所（合併後は芝浦支社）の軍需品受注高およびその比率の推移を示している。

表5-19　芝浦製作所（芝浦支社）の軍需品受注高

	受注高合計	軍需品受注高	比率
1936上	1,571万円	66万円	4.2%
下	1,736	66	3.8
37上	2,575	149	5.8
下	4,034	391	9.7
38上	5,294	641	12.1
下	4,596	503	11.0
39上	7,102	786	11.0
下	5,470	868	15.7
40上	8,663	1,142	13.2

（出所）『85年史』、155頁。

他方、東京電気の方は、当初とくに専門的な部署を設けることはなく、販売部官庁課の一部で軍需品関係を扱ってきた。しかし、合併後の四〇年一月にはようやくマツダ支社の事務部の中に軍需課を新設、さらに四一年三月には軍官需部に昇格させて、その下に陸軍課・海軍課・官庁課をおいている。

このことは、マツダ支社の事業が急速に軍需中心へと転換されていったことと無縁ではなかった。たとえば、太平洋戦争開始時の四一年度には（直接および充足）軍需比率はまだ三七％であったものが、四一年度には四五％、四三年度には七〇％を超え、四四年度には実に九〇％近くにまで急増したのである。(3) この比率の急増は、さきに見た合併に際しての「前評判」や一般的予測を大幅に覆してしまうほどの軍需転換であった。

〔2〕 子会社の設立

さて、以上の親会社の内部組織における軍需増大への対応は、軍需専門の子会社を別途に設立して軍需部門を本体から切り離すという、同社がとった基本的な姿勢とともに考察していく必要がある。

たとえば、その代表的な事例として、同社の芝浦支社は急増する軍需に備えて三九年一二月に「軍需品専門の株式会社芝浦製作所を設立(4)」した。しかも、「以後、当社重電部門に対する軍需品の注文は、この芝浦製作所を窓口として受注し、一部部品または半製品を逆に親工場である鶴見工場に依頼する形式をとった(5)」のである。

あるいは、合併前の東京電気が三五年に「真空管と無線機生産の専門会社(6)」として東京電気無線を設立したことは前にふれた。親会社の東京電気（または合併後の東京芝浦電気マツダ支社）の方は各種の真空管の内とくに受信管の製造を中心とし、子会社の東京電気無線の方は主として送信管を製造していたが、受信管も陸海軍向けの一部は東京電気無線が製造した。しかも、マツダ支社で製造された製品は子会社の「東京電気無線を通じて軍に納入された(7)」のである。いうまでもなく、東京電気無線の「製品はその設立の趣旨からいって、当然、軍需関係が大部分を占め」ていた。また、同社の軍部に対する窓口についても三八年一〇月に営業部の組織改正が行われ、第一課を海軍関係、第二課を陸軍関係、第三課を其の他営業とし、海軍との連絡を密接にする目的から三九年以降には呉、横須賀、佐世保などに出張所を開設、さらに四三年五月には第一営業部（海軍関係）、第二営業部（陸軍関係）、第三営業部（其の他）を置くなどしたのである。

さて、以上の二子会社のうち、芝浦製作所についてはのちに芝浦支社との関連で別に見ることとして、まず東京電気無線の方から少し詳しく見ておこう。

〔3〕 子会社・東京電気無線

戦時下の東芝コンツェルンの数多くの子会社の中で、もっとも顕著な発展を遂げたのは東京電気無線であった。そもそも、一九二〇年代に入ってようやく実用の途を広げ出した日本の無線機器（通信）工業は、三一年に満洲事変が勃発するやその発展を加速させた。「無線機器は単に一般通信用のみならず国防上必要欠くべからざる重要軍需品となつたので、茲に無線工業は更に一段の飛躍を強要せらる、情勢とな(8)」ってきたのである。

当時の東京電気もまた、一九一六年に真空管の研究設備を設けその試作研究に着手した。同社は、翌年に日本最初の真空管製造に成功して以来、その後一九二〇年代半ば以降のラジオ放送の普及発展とも重なって製造技術に長足の進歩を遂げた。また、とくに「軍部、逓信等の各方面より大量納入と製造促進の特命を受け」ている。こうして、一九三〇年代の初めには、同社は「各種無線機器（主として無線電信、電話用）の製作販売を行ふことを中外に発表し……優秀なる製作技術は本邦無線工業界を指導する立場を占め得るに至つた(9)」のである。

東京電気は三四年一月、こうした状勢の中で従来の研究所を基盤として新たに「無線部」を設置、さらに三五年一〇月、それを母体として設立した子会社が東京電気無線（資本金六〇〇万円）であった。当初の東京電気無線は、したがって、親会社から「機械設備は勿論、事業関係の全従業員を継承して(10)」、親会社の構内で事業をスタートさせたのである。翌三六年からは川崎市柳町に新工場の建設が開始され、三八年四月には本社も柳町へ移転した。

親会社が合併して東京芝浦電気が誕生して二ケ月後の一九三九年九月、この東京電気無線は親会社の旧名称を継いで「東京電気」と改称した。その当時における同社の営業種目をみると、「各種無線機並ニ真空管、機器測定器及部分品、無線用絶縁体、各種応用装置其他器材製品等ノ製造販売(11)」となっていた。また、同時点における同社の工場は柳町のほかに、小向工場（無線部品）、天津分工場（無線機）の二工場を擁し、出張所も国内一一、海外四を数えるほ

表5‐20　東京電気（無線）の急膨張と製品別売上高

	公称資本金	総資産	従業員数	送信管	受信管	無線機	開発製品	器材製品	その他	売上高合計
	万円	万円	名	万円	万円	万円	万円	万円	万円	万円
1936上	600	740	820	148	30	73	21	2		273
下	600	802	1,043	120	17	120	23	3		283
37上	600	990	1,400	152	37	183	20	14		406
下	1,200	1,635	2,184	202	50	222	27	14		514
38上	1,200	1,799	3,496	352	84	285	46	54		820
下	1,200	2,398	4,113	332	101	323	40	82		879
39上	1,200	2,771	5,943	434	145	448	82	120		1,229
下	1,200	2,878	6,036	396	122	388	76	101	12	1,094
40上	1,200	3,316	6,938	519	165	507	123	111	35	1,458
下	2,400	5,304	7,284	503	156	629	132	112	16	1,547
41上	2,400	6,474	8,226	522	220	942	155	95	33	1,967
下	3,600	7,768	8,638	717	239	1,293	189	114	34	2,586
42上	3,600	8,659	9,915	891	345	1,690	280	163	43	3,413
下	3,600	11,136	10,639	1,052	399	1,610	315	313	68	3,758
43上	3,600	17,792	12,743	1,185	407	2,202	356	325	55	4,529

（出所）『85年史』、942頁。

どで、短期間に急速に陣容を整備したことがわかる。

表5‐20は、そうした同社の急速な発展状況についてまとめたものである。前述したように、同社は四三年七月にふたたび親会社に吸収合併され、東京芝浦電気の「通信工業支社」として組み込まれることになる。したがって、同社の寿命は設立以来七年余という短い期間にすぎなかった。しかし、その間、同表にみるように、公称資本金は六倍、総資産は二四倍、従業員数は一五・五倍という驚異的なものであった。また、売上高についても実に一六・六倍に伸びており、とくにその内で無線機は三〇・二倍という異常な伸びをみせ、最終期には東京芝浦電気の売上高全体の四八・六％を占めるにいたったのである。

こうして、同社は太平洋戦争開始前までは放送機器・船舶無線機・有線機など「民需品」の比率をまだ三割内外維持していたものの、四三年に「通信工業支社」となって以降はその比率をわずか数％にまで低下させてしまった。同支社は「全工場あげて電波報国の戦場」[12]と化したのである。その後も、「三支社中に占める通信工業支社の比重は急速に高まり、当社生産の主軸をなす」にいたり、四四年頃からの同支社の生産高は「芝浦支社・マツダ支社をあわせたものに近づ[13]」くほどの盛況をみせたという。

以上のように、一子会社であったとはいえ、あるいは通信工業支社

表5-21　東京芝浦電気の部門別売上高

	東京芝浦電気	重電部門	軽電部門	東京電気(無線)	その他
1939上	55百万円	3,319万円	2,150万円	1,094万円	—万円
40上	69	3,628	2,727	1,458	—
下	78	4,022	3,205	1,547	—
41上	83	4,222	3,643	1,967	—
下	93	4,416	4,216	2,586	—
42上	104	4,924	4,901	3,413	—
下	118	4,899	6,439	3,758	497
43上	119	4,729	6,498	4,529	739
下	181	4,637	12,627		851
臨	181	4,270	13,104		1,838
44上	308	5,021	22,496		2,849
下	369	5,746	12,086		?

(出所)　長谷川信「電気機械工業の形成と発展」『神奈川県史・各論編(2)』1983年、275頁。「重電部門」は芝浦支社（重電機製造所）と車両製造所の合計。「軽電部門」はマツダ支社（軽電機製造所）と通信工業支社・電子工業研究所の合計。「その他」は足立製鋼所・耐火製造所・特殊合金工具製造所・化学製造所の合計。ただし、軽電部門の44年下期の数字には疑問が残る。

（さらには、四四年三月以降の通信機製造所）となって以降も、同社は東芝コンツェルンにおける軽電部門の代表であった。戦時下における同社のこうした急膨張ぶりをみると、さきにふれた三九年の合併をめぐっての「前評判」や予測がまったく的外れであったことはすでに明らかであろう。そのことは、表5-21に掲げた東京芝浦電気の部門別売上高の推移が明瞭に示している。あるいは、つぎに重電部門の状況について検討を加えることによって、さらに明白なものとなるであろう。

(1) 同社「社史資料」。
(2) 前掲、『六五年史』、一五三～五四頁。
(3) 前掲、『八五年史』、一六一頁。
(4) 同前、一五六頁。
(5) 同前、一五七～五八頁。その後に次の文章が続く。「しかし実際には、当初、その生産計画、資材の購入、従業員の採用・養成等はすべて鶴見工場が行なった。この点、京町・三重・府中など、当時の子工場と異なるところはなかった」。
(6) 同前、一六八頁。
(7) 同前、七二頁。
(8) 前掲、『五〇年史』、二二八頁。
(9) 以上、同前、二二七～八頁。

(10) 同前、六一三頁。
(11) 同前、六一一頁。
(12) 前掲、『八五年史』、一六八頁。
(13) 以上、同前、一一一および一五四頁。

③ 重電部門と軍需——芝浦支社と子会社・芝浦製作所——

一九三九年七月の合併によって東京芝浦電気が誕生したあと、一方で東京電気無線が旧親会社の社名を受け継いで「東京電気」と改称したのと同様に、他方で、芝浦支社の子会社・芝浦京町製作所もまた旧親会社の社名を受け継いで「芝浦製作所」と改称した。東京芝浦電気の誕生によって消え去ったはずの東京電気および芝浦製作所という社名は、東芝コンツェルンの内部で軍需品生産を専門とする二つの「子会社」に姿を変えて再登場したわけである。以下では、同コンツェルン内の重電部門の中心的役割を果たした芝浦支社および子会社・芝浦製作所に焦点をしぼって見ていくことにしたい。

芝浦製作所は軍需品専門の子会社として、一九三九年一〇月、まず芝浦京町製作所（資本金五〇〇万円）として設立され、同年一二月に芝浦製作所と改称した。当初は芝浦支社鶴見工場の第五、第一〇号館の建物・設備および従業員約六〇〇名を引き継いで操業開始した。すなわち、さきに見た東京電気（無線）の場合とまったく同様に、子会社とはいっても当初は親会社の既設工場の一部を仕切ってスタートしたにすぎなかった。「芝浦製作所は軍需品を作るために創設せられた当社〔東京芝浦電気〕の子会社であるが、当社というよりも芝浦支社の子会社、或はさらに極言すれば一工場であった。例えば受注、生産割当はいうに及ばず人員、採用まですべて芝浦支社が采配を振った」(1)のである。

その後、芝浦製作所は需要急増に追われる中で、四〇年に川崎工場、四一年に大船工場を建設し、鶴見工場での作業を両工場へ移管した。また、四二年には資本金を一八六〇万円に増資した。さらに、その『営業報告書』によって四〇年下期から四三年下期までの同社の資産額の推移をみると、わずか三年で五・三倍にも急膨張したことがわかる。こうして芝浦製作所は「一八〔一九四三〕年ごろから独立会社としての体制をとり、資材割り当ての都合上、航空機関係の受注窓口を芝浦製作所、艦船関係を鶴見工場とした(2)」のである。

さて、表5-22は芝浦支社および子会社・芝浦製作所を合わせた生産高の推移とその内訳を一覧したものである。

同表をみてまず第一に気づくことは、全体的にこれら重電部門の生産高の伸びが鈍いことである。とくに芝浦支社のそれは鈍かった。前掲表5-21でも見たように、東京芝浦電気全体の売上高の伸びは、たとえば三九年下期から四三年上期まで（通信工業支社の組み入れ前までの二支社体制期）において二・七倍を示していた。その内、マツダ支社の伸びはこの間三・〇倍であったのに対し、芝浦支社のそれは一・四倍にすぎなかったのである（ちなみに、東京電気のそれは四・一倍）。したがってまた、全体に占める芝浦支社の売上高比率も、三九年の合併時には六割を占めていたものが、四二年下期には過半を割り、四三年上期には四割へと減少したのである。しかも、四三年下期以降の「三支社体制期」に入ると、なかでも無線機部門（通信工業支社）がいっそう急速に成長して四四年上期には全体の四割近くを占めるようになった反面、重電部門の方は実に一六％にまで低落した。

第二に、重電部門の軍需比率そのものが「前評判」とはまったく逆に予想以上に低かったということである。同表でみる限り、それはしだいに上昇しつつあったとはいえ、四四年上期まで過半を超えることがなかった。しかも、同表は軍需専門子会社である芝浦製作所を含めた数字であり、芝浦支社の分だけを計算すればさらに比率は低くなる。すなわち、重電部門の軍需生産高のうちで子会社・芝浦製作所の占める比率は急上昇したのであり、四三年度には四〇％台を占めるまでに増大していた。このことは、本体の芝浦支社の側における軍需生産の伸びが大方の予想を裏切ったことを意味していたのである。

表5-22　芝浦支社・芝浦製作所の生産高推移

（単位：万円）

年期	期	区分	軍需 受注高内訳	受注高合計	註完内訳	註完合計(A)	うち芝浦製作所（%）	その他(B)	合計(A)+(B)	比率（%）(A)	比率（%）(B)
1938下	69	海		278	186	247	／	1,430	1,923	9.7	74.3
		陸			61					3.2	
		民証			246	493				12.8	
39上	70	海	571	866	256	372	／	1,525	2,102	12.2	72.6
		陸	295		116					5.5	
		民証	392	1,258	205	577				9.7	
39下	71	海	544	698	274	462	（　）	1,179	1,862	14.7	63.3
		陸	154		188					10.1	
		民証			222	684				11.9	
1940上	72	海	310	406	235	387	129 (19.5)	1,277	1,938	12.1	65.9
		陸	96		152					7.8	
		民証			274	661				14.2	
40下	73	海	328	522	359	536	191 (21.3)	1,771	2,666	13.5	66.4
		陸	194		177					6.6	
		民証	66	588	359	895				13.5	
41上	74	海	465	681	343	496	196 (23.8)	1,820	2,644	13.0	68.8
		陸	216		153					5.8	
		民証	238	919	328	824				12.4	
41下	75	海	602	946	304	436	180 (33.3)	2,432	2,972	10.3	81.8
		陸	344		132					4.4	
		民証	207	1,153	104	540				2.5	
42上	76	海	1,752	2,217	496	609	241 (29.4)	2,253	3,072	16.1	73.3
		陸	465		113					3.7	
		民証	68	2,285	210	819				6.9	
42下	77	海		4,065	770	946	421 (38.5)	2,385	3,477	22.1	68.6
		陸			176					5.1	
		民証			147	1,093				4.2	
43上	78	海	3,854	4,986	1,088	1,336	460 (31.6)	2,169	3,626	30.0	59.9
		陸	1,132		248					6.8	
		民証	327	5,313	121	1,457				3.3	
43下	79	海		4,371	1,377	1,555	713 (44.0)	1,874	3,494	39.4	53.6
		陸			178					5.1	
		民証			65	1,620				1.9	
43臨	80	海	6,589	8,281	1,924	2,236	997 (43.9)	2,686	4,960	38.8	54.1
		陸	1,692		312					6.3	
		民証			37	2,273				0.8	
44上	81									49.0	51.0
44下	82									70.0	30.0

（出所）　同社「社史資料」、その他より作成。空欄は不明。

第三に、軍部からの受註高はとくに太平洋戦争の突入後に急増したことがわかるが、それに対する同社のいわゆる「註完（消化・実施）率」の伸びもきわめて悪く、軍部の期待にほとんど応え切れなかったということである。

同表によって註完率を計算したのが表5-23である。もちろん、受註品の中には年度を越えてまたがるものなどがあり、単純に各期ごとに計算できないものの、大凡の傾向は見てとれよう。同表によれば、註完率はけっして高いとはいえず、とくに四一年度以降は急激に低落していた。これは受註と消化能力との間に大きな差異があったことを示しており、まさしく「以上の如く多額の受註を擁し、しかも一期一〇〇〇万円足らずの消化力なき現状では約一〇ケ月の納期遅延は必然なり(3)」、という状況に陥っていたのである。

この消化率は、表5-24に見るように、「民需品」をも含めると四三年臨時期、四四年上期については若干持ち直していることがわかる。しかし、問題なのは芝浦支社全体の生産高の六割内外を担っていた中心工場たる鶴見工場（京町工場を含む）の消化力の悪さである。見られるように、同工場は芝浦支社（重電機製造所）全体の消化率すら下回っていたのである。

表5-23　重電部門の註完率（単位：%）

	直接軍需のみ	民証含む
1938下	88.8	
39上	43.0	45.9
下	66.3	
40上	95.3	
下	102.7	152.2
41上	72.8	89.7
下	46.1	46.8
42上	27.5	35.8
下	23.3	

（出所）　表5-22より計算。
（備考）　空欄は不明。

こうした註完率の悪さ、あるいは著しい納期遅延に対する各方面からの反応が各「期末報告」のなかに現れはじめたのは当然のことであった。たとえば、七四期（四一年下期）のそれには、「呉工廠をはじめ艦本及他親会社等より芝浦を非難し来る者続出その応接に遑なき状況なり」と述べられている。あるいは、七五期のそれが述べるように、「芝浦信頼出来ずとの非難の声多く全く四面楚歌の重囲の中」へと同社は追い込まれていったのである(4)。

こうした成績不振の原因について、たとえば七二期「期末報告」は次のように列挙していた。

表5-24　芝浦支社と鶴見工場の受註・消化状況

芝浦支社			陸	海	他	
1943年臨時期	当期受註高	9,953万円	17.0%	66.2%	16.6%	
	当期納入高	4,269	4.6	63.0	32.4	
	当期註完率	42.9%				
	累積註完率	13.6%	陸	海	航	他
44年上期	当期受註高	8,295万円	17.8	43.0	11.7	27.5
	当期納入高	5,021	8.3	51.5	10.8	29.4
	当期註完率	60.5%				
	累積註完率	14.2%				

鶴見工場（含京町工場）			陸	海	他	
1943年臨時期	当期受註高	6,469万円	10.7%	68.2%	21.1%	
	当期納入高	2,542	3.4	56.7	39.9	
	当期註完率	39.3%				
	累積註完率	14.1%	陸	海	航	他
44年上期	当期受註高	5,754万円	22.1	44.9	6.7	26.3
	当期納入高	2,989	7.9	51.3	14.5	26.3
	当期註完率	51.9%				
	累積註完率	14.1%				

（出所）　同社「社史資料」より作成。

一、各工場の unbalance
二、制御装置・配電盤の京町〔工場〕移転
三、動力の制限
四、外註材料及下請工場円滑を欠く事、物資の統制
五、機械加工誤〔り〕多きこと、素人工の増加
六、大物註完の少なかったこと

また、七三期の「期末報告」は次のように注目すべき内容を述べていた。「現在短納期の軍の注文品は辞退しおる現状に付、短納期のものも受註し得る余力あるよう人員を増し、早や目に外註等の手配をなす様希望す」。さらに、とりわけ七五期の「期末報告」には、以上の諸原因に加えて、「軍第一主義が全従業員に徹底しておらざる為か〔軍需品生産が〕後回しとなるものあり」と述べているのが注目される。すなわち、「工場の budget は民需の大物を pick up し残りを軍需に向けらる傾向ありて、軍需生産は減少するにつきもっと軍第一主義を徹底せしむること」、と述懐さえし

ていたのである。

以上見てきたように、東京芝浦電気の、とくにその重電部門の軍需生産の状況は少なくとも一九四三年ごろまでは軍部の要求にほとんど応えるものではなかった。たとえば、表5-25は重電機製造所の註文品未出荷残高を示したものである。見られるように、四四年三月末現在で実に二億五千万円余もの未消化分を計上し、納期を大幅に遅延せざるを得ない状況に追い込まれていた。そして、こうした状況に対して累積されてきた鬱憤こそが、冒頭に掲げたような『ダイヤモンド』の批判記事となって噴出したというべきであろう。

そこで最後に、これまで述べてきたことから、冒頭の『ダイヤモンド』の批判記事について以下のようなコメントを加えることも可能となろう。

つまり、同誌の批判記事には当時の二つの暗黙の思い込みが端的に含まれていた、ということである。一つは、コンツェルン内部の親・子会社間の関係に関わる思い込みであり、もう一つは、重電部門との対比において弱電部門のすべてを民需中心とする思い込みであった。そして、これら二つの無意識の思い込みが重なったがために、よりいっそう、当該記事の筆致の鋭さは増幅されていたということである。

前者については、なるほど、重電部門の内で、とくに親会社（芝浦支社）の成績は軍部の要求に応えるものではなかった。「記事」の攻撃の鉾先も親会社に向けられており、そのことはとくに、「仔会社で作つてゐるからいゝといふのでは策が無さ過ぎる」という記述にも現れていた。すなわち、この記事は、暗黙裡に子会社を「別法人」として親会社から切り離し、その上で主に親会社の不成績を難詰していたのである。あるいは、軍需生産を子会社に集中させ親会社は深入りを避けるという、同社の姿勢そのものを糾弾していた。しかしながら、東芝コンツェルンという企業グループの内部において、子会社はその一分肢にすぎなかった。あるいは、子会社（芝浦製作所）とは親会社の一工場たるべき存在にすぎなかった。このことはこれまで見てきた通りである。だからこそ、逆に、同社の側からは、芝

表5-25　重電機製造所の註文品未出荷残高（1944年3月末現在）

(1)　受註年度別残高

年度	万円
1940	1,323
41	2,715
42	5,024
43	11,209
44	5,318
計	25,589

(2)　得意先別註文品未出荷残高

海軍関係（直接軍需）	艦政本部	3,357万円	陸軍関係（直接軍需）	兵器行政本部	258万円
	横須賀工廠	87		航空工廠	3
	呉工廠	166		技術本部	38
	広工廠	11		需品本廠	4
	佐世保工廠	47		東京第一造兵廠	213
	航空技術廠	6		東京第二造兵廠	31
	第一航空廠	26		名古屋造兵廠	25
	鎮海工作部	250		大阪造幣廠	31
	第一燃料廠	19		技術研究所	77
	第四燃料廠	347		其他	25
	其他	167			
	小計	4,484		小計	705
間接軍需充足		6,757	間接軍需充足		2,508
計		11,241	計		3,213

軍需省関係		其他官庁	
航空兵器	701	運輸通信省関係	1,136
機械局	9,275	内務省関係	24
計	9,976	計	1,160
総計		25,589	

（出所）同社「社史資料」より作成。

浦支社（鶴見工場）の軍需転換が遅れた一理由として「（子会社の）芝浦製作所に力をそいだこと、別会社というが全く芝浦支社の一分工場として幹部は考えていた。芝浦支社の軍需を考える時は当然これを含むべきである[5]」という当然の弁明がなされたのである。あるいは、「芝浦支社の軍需を論ずる時はマツダ支社の東京電気無線に於けるが如く、それ以上に芝浦製作所を脱することは出きない[6]」という反論も生じたわけである。もちろん、とはいえ、子会社・芝浦製作所を含めても重電部門全体の軍需比率が思いのほかに伸びなかった、という事実については前に見た通りであった。

また、後者の問題については次のようにいえるであろう。つまり、さきに見たように、合併についての「前評判」は、「芝浦製作所と東京電気は合併したのであるが、当時の世評としては芝浦製作所は軍需に伸びるから心配はないが東京電気の方は平和産業であるのでどうであろうか……芝浦支社の軍需は期待を持たれていたのであるが実際の伸びは期待に副わざるものがあった」(7)。すなわち、当時、一般に「重電部門＝軍需、弱電部門＝民需」という単純な、しかし抜きがたい思い込みが広く存在していたのである。しかも、その期待はこれまで見てきたようにほとんど満たされなかったわけである。そして、その思い込みにもとづく期待が大きかったほどいっそう、実際の重電部門の不成績に対する風当りもそれだけ強くなったのは、むしろ当然であったというべきなのであった。これまで見てきたように、事態はむしろ逆方向に進展したのであり、当時の「前評判」はまったく根拠のない思い込みにすぎなかったわけである。

（1）同社「社史資料」。とくに、その鶴見工場については、長島修「戦時統制と工業の軍事化」『横浜市史Ⅱ』（第一巻下）、一九九六年、参照。「鶴見工場は鋳物工場、小物機械工場、鍛冶板金工場、軍需品工場、大型機械組立工場などが建設され……大型機械組立仕上工場として建設された九号館は世界最大容量の水車発電機を生産……鶴見工場の重電機生産の技術的水準の高さを示すものであった」（同上、五五五頁）。
（2）前掲、『八五年史』、一五八頁。
（3）同社「社史資料」。
（4）以上、同前。
（5）同社「社史資料」。
（6）同前。
（7）同前。

あとがき

本書は、筆者が「新興コンツェルン」についてこれまでに書き散らしてきたいくつかの論稿を整理再編して一書のなかに纏め上げたものである。

本書のもととなったいくつかの主要な論稿をあげてみれば、たとえば、すでに筆者がこれまでの著書のなかで述べてきたいくつかの章に加えて、つぎのようなものがある。

「大正期ソーダ業界と日本曹達の成立」『経済論叢』第一二七巻第二／三号、一九八一年
「日本曹達の工場展開」『経済論叢』第一三〇巻第一／二号、一九八二年
「日本曹達から日曹コンツェルンへ」『経済論叢』第一三四巻第一／二号、一九八四年
「新興コンツェルンと企業グループ」『経済論叢』第一三七巻第二号、一九八六年
「一九三〇年代〈松下産業団〉の形成過程」『経営史学』第二一巻第三号、一九八六年
「東芝コンツェルンの成立と軍需」『立命館経済学』第三九巻第四／五号、一九九〇年
「いわゆるコンツェルン考」『経済論叢』第一四九巻第一／二／三号、一九九二年
「一九三〇年代の新興コンツェルン形成と財閥の変質」『調査と研究』（京都大学）第六号、一九九四年
「戦時経済と企業グループ」『土地制度史学』第一五一号、一九九六年
「持株会社とコンツェルン」『経営史学』第四〇巻第一号、二〇〇五年

「新興コンツェルン再考」『経済史研究』（大阪経済大学）第一〇号、二〇〇六年、
「持株会社の歴史展開」『組織科学』第四〇巻第二号、二〇〇六年、など

したがって、本書の内容のうちにはすでに公表したものが含まれている。二番煎じ、三番煎じとなった部分も多いかも知れない。しかし、今回の本書の刊行を機に、それらを、「新興コンツェルン」とは何か、あるいは、そもそも「コンツェルン」とは何だったのか、という視点からすべてを新たに書き直している。また、ずいぶん昔に書いたものも含まれており、そのために論旨がチグハグとなったことを怖れるが、できうる限り筆者の現在の考え方に沿うように書き改めてある。

今回、本書を執筆するにあたっては、意識的に、戦前期に書かれた論考あるいは経済雑誌の記事などを多数引用することに努めた。当時の人々によって書かれたものこそは、「新興コンツェルン」誕生の現場に立ち会った、その経緯についての臨場感あふれる証言となっている、と考えたからにほかならない。また、実際に、戦前期に活躍された、あるいは当時のことをご存知の多くの企業ＯＢの方々から直接にヒアリングをすることができた。その内には、すでに物故されてしまった方々も多いが、心からお礼申し上げる。

また、本書では、「新興コンツェルン」についての先学の方々による貴重な研究成果を多数利用させていただいた。それらの研究成果と切り結ぶことによってこそ、本書は生まれることができたのである。篤くお礼申し上げるとともに、本書がもし、それらのさきに何がしかのものを付け加えられているとすればまさに望外の喜びである。また、本書の刊行については日本経済評論社の谷口京延氏にいろいろとご厄介をおかけした。筆者の無理な注文を快く聞き入れていただいたのであり、氏の寛大なるご配慮にもお礼申し上げなければならない。

なお、本書の刊行には京都大学経済学会から出版助成金を頂戴することができた。記して感謝したい。

筆者はこの三月末に京都大学を定年退職する。「新興コンツェルン」というものに関心を抱いて三〇年あまり、この間、そのことだけを考え続けてきたわけではないものの、長い間、どうやらいつも頭のどこかに引っかかっていたわけである。ようやく、ここにそれらを一書に纏め上げたことによって宿題を果たせたような気がしてならない。何はともあれ、このようにして、今回もまた多くの方々のおかげで本書はでき上がることとなったわけである。ありがたいことだと感謝している。

二〇〇八年二月一二日

下谷　政弘

【な行】

【は行】

【ま行】

【や行】

【わ行】

人　名

【あ行】

【か行】

【さ行】

【た行】

【ま行】

【や行】

【ら行】

【た行】

【な行】

【は行】

【さ行】

索　引

事　項

【著者略歴】

下谷政弘（しもたに・まさひろ）

1944年　金沢市に生まれる
京都大学大学院経済学研究科・経済学部教授

1974年　京都大学大学院経済学研究科博士課程修了
　　　　大阪経済大学助教授を経て
1980年　京都大学経済学部助教授
1987年　京都大学経済学部教授

主要著作
『日本化学工業史論』御茶の水書房、1982年
『現代日本の企業グループ』（共編）東洋経済新報社、1987年
『戦時経済と日本企業』（編）昭和堂、1990年
『戦時日本経済の研究』（共編）晃洋書房、1992年
『日本の系列と企業グループ』有斐閣、1993年
『持株会社解禁』中央公論社、1996年
Beyond the Firm（co.eds.）Oxford University Press, 1997.
『松下グループの歴史と構造』有斐閣、1998年
『持株会社の時代』有斐閣、2006年

新興コンツェルンと財閥——理論と歴史——

2008年3月5日　第1刷発行　定価（本体5600円＋税）

著者　下　谷　政　弘
発行者　栗　原　哲　也

発行所　株式会社　日本経済評論社
〒101-0051　東京都千代田区神田神保町3-2
電話　03-3230-1661　FAX　03-3265-2993
info@nikkeihyo.co.jp
URL: http://www.nikkeihyo.co.jp

装幀＊渡辺美知子　印刷＊藤原印刷・製本＊美行製本

Printed in Japan　ISBN978-4-8188-1984-9

麻島昭一・大塩　武著

昭和電工成立史の研究

A5判　八五〇〇円

大正六年設立の東信電気を母体とする日本沃度（のち日本電気工業）と昭和肥料が合併して昭和一四年に昭和電工が成立。株主・役員構成・企業集団構造、事業・金融面から分析。

大塩　武著

日窒コンツェルンの研究

A5判　四五〇〇円

日本窒素肥料は一九〇八年に設立され、肥料はもとより鉄道から火薬製造まで手がける巨大コンツェルンを形成した。その事業活動の全容と金融構造を克明に分析する。

原　朗・山崎志郎編著

戦時日本の経済再編成

A5判　五七〇〇円

石炭などの重要産業から、繊維・菓子製造業、貿易・配給・流通機構における「中小企業整備」の実態を探り、戦時日本の総動員体制の再編成を解明する。

島田昌和著

渋沢栄一の企業者活動の研究

―戦前期企業システムの創出と出資者経営者の役割―

A5判　六五〇〇円

膨大な数の民間企業の設立。運営に関わった渋沢の企業者活動について、関与のあり方、トップマネジメントの手法、資金面のネットワークなど多方面から分析。

菊地浩之著

企業集団の形成と解体

―社長会の研究―

A5判　五八〇〇円

財閥を超えての銀行再編の中、「社長会」の検証を通して三菱・三井・住友・安田の四大財閥から一勧・三和を含めた六大企業集団を中心に、企業集団の全貌を明らかにする意欲作。

名武なつ紀著

都市の展開と土地所有

―明治維新から高度成長期までの大阪都心―

A5判　四八〇〇円

資本主義発展の過程で都市の土地所有構造はどのように変容していったのか。明治維新から高度成長期までの大阪都心部を事例に、都市空間を経済史の視角から解明する。

（価格は税抜）

日本経済評論社